历史社会学文库

中国传统租佃的情理结构

清代后期巴县衙门档案研究

凌鹏 著

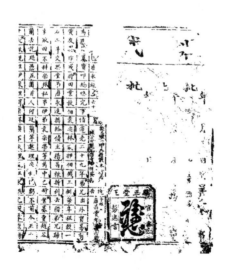

商务印书馆
The Commercial Press

目 录

图 目

表 目

序　章

一、三个案件

对于近代中国的传统"租佃关系",学界一直以来都有丰富的先行研究,而且对于从唐代到近代各个时代中的"租佃关系",也有许多专门研究。不过,这些研究所利用的史料,大都限于契约文书、租簿、族谱、文集、实录、刑科题本等,其中对于因租佃而来的纠纷以及诉讼等事件的记载相对简略。实际上,要了解在历史上所发生的大量租佃事件的详情,是非常困难的。因为这些租佃事件大都属于庶民之间发生的小事件,并没有留下太多详细记载。

不过近二三十年来,随着台湾淡新档案、清代巴县档案、民国龙泉档案等地方档案的大量公开与出版,开启了中国传统租佃关系研究的新可能性。特别是地方司法档案中不但记载了大量与租佃相关的诉讼案件,更是记载了租佃纠纷发生的地理环境与社会背景,当事人具体的心理情绪、理性认知以及互动行为。这些在此前的资料中极少见到过。利用这些细致的信息,可以将对于中国传统租佃关系的研究,推展到一个新的深度。

在进入本书的正式分析之前,本章首先选择巴县档案中与租佃关系相关的三个诉讼案件,[1]并详细说明案件发生的背景与过程。通过这一说明,向读者们介绍当时所发生诉讼的基本模式、事件所发生的社会环境,以及原告、被告、知县等当事人的一些基本行为模式。随后,在这些案件的基础上,进一步提出对于当时的租佃关系的理解,以及可以对此提出的具体问题。而本书在此后的研究中,将会循着这些具体的问题为线索,一层层地展开与深化。

(一)《巴县档案》(同治朝)No. 13745[2]

在现存档案的开始,能看到的便是案卷的卷封。最上一行,写着"正堂王",表示当时的知县为王臣福[3]。右侧写着"同治三年十月十五日立",这是本案立案的时间点,而不是第一份诉讼状提交的时间点。中间写着"一件为恶佃霸骗事,据廉里七甲民原告覃春山被(告)张兴顺等一案",标明了事由、案发地点,以及原告和被告的名字。左边则写着"户房呈",意味着这一案件的处理是由户房来负责的。其上的 745-1,是由当代的档案馆整理人员写上的整理编号,意味着是"No. 13745"的档案的第一张文件。而在卷封之

---

① 选取这三个案件的理由是,在同治时代的档案中,案件文书的保存比较齐全,而且与租佃关系相关的方面涉及较多。

② 廉七甲覃春山为佃民田业居耕租谷推骗违约估骗不还霸踞不搬等情具告佃张兴顺一案,同治三年,四川省档案馆藏,《巴县档案》(同治朝)No. 13745。

　　本书在正文中使用《巴县档案》(同治朝)No. +序号"的表示方式来指同治时期的案件,其中的"序号"是四川省档案馆所标案卷序号,而在脚注中附上档案的具体名称以及所藏信息。在某些情况下,亦使用"No. +序号"的简略方式。如果有引用其他时代案件时,会特别指出。例如咸丰时期的案件会标记为"咸丰朝 No. +序号"。

③ 参见夫马进:《中国诉讼社会史概论》,范愉译,《中国古代法律文献研究》第6辑,社会科学文献出版社2012年版,"表2《巴县档案》同治朝状式格状数与略式格状数"。

后,便是案件的具体内容。

同治三年九月十八日,在四川省的重庆府巴县,四十六岁的廉里七甲农户覃春山,在巴县衙门正式提交了一份诉讼状,开头便是:"具告状(民)覃春山,年四十六岁,系廉里七甲人,原籍本省本县。离城十里,寓仁和坊义生店。"

廉里七甲是清代巴县城外农村地区的里甲之一,位于长江以南,距离长江不太远,但也并非位于临近江边的位置。[①] 因此,虽然写着"离城十里",但是在这十里的距离中,包含有宽阔汹涌的长江。所谓"原

图1　案件 No. 13745 的卷封

籍本省本县",其含义有些复杂。众所周知,川渝地区的人口,绝大部分是在明末之后由外省迁移而来的。但是就巴县档案内的情况而言,在道光朝以后,农村地区的人口在提交诉讼状时,基本上都是写着"原籍本省本县"。从中也可以看出,他们的自我认知,大都已经是将自己认作"巴县籍"的人,而不再自认是原籍的人。此外,"寓仁和坊义生店"一句,表示他在提交诉讼状时,是居住在巴县城内仁和坊的"义生店"这一个客店或者"歇家"中,如果衙门要派差役去找他,就可以直接到仁和坊的"义生店"去。仁和坊的具体位

---

① 对于廉里七甲的具体位置,可以参见本书第一章第二节的图15。

置,位于重庆城内,在仁和门的附近。①

从形式上来看,覃春山的诉讼状是正式状纸(状式格状),②在第一页(折)的左下部,是一个代书戳记。右下部则是捕衙登记的号码。这表明该份诉讼状,是经由巴县衙门东侧的捕厅衙门的正式程序接受的。③

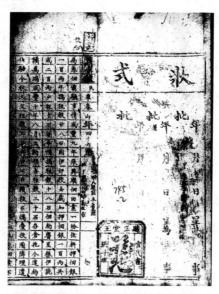

图2　同治三年九月十八日,覃春山告状

此处的代书戳记稍不清楚,但如果看同时期另一个诉讼案件(同治四年二月),可以清楚地看到,戳记中间的符号是"诚心"二字

---

① 对于仁和坊的具体位置,可以参见本书第一章第二节的图13。

② 夫马进称之为"状式格状"。对于清代巴县档案中状纸的不同类型,可以参见夫马进:《中国诉讼社会史概论》,范愉译,《中国古代法律文献研究》第6辑,社会科学文献出版社2012年版。

③ 关于捕厅衙门号码的含义,可以参见夫马进:《中国诉讼社会史概论》,范愉译,《中国古代法律文献研究》第6辑,社会科学文献出版社2012年版。

的连写。需要注意的是，由于每一任知县都会重新考核代书，并且发给代书新的戳记，所以，不同知县所颁发代书戳记、中间的字都是不同的。但其内容大致类似，戳记的最上方是"县正堂验"，右方是"官代书"，左方则是代书的姓名。

图3　同治四年二月初七日，唐永禄告状（No. 13759）中的代书戳记

再看另外的一个戳记的例子。下面是同治九年十月，由知县田所发下的代书戳记（同治朝 No. 13937），其中明显可以看出"息讼"二字。

图4　同治九年九月，龙湖海等告状（No. 13937）中的代书戳记

在覃春山告状（No. 13745）上方"具告状"这几个文字的上方，有一个"新案"的戳记。在"具告状"的表面，又盖上了一个"内号"的戳记。按照前人的解释，"新案"戳记是由承发房的书吏在接到状纸之后所盖，而"内号"戳记，则是在诉讼状被送往内衙时，由内衙负责收发文书的"长随"所盖。从这些戳记可以看出，这是一份经由正式手续而提出来的诉讼状，由捕衙收入，再经过巴县衙门的承发房，送到了内衙，由知县和幕友等阅读。①

诉讼状（No. 13745）的具体内容是：

> 为恶佃霸骗事。情咸丰九年张兴顺佃民田业一坋住耕，押佃银一百两，年撬②租谷廿八石。因伊奸狡，去岁民加押佃银一百两，共成二百两，少租十石，每年仅撬租谷十八石，佃约审呈。殊伊诡谲万端，咸丰十年八月立约，领去民租谷二十石存仓。拖今违约估骗，今秋又欠租谷七石，共廿七石，颗粒不撬，叠投团邻理遣。兴顺（蛮）横藐法，霸踞不搬，骗租不撬，反凶赌控，似此恶佃，业不由主。恐田荒芜，来春失望，何以完粮。情法难容，叩唤究追押搬。伏乞。

其中提到，从咸丰九年开始，覃春山作为田主，将一处田业佃与了佃户张兴顺。当时的押佃是银一百两，每年租谷为二十八石，不过诉讼状并没有提到田地面积或产量总数。去年（同治二年）

---

① 对于清代巴县档案中状纸的不同戳记，可以参见夫马进：《中国诉讼社会史概论》，范愉译，《中国古代法律文献研究》第 6 辑，社会科学文献出版社 2012 年版。

② "撬"在巴县方言中是"交纳"的含义。

时,佃户张兴顺追加了一百两押佃银,相应地减少了十石租谷,于是每年的租谷由二十八石变为十八石。根据田主覃春山的说明,是佃户自身提出的这一"增押减租"的要求。此外据田主所称,在咸丰十年时,田主曾将当年的二十石租谷寄存在佃户的仓库中,到如今,佃户却拒绝返还。在今年秋天,佃户更是少交了七石租谷。因此,佃户未缴的租谷一共是二十七石。为了解决这一问题,田主委托了团邻等进行"理剖"(依据道理剖断是非),但是佃户蛮横不遵从,而且霸踞不愿退佃。在诉讼状的结尾部分,田主还将租谷与田赋直接联系起来,称只有收到租谷后,才有可能交纳"田赋",因此请求知县"究追""押搬",即要求追究佃户的责任,并强制佃户退佃搬走。另外,虽然该诉讼状提到"佃约审呈",但是笔者在现存的档案中,没有发现这一份佃约。

以上是清代田主在起诉佃户时候的一个典型的诉讼状,即田主起诉佃户的"欠租"和"霸占"行为,并强调自己只有在收到"租谷"之后,才有可能交纳"田赋",希望据此利用县衙门的行政手段,来强制佃户交纳租谷以及退佃。

对于田主覃春山的这一诉讼状,知县的批语是:"候签饬算攜租谷,退佃搬迁息事。如违唤讯究逐。"十月十四日,知县下发了"签票"(即知县发给差役执行公务的证明书),命令差役前往处理。不过在诉讼状档案中,存留的只是当时制作"签票"时的草稿。这份草稿内容应该与正式的签票一致:

签仰该役前去,即饬廉里七甲民覃春山具告恶佃霸骗之被告张兴顺迅速算攜租谷,退佃搬迁息事。倘再抗违,该役即

将投证团邻周庆元、陈维受、覃瑞堂并原被两造一并唤令随签
赴县，以凭讯究。

其中明确要求差役让佃户交租、搬迁，可见确实是按照田主的要
求来采取的措施。不过，事件在随后的展开过程，并没有如此简单。

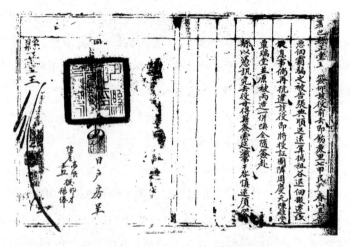

图 5　同治三年十月十四日，签票的草稿

十月二十三日，佃户张兴顺也向巴县衙门提出了正式的诉讼
状。其开头是："具诉状□①张兴顺，年四十五岁，系廉里九甲人，原
籍本省本县，离城二十里，寓太平坊合兴店。"可知佃户的住址是廉
里九甲，其具体位置是在田主居住的廉里七甲稍南一点。② 在上一
份诉讼状中盖着"新案"的地方，这一份诉讼状所盖的则是"旧案"，
这表明在提交诉讼状时，已经清楚地知道在此前有着一份田主的

---

① 　档案中难以识别的字符均以"□"表示，后同。
② 　对于廉里的具体位置，可以参见本书第一章第二节的图 15。

告状,所以是"旧"非"新"。从"诉状"这一名称,也可以看出,诉状意味着此前有原告提出了告状,而被告用诉状为自己辩护。

这份诉状的内容是:

> 　　为捏诬骗押事。情咸丰七年,蚁以银八十两,佃耕罩春山田,租二十六石。九年,加蚁押银六十两,少租四石。同治二年,凭团算明租谷无欠,又加押银六十两,少租四石。共成押银二百两,租谷十八石。今岁春山自让租谷三石。惟咸丰十一年八月,春山卖明存仓租谷二十石。蚁追存仓票据,伊言失落。蚁信将存谷交清。倘租谷稍欠,何得屡加押银少租。今伊田卖朱姓,捏以恶佃霸骗控案,诬蚁共欠租谷二十七石,实系昧良图骗押银,诉叩作主。伏乞。

在佃户的诉讼状中,有几个意味深长之处。首先,佃户对于租佃关系的说明,与田主所说有着微妙差异。据佃户所述,最初的押佃银并不是二百两,而是八十两,最初的租谷也不是二十八石,而是二十六石。押佃银的追加,并不是一次性增加到二百两,而是增加了两次,每次增加六十两。此外,租谷的减少也不是一次性由二十八石减少十石,而是由二十六石分为两次减少,每次减少四石。不过,最终确定的押佃银和租谷的额度是一致的,即押佃银为二百两,租谷为十八石。在此之外,据佃户称,今年是田主主动地减免了三石的租谷,而原本在仓库中的二十石租谷,已经被田主自己卖掉了。不过当时田主声称证明书据已经丢失,所以佃户在没有拿回书据的情况下,将二十石谷子还给了田主。因此,佃户将田主的

诉讼称为"诬",指控其行为是"图骗押银"。对此,知县的批是:"著
俟差役查明禀覆核夺。"即让佃户等待差役查明的结果,之后再进
行裁断。

　　其后在十二月初五日,知县进行了堂审。现存的档案,仍存留
着当时的点名单。其中在原告覃春山、被告张兴顺、诉证王兴顺、
陈戒规等名字上,点着朱点,这意味着他们亲自到了堂审的现场。
而在原告的告证周庆元、陈维受、覃瑞堂等的名字下方,则写着"不
到"的字样。这意味着他们没有到堂审的现场。而且在这一份点
名单上,还存留着知县的堂谕,其中写着"缴银一百七十两,饬领"。

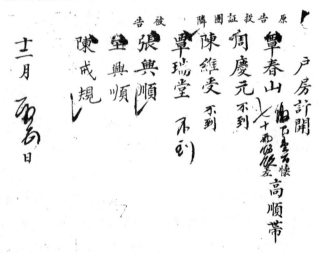

图6　同治三年十二月初五日的点名单

　　在点名单之后,档案中所附的是堂审的供词。其中有覃春山
供、张兴顺供,还有王兴顺、陈戒规供。每一个当事人的供词,都以
"问据某某供"的形式开始。在原告覃春山的供词中,前半部分的
内容与诉讼状中的内容相一致,即控告佃户不仅侵吞了田主存放

在仓库中的租谷，还欠了七石租谷，霸占了田业。而在覃春山供词的后半部分，则记载了知县的判决结果："沐恩讯明，念在主客多年，谕小的缴银一百七十两，饬领各结完案。"

图7　同治三年十二月初五日的堂审供词

在知县的判决中，"主客多年"是一个关键词。裁断正是考虑到田主与佃户之间是多年的主客关系，所以命令田主给佃户一百七十两银子。不过其中并没有解释"主客多年"的具体含义。而在佃户张兴顺的供词中，其前半部分的内容也与佃户所提交的诉讼状内容一致。在供词结尾，也有"沐恩审讯，谕春山缴银一百七十两，饬领各结完案，小的遵断"的裁断。而在证人王兴顺、陈戒规的供词末尾，也记载了同样的知县裁断。

同样在十二月五日，即堂审的当天，佃户张兴顺提出了另一份诉讼状。可能因为堂审时可以直接提交，所以这一份诉讼状没有使用正式的状式格状，而是用了略式格的状纸。[①] 其中追加了新的内容[②]，张兴顺不仅称田主因为负债进行了诬告，目的是不归还佃户的押佃银，还宣称自己今年利用各种方法，已经将租谷交纳完毕。对此，知县的批是："候质讯察断。"十二月八日，佃户张兴顺又提出了一份"略式"的哀状，其中声称因为押佃银是叔母的"膳银"（即保障膳食的银钱），所以恳求知县不要"减免"田主应该返还的押佃银数额。[③] 知县的批是："应即遵断结案，毋得执拗缠讼。"

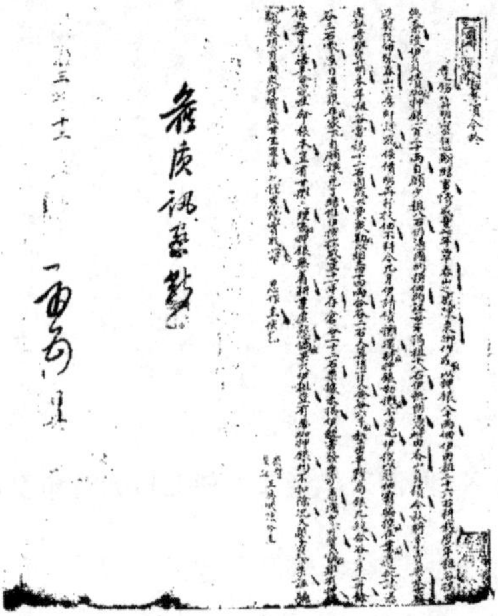
候质讯察断

图8　同治三年十二月初五日，佃户张兴顺的略式格禀状

① 对于略式状纸，可以参见夫马进：《中国诉讼社会史概论》，范愉译，《中国古代法律文献研究》第6辑，社会科学文献出版社2012年。

② "衅由春山负债，今秋将业卖与朱世发，随契投佃。殊春山心存奸诡，嘱蚁俟价明再行投佃。不料今九月伊请债摊还，将蚁押银勒摊，蚁不遵允。伊捏以恶佃霸骗控蚁在案。蚁遵批请凭团证房班算明，本年租谷当撝十二石，因岁欠丰，众劝蚁以烟土四十四两，合谷二石，又算猪一只合谷六斗。蚁垫出平粜局银九钱，合谷二斗二升，余谷三石零，原日凭众在蚁家下自愿让免了结。……伊亲书发票可凭、团众可质。"

③ "沐恩审讯，历年租谷无欠，劝蚁让押银三十两。蚁归禀知叔母张唐氏，称系养膳，生死是赖，情难遵让。……况押佃性命根本，分厘攸关，血膏实难减让。为此哀恳仁恩作主，覆讯全追。"

由此可知,知县根据"主客多年"为理由而进行的裁断,并不是让田主对佃户减免租谷,而是相反,让佃户对田主"减免"要返还的押佃银数量。

其后,在十二月二十四日,原告与被告双方的证人王兴顺、陈介圭、周庆元等联名提出了一份正式"禀状"。据该"禀状",在中人的调停下,佃户接受了田主给的一百七十两押佃银,纠纷得以顺利解决。而且从中也可以确证,确实是田主由于自身负债,才提起了诉讼,且由于负债才请求佃户的帮助(即减免押佃的返还额)。①对此,知县的批是:"既据理劝遵允,着即饬令两造具结完案。"意思是既然根据道理同意了调停,那么命令两造都提出结状来结案。档案至此结束。可以推测,原告和被告双方在此后都没有提出新的诉讼状,案件得以了结。

纵观该案,这一纠纷的开始是田主对于佃户的起诉,其后经过佃户反诉,事件发生反转。最终,田主诬告这一事实真相大白。但有趣的是,虽然田主诬告已经众所周知,但知县的裁断却仍然命令佃户对返还的押租额进行一定减免(减免三十两)。从这一案件中,可以隐约看到如下几个重要的问题:

第一,当知县下达命令要求佃户减免押租时,所附加的理由是"主客多年"。那么这里所说的"主客多年"的"主客",是什么意思呢? 第二,不管是田主还是佃户,都要请求"团首"和"团邻"的调

---

① "沐恩审讯,兴顺历年租谷俱清,但春山夫负债多金,田业出售,情实可怜。断张兴顺让押银三十两。兴顺后以碍推让押,禀恳覆讯。蚁等不忍彼此构讼,挽劝张兴顺及伊叔母,遵断让银三十两。即日春山交出银一百七十两。兴顺如数收清。……蚁等为此理合禀明,并恳销案。顶祝无暨,伏乞。"

解，而且对团首和团邻非常重视。那么，团首和团邻是怎样身份的人呢？他们如何进行调解呢？第三，在田主的诉讼状中，虽然将租谷和纳粮直接关联起来，以求加重诉讼力度，但是并没有看到知县对这一点理由如何重视。那么，从知县立场来看，他是如何来理解租佃关系的呢？

(二)《巴县档案》(同治朝)No. 13696[①]

这一案卷的卷封没有留存下来，第一份档案便是佃户的诉讼状。同治二年九月九日，智里三甲的佃户钱杨氏以"为倚势诬害事"起诉了田主龚理。由于档案残缺，诉讼状缺少了最开始的一部分，但还是可以看出这是一份由儿子钱大忠作为抱告(即诉讼代理人)来提交的正式状纸。其中称：

> 情氏夫钱海清以银佃龚理田耕，约注每年租谷九十二石。因去岁欠丰，氏夫请凭熊正幅等面议让谷，撳纳清楚。今六月氏夫故。氏请凭众劝伊让谷三十余石，照市撳纳。殊龚理心怀叵测，升合不给，揭氏搬迁，揢佃不给，颠以凶揢阻公谎控氏子钱四为大忠于分县。词称上年租谷未清，拆毁房屋等情。莫主审讯，上年实属让免，今秋照市纳租。讵伊恃势不遵。分主面谕，将伊卷宗牒辕。氏畏伊弊大，复禀明分主批录。惨氏遭控，害洫叩唤案讯结。伏乞。

---

① 杨柳坊钱杨氏因佃业欠议定让谷遭龚理等倚势诬害等情讯究，同治二年，四川省档案馆藏，《巴县档案》(同治朝)No. 13696。

诉讼状的大体内容如下：丈夫钱海清租种田主龚理的田耕种，每年租谷九十二石。由于去年收成不好，佃户钱海清委托了中人，来和田主龚理商谈"减免"租谷的事情，并且缴纳清楚。今年，钱海清因病死去，所以其妻子钱杨氏又请托了中人，来请求田主进一步"减免"租谷。然而，田主"心怀叵测"，完全不同意对于租谷的"减免"，反而更加无理地要求佃户退佃，不仅不返还佃户的押佃银，而且还到分主衙门①那里去诬告佃户。分主的裁断是，要求田主全额减免去年租谷的欠损，而且命令今年的租谷，要按照"照市纳租"的方式来交纳。不过，由于田主并不遵守这一裁断，所以诉讼的公堂移动到了巴县衙门中。佃户在巴县衙门提出了这一份新的诉讼状。对此，知县的批是："候集案讯夺。"

其后九月十日，田主龚理提出了作为反诉的"禀状"。这个"禀状"没有使用正式状纸，而是用了比略式格状纸更加简单的"无格状"，即在完全没有任何印刷的白纸上写上状词。在该状纸的上方，盖着明显的"堂收"和"内号"的戳记。其原因，大概是田主龚理是有着官衔的"职员"②，并且当堂提出了诉讼状。在"禀状"一开首，便写上了"广东布政司经历龚理、抱禀家丁徐坤"。正是由于他有官职，所以由家丁代替他去进行诉讼。而且，他用的是"禀状"，而不是通常的"诉状"，这也带有一定特殊含义，即龚理作为官员，不是在应对他人对自己的起诉，而是在向知县禀明事情真相。

由禀状的内容可知，田主龚理强调如下四点。一、去年，佃户钱大忠拖欠了四十九石租谷。到今年六月，佃户答应要对这四十九

---

① 　此处的分主，是指驻扎在白市驿的巴县县丞。
② 　"职员"即有职衔的人员。

石的租谷进行"买转"（即用金钱来支付欠租），换算的"时价"是每石三两九钱，共一百九十余两，但佃户只交银十八两零。二、虽然分主的裁断确实是要求田主对租谷进行"减免"，但减免的额度仅仅是四石，而不是佃户说的全部欠谷。三、今年要求佃户"退佃搬迁"，结果，佃户不仅拒绝缴纳今年的租谷，而且还盘踞不搬。四、在诉讼状的结尾部分，田主还特别言及他的"捐项"是来自租谷，由此强调佃户"欠租"对于县衙门也是一个重大的问题。

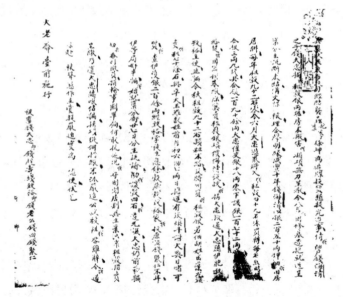

图9　同治二年九月十日，职员龚理的无格状

对此，知县的批是："钱大忠所欠租谷无偿，既经控案，自应听候讯追，毋得借此搪塞捐输。此饬。"在此，除去"听候讯追"这个一般化的指令外，还特意批判了田主将佃户拖欠租谷与"捐项"混淆在一起的行为。

　　十一月九日,知县进行了堂审。根据点名单可知,出现在县衙大堂上的有原告经历龚理,抱告徐坤,干证申心田、刘万顺、张焕斗,被禀钱大忠、钱老幺、钱聚仁,续禀寡妇钱杨氏,团证李洁,乡约谢长松。其后便是堂审供词。在田主龚理的供词中,前半部分内容与诉讼状相同,即指控佃户去年与今年都不纳田租,而且还霸占田业不愿退佃。在供词结尾处,记载有知县的裁断,"今蒙审讯,大忠上年所欠租谷,谕令职员让免。本年租谷以八成算纳。职员遵谕,只求作主"。即是说,知县命令将去年拖欠的租谷进行全额减免,而对今年的租谷,则按照八成进行交纳。①

　　由以上可见,这一诉讼案件是在"减免租谷"这一主题之下发生的纠纷。从佃户的立场来看,去年的"欠丰"与今年的"父故",这两个都是正当的减免理由,经"众人"和"团邻"的中介,可以向田主请求"减免"。但是,田主却拒绝这两个减免要求,导致纠纷升级成了诉讼。知县经过堂审后,命令田主将去年欠纳的租谷全部减免,而且命令今年的租谷按照八成交纳。在同治二年十二月十五日,钱杨氏又提出了一份禀状。其中称押银扣除后,田主还要补给银五十余两,以及房屋修银三十七两。但看不清知县的批。

　　十二月二十二日,田主龚理又一次提出了诉讼状。其中称佃户并不遵守判决,现在仍旧没有交纳租谷。② 对此,知县的批是:"候覆讯断。"在十二月二十三日,知县进行了覆讯(再度审讯)。这

---

① 在佃户钱大忠、钱老幺、钱聚仁等人的供词中,结尾部分也是知县的谕令。其中称:"今蒙审讯,小的大忠上年该欠租谷,谕令他让免。本年租谷以八成算纳。"
② "迄今月余,坚听钱致裕主使,违断不携,反将职业内竹木肆行砍伐,霸种后佃田土葫芦七块。"

次,田主龚理没有到场,而是由他的家丁徐坤作为代表出现在县衙门中。根据供词可知,在覆讯之时,佃户声称自己在修缮田主给他的住房时有很多额外花费,而知县也接受了这一点,命令田主向佃户支付房屋的修缮费用。①

其后,在十二月二十八日,佃户钱杨氏又提出了一个禀状,讨论了另一个重要的问题,即"谷价"的问题。根据其中的陈述,田主所主张的谷价是每石三两九钱,而另一方面,佃户所主张的价格则是每石二两二钱,价格相差甚大。② 知县对这个禀状的批是:"着遵堂谕,毋庸哓渎。"

在同治三年正月初九日,田主龚理又提出了一个禀状。其中,田主认为佃户主张的修缮费额度不正确,有二十六两的虚造。并且在此基础上指出,如果按照谷价每石三两九钱来计算租谷的话,那么就是"押不敷租"的情况,即还给佃户的押佃银额度,还要少于佃户拖欠的租谷的价值,因此自己不应该给佃户钱。对此,知县的批是:"查阅所禀镠辖不清。着遵前断,不必哓渎。"

其后到了同治三年三月二十七日,田主龚理又提出了一个禀状(为霸耕估收非渎难休事)。其中控诉佃户不仅仍旧不缴纳租谷,而且还结交"匪党",声称要"打杀"田主。对此,知县的批是:"候签差,饬令钱海清父子遵照前此堂断,理算修费,照数领还退佃

---

① "今蒙覆讯,这钱四们供称说是他连年补修房屋,用钱数十千,谕令他修用钱文把账算明若干。小的主人恁给与他。致他所欠本年租谷,仍照八成合算,把银缴案。小的主人给还他押佃费钱文。只求作主。"

② "情本月廿三,蒙恩审讯龚理控氏一案,当堂斥伊不应勒合氏谷价银三两九钱,饬伊照出谷时照市价二两二钱扣算。着令将氏该租谷在押佃内扣除,补氏银两完案。……哀仁天作主,赏赐批示照出谷时价合算,并饬伊缴还氏装修扣除谷价外,缴补氏银八十余两完案。氏得以另佃活生,合家顶祝,伏乞。"

完案。如违唤究。"这仅仅只是重复了从前的裁决，而无视田主新的控诉。在现存档案 No. 13696 中，案件似乎到此结束。但在同治朝 No. 13722 中，还存留有从同治三年八月三十日至同治五年四月初十日的档案。其间，钱杨氏与龚理围绕着押银的计算、应该给多少修补费，又展开了旷日持久的互讼。同治四年五月十八日，龚理还上控到重庆府，重新提到佃户抗租的事情。重庆府的批是："钱大忠盗卖该职租谷，业经该县讯明断令呈缴。是否违抗教化？仰巴县查案集讯究追。毋得延宕，词发仍缴。"将此案重新发回了巴县。

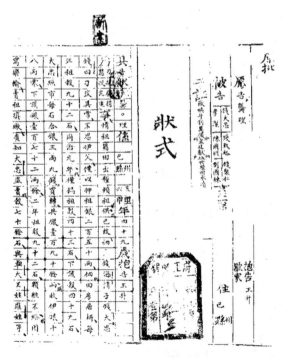

图 10　同治四年五月十八日，龚理上控重庆府的告状

最后到同治五年四月初十日,巴县衙门又进行了一次审讯,龚理的家人王升的供词中称:"今蒙审讯,查问钱大忠等现已经搬迁,仍令小的家主帮给搬迁钱二十千文。"后来双方又各有一个诉讼状,但都没得到知县的支持。案件到此结束。[①]

由这一案件的具体过程,亦可以引申出如下几个问题。第一,这一案件的中心问题,虽然是租谷的"减免",但是在请求租谷"减免"时,什么才是正当的理由呢?"照市纳租"的具体含义是什么呢?第二,在这一案件中,另一个重要的争论,便在于租谷的价格问题。一方面是田主主张租谷的价格是每石三两九钱,但另一方面,佃户则主张每石二两二钱。为何会出现这一区别,租谷的真实价格,大概到底是多少呢?第三,在这个案件中,田主在起诉佃户时,特意将收取租谷的问题与交纳捐输的问题联系在一起。田主的意图,是要以此来引起知县的注意,反而招来了知县的批判。这一情况与前一案件类似,知县是如何来理解"租佃关系"的呢?第四,知县在此处裁断全额减免,且命令今年的租谷要"八成"交纳。这个判决的根据何在,其背后有着怎样的考量呢?

(三)《巴县档案》(同治朝)No. 13932[②]

这一档案的卷封存留了下来,虽然有些残缺,但上方可以看出是"正堂田"。"田"的旁边添加了"李"字,"李"表示的应该是案件

---

① 杨柳坊龚理控告佃户钱大忠租谷颗粒不交把田搞串另佃别人一案,同治三年,四川省档案馆藏,《巴县档案》(同治朝)No. 13722。

② 杨柳坊僧世柄等控杨贤良退佃霸踞不搬一案,同治十年,四川省档案馆藏,《巴县档案》(同治朝)No. 13932。

经历的第二任知县。右方可以看出是"同治九年十一月初二日立",九年的旁边也添加了"十年"二字。中间是"堂为遵理愈凶事据直里八甲 原 僧世□ 被杨贤良"。左方是"刑房呈",左下方是"西差 王坤 宋朝 头 甘顺 金敖"。

图 11　案件 No. 13932 的卷封

其后,在同治九年九月初三日,直里八甲歌乐山(离城五十里)的僧人世柄、世德提出了一份"告状",以"为恶佃凶霸事"为题起诉佃户杨贤良父子。其中称:"情僧等住持歌乐山,前僧长兴不法滥败,将杨贤良、杨朝举父子佃业一股加成押银七百两,每年仅取租谷两斗,焚献废弛。"

世柄等人首先称,前任僧人为了弥补滥费亏空,所以将佃户的押佃银增加了七百两,与此相应地,租谷的量被减少到了每年两斗。结果导致寺院的日常生活难以维持。就在此时,僧人世柄、世德开始管理寺院,因此他们计划要通过"团"的协调来替换佃户,以增加租谷的数量。他们的想法是,将押佃银维持在与七百两相同的水准,同时又将租谷增加到二十五石。不过,由于杨贤良等人长期以来都是佃户(老佃),因此他们以此为理由,得到了延长一年(即到同治八年)的租佃期限,但是他们到期了依然霸踞不退,而且在土地中"造作生墓"①,妨害耕作。因此,田主(僧人)等不得不就这一问题提起诉讼。

对此,知县的批是"着投凭团约,理令杨贤良等退佃,搬迁息事,毋遽兴讼",即要求他们委托"团约"等,让近邻来协助自主解决,让佃户退佃搬迁。

在这一诉讼状之后,还附有一份"粘单"和一份"拦词"。拦词的内容是:

> 具拦词人方大川、郑全和、周玉堂,情本月十三日,身等在渝,遇团邻歌乐山僧世柄来城,控伊佃户杨贤良、杨朝举父子。身等念两造谊属主客,不忍兴讼滋累,当将世柄等呈词拦回,凭团理处。如两造执拗,不能理息,不与拦词人相涉。中间不虚,拦词是实。同治九年八月十三日具。

从中可以看到,在八月十三日,僧人世柄已经前往县城,希望提出诉讼状。这时,他被团邻方大川等以"谊属主客"为理由阻止了诉讼,带回乡里委托团邻等进行调停。不过,团邻等的调解最终也没

---

① 指提前准备的墓地。

有解决问题,九月三日,世柄还是在巴县衙门提交了诉讼状。

此后到了九月二十四日,僧人世柄、世德又提出了一个禀状,其中不仅重复此前的内容,同时又追加了新的内容,即佃户不遵从团邻的调解,依旧霸踞不退。在诉讼状中,还有"杨贤良、杨朝举父子佃僧等歌乐山庙业百有余年,陆续加成押银七百两"这一句,可知杨贤良父子确实是真正的"老佃"。对此,知县的批是:"今该僧换佃。杨贤良能否照新佃加租,抑愿退佃交业,着再凭团邻陈积庆等妥为理剖,毋得兴讼滋累。"即要将案件再派给地方上的团邻等,委托他们对案件进行调停。

其后在十月二十三日,僧世柄提出了第三份"禀状",控诉佃户这次殴打了他,而且在诉讼状的结尾,还声称如果不能顺利收取租谷,那么田赋的交纳也会遇到困难。[①] 不过,知县对此的批只是:"候验唤讯究,倘系捏伤耸准,严惩不贷。"即是说,知县所重视的仅仅是"殴伤"一事,仍旧不重视将租谷和田赋联系起来的问题。

而另一方面,在闰十月八日,七十八岁的佃户杨贤良也提出了一个禀状("为叠揞勒加泣禀作主事")。[②] 根据此禀状,佃户的押佃银在过去仅仅一百两,而田主蛮横地要求增加押佃,结果达到了七百两的巨额。与此同时,租谷则需减少为每年二斗。然而,僧人世柄等仍不饱足,还试图进一步增加押佃的数额。经过众人调停,知县一面剖断田主不能任意增加押佃银的数量,另一面则劝佃户

---

① "抑且连年租难纳粮,情实惨切。"

② "蚁昔以银一百两承佃歌乐山业耕。连年勒加蚁银,共成押佃七百两,每年租谷两斗。殊世柄不饱,今又卡揞勒加租押。众剖僧等不应无故滥加浪费,劝蚁每年揦租两石。而僧等恃主欺朴,不由众理。"

将租谷增加到每年二石。不过，田主等人并不遵从这一剖断，而是控告了佃户。对于佃户而言，僧人们的目的应该是增加租谷的数额，但因为押佃银已经到了七百两的高额，没有再上涨的理由。①对此，知县的批是："前据僧世炳等呈控，业经准理，候集案察讯。"

十一月初二，知县发出了"验伤票"，派遣刑仵、差役等去检查僧人世柄的伤痕。十一月二十八日，刑仵等提出禀状，声明世柄的伤在检查时已经平复。知县的批是"悉"（即知道了）。同日，田主世柄等又提出了一份"禀状"，称佃户等人又任意地修造生坟，采伐竹木。对此，知县的批是"候验伤饬差集案讯究"。这可以推测是知县在读到刑仵"禀状"之前写的批语。

同样是在十一月初二，知县召开了堂讯，在档案中存留有点名单和供词。根据田主僧世柄的供词，说明了租佃关系在最初时候的状态。"这杨贤良父子承佃小僧人田业一股，押佃银一百二十两，租谷廿九石七斗。"其后，才逐渐变为押佃银七百两，租谷二斗。最终，知县的裁断不要求佃户退佃，而是要求将租谷从二斗增加至二石，又由于佃户在田业中建造了生坟，再追加二石，规定每年的租谷为四石。② 在佃户杨贤良的供词结尾，也记载有同样的裁断。

对于这一裁断，佃户杨贤良立刻表示同意，并且在县衙外提交了"结状"，知县批示了"准结"。不过，在档案中没有存留田主世柄等人的结状，可知他们对于这一判决并不认同。事实上，在巴县知

---

① "切蚁押银加至七百两，仅揽租谷两斗，又从何加。至称新佃，又系何人。无中生有，勒加不休。"

② "今蒙委讯，谕令杨贤良加租谷二石，具有在小僧人熟土修哪，另出谷二石，以作水礼之资，与小僧人书立讨约。"

县更换后的十二月十八日，田主世柄又提出了一个新的禀状。在该禀状中，除去重复此前的内容外，还追加了两个新内容：其一是"曾凭团公议，照市升租。佃等每年认升十六石"；其二是"委主讯断贤良搬迁"，起诉了差役宋超的不当行为。不过，这些内容都是此前诉讼中没有提到的事情，捏造的可能性很高。对此，新任知县的批是："应否添唤，候查案核夺。"

同治十年二月初三，僧世柄又一次提出了"禀状"，再次起诉佃户。不过，知县对该状的批是："此案业经前县讯明。谕令杨贤良与该僧等加租在案。着遵公邀证，理令加租息讼，毋得借词率禀添究。"由此可知，新任知县很可能已经检查了过去的档案，而且阅读了前任知县的裁断。随着新知县命令当事人遵从前任知县的裁断，这一诉讼案件终于迎来了终结。在看到了这一批示后，田主很可能意识到此后再也没有虚构诬告的机会了，因此放弃了进一步诉讼。至少在档案中，我们再也没有看到新的诉讼状。

对于这一案件，本文也可以提出以下四个值得讨论的问题点。第一，在此案件中，团邻等的"拦词状"也出现了"主客"概念，这里的"主客"是什么含义呢？第二，在最初的租佃契约中，押租是一百二十两，租谷是二十九石七斗，随后则变更为押租七百两，租谷二斗。带来这一变化的动因是什么呢？在这两组数据之间，有着怎样的对应关系呢？第三，在知县的判决中，命令将佃户租谷从二斗上升为四石，这一裁断的根据何在？如何理解这一裁决？

以上选择了巴县档案中的三个诉讼案件，对其具体的案件经过进行描述，并且在此基础上提出各个案件中值得思考的问题点。而在综合这三个案件的基础上，可以提出如下四个问题，作为此后研究巴县档案中租佃关系时的线索。

一、知县、团邻等都会基于"主客"这一概念，来论述地主与佃户的关系。在此，"主客"观念应该如何理解？

二、在同治时代，巴县农村的"减免"惯习，应该如何理解？支撑这一惯习的正当理由是什么？以及其实际的实施过程如何？特别是其中"照市纳租"这一词语，具体是什么含义？

三、押佃与租谷之间有着怎样的关系？押佃与租谷之间的关系，是依靠什么机制形成的？而押佃—租谷之间的特定关系，对于租佃关系本身又产生了什么影响呢？

四、租佃关系与国家之间形成了一种什么样的关系呢？地方政府对于与租佃关系相关的案件，采取什么姿态来看待，并且以什么基准进行处理？

以上，是从巴县档案中的诉讼案件出发，来讨论同治时期的"租佃关系"中值得探讨的问题点。下面则要介绍先行研究对于这些问题点是如何理解的。下一节将概略回顾中日学界关于中国"租佃关系"的研究史，并在此基础上介绍本书的整体研究架构。

二、"租佃关系"研究史

在上节中，笔者通过三个具体的诉讼案件，总结了在清代巴县地方的"租佃关系"中值得讨论的数个问题点。不过，历来的先行研究，对于这些问题点有什么探讨呢？整体而言，先行研究对于这数个问题点，探讨得并不充分。正如前文所说，史料上的限制是其中特别重要的原因。不过,除史料限制之外,先行研究的研究视角本身,也使得研究者对于以上这些问题点不够重视。下面,将首先简单概括中国与日本学界中对于中国租佃关系的研究史,并尝试对现有的研究状况进行检讨。

(一) 中国学界的"租佃关系"研究简史

"租佃"这一词,从中国唐宋时期开始,就在历代文人的文集[①],以及存留下来的租佃契约中出现。[②] 而地主与佃户之间的纠纷事件,在各个时代都是常见的论题。到了清末,例如冯桂芬的《减租议》、陶煦的《租核》等文献都专门讨论了"租佃"问题。在清末的《点石斋画报》中,也有数则围绕着地主、佃户之间的故事。在《申报》之中,也有大量有关地主、佃户之间事件的报道。不过,若说到对于租佃关系的认真研究,则必须要从清末的"民事习惯调查"出发。

光绪三十四年(1908 年),为了准备制定现代意义上的民法,全国都开始进行民事习惯的调查。这时的调查方法,是由修订法律馆将调查项目的清单送到地方,由地方调查局以此为根据实施实际的调查。[③] 1911 年,由于清朝覆亡,在新律的制定过程中,民

---

① 例如在唐代元稹的《同州奏均田状》中,有"既缘差税至重,州县遂逐年抑配百姓租佃"一句。(元稹:《元氏长庆集》卷三十八,上海古籍出版社 1994 年版,第 199 页。)在宋代苏轼的《申三省起请开湖六条状》中,则有"自来西湖水面,不许人租佃"一句。(苏轼:《苏轼文集》第三十卷,中华书局 1986 年版,第 866 页。)
② 参见堀敏一:《唐代田地的租赁和抵押的关系:从租佃契约到典地契的诸形态》,韩升译,《中国社会经济史研究》1983 年第 4 期。
③ 参见西英昭「「民商事調査報告録」成立過程の再考察:基礎情報の整理と紹介」,「中国:社会と文化」2001 年第 16 号;眭红明《清末民初民商事习惯调查之研究》,法律出版社 2005 年版;张生:《清末民事习惯调查与〈大清民律草案〉的编撰》,《法学研究》2007 年第 1 期。

事习惯调查没能起到本应该发挥的作用。其遗留的材料现在也收藏在各地的图书馆中,供研究者利用。这些调查记录中,记载了当时对于"租佃关系"是如何理解的。以下,将以 1911 年《江苏省自治公报》第 51—60 期中所记载的内容为基础进行介绍。①

其中,与"租佃关系"相关的调查部分,存在于第二编"物权"第三章"地上权关系"中。所提到的调查问题有:"一、地租是否每年交付一次或统行先交。二、订有一定年限者至长以若干年为限,至年限既满,地主不允展续时,系如何办理。三、未订一定年限者,地主欲取还土地,及使用土地者欲退还土地时,系如何办理。四、因年限满而退还土地时,须仍复土地之原状否。五、退还土地时,土地上之房屋或竹木,地主愿照时价买收时,使用土地者得拒绝否。"②

从以上的例子中可见,在清末的民事习惯调查中,"租佃关系"被包括在法律上的"物权"范围内,调查内容的对象也是与物权相关的。因此一方面,交纳租谷的方法、租佃的期限、土地收回时候的方法,都是调查的对象。另一方面,与租佃关系相关的其他方面,例如"减免""押佃""纠纷解决"等方面,则不是该次民事调查的对象。于是,调查结果也是在"习惯法"的意义上得以理解和继续。

这种从法律观点来调查"租佃关系"的方法,在民国初年的"民

---

① 参见《江苏自治公报类编》第二册《章规类》,载于《近代中国史料丛刊》第三编 522 册卷 4—6,文海出版社 1989 年版,第 144—145 页。在日文中,有『支那民事慣習問題答案:清末支那民事慣行调查资料』,载于浜冈福松编译『満鉄調査月報』第 42 号。这是对于清末在顺天府与山东省所进行的"调查民事习惯问题答案"的日本语翻译。

② 《江苏自治公报类编》第二册《章规类》,载于《近代中国史料丛刊》第三编 522 册卷 4—6,文海出版社 1989 年版,第 144—145 页。

商事习惯调查"中得到了延续。从 1918 年到 1921 年的四年间,北洋政府司法司在参照奉天省调查的基础上,命令各省都进行民商事调查。这一事务,是由司法司下的法律修订馆承担。[①] 在这次调查中,收集了大量的史料,并且在此基础上编成了如下的两种资料集。

(1)《中国民事习惯大全》[②]　与"租佃关系"相关的内容,收录于该书第二编《物权》第五类"租佃之习惯"中。由于依据的是民国各省区法院"民商事习惯调查"报告书的内容,调查的水准要远超清末的民事调查。其中包括了很多在清末调查中没有涵括的内容,例如"永佃权""主佃分配收益""转佃""田面田底""荒年佃户之减租""讨佃礼""顶拨佃权""田地亦有押佃"这些具体的调查项目。

在这一意义上,可以说民国的民商事习惯调查的范围,几乎全面地包括了租佃关系的各个侧面。不过,这一调查也仍旧可以说是在"习惯法"理解的基础上,摘取与"租佃关系"相关的诸种习惯进行调查。其在根本上是为修订民法典而准备法源材料,将这些调查作为资料而使用。正因此,在调查中,事先便将民间社会的习惯看作是早已客观存在的"习惯法"的某种规则,而不用讨论习惯背后的原理,也不用探讨习惯在现实中的实施过程。其中最典型的表现,便是将"永佃"这样的习惯,用法律的"永佃权"概念进行理解。

---

① 　参考滋贺秀三『民商事習慣調査報告録』,载于『中国法制史:基本資料の研究』,東京大学出版会,1993 年;胡旭升:《20 世纪前期中国之民商事习惯调查及其意义》,《湘潭大学学报》(哲学社会科学版)1999 年第 2 期;西英昭『「民商事調査報告録」成立過程の再考察:基礎情報の整理と紹介』,『中国:社会と文化』2001 年第 6 号。

② 　由施沛生、鲍荫轩、吴桂辰、晏直青、顾鉴平等人共同编集,1924 年由上海法政学社出版、上海广益书局发行。此处使用的是上海书店出版社 2002 年影印本。

（2）《民商事习惯调查报告录》　1930 年，前南京国民政府司法行政部在原北京市政府司法部整理的《民商事习惯调查录》基础上，对民国时期的民事部分进行修订后，出版了《民商事习惯调查报告录》资料集。① 在《民商事习惯调查报告录》中，与"租佃关系"相关的各种记载，分散于该书的各处。这是因为该书的编纂形式是，首先区分法律的各部分，然后在各部分之下，再将各省各县相关的习惯内容纳入其中。例如，皋县的习惯"佃户缴纳预租"，以及靖江县的习惯"佃户对于业主有特别之权利"，记载于第二编《物权习惯》中；而锦县与东丰县的习惯"押租"则被编入第三编《债权习惯》之中。然而在现实中，"预租"、"押租"以及"租佃关系"的其他侧面，都是紧密联系在一起。像这样，用法律概念将租佃关系的各个要素进行人为地区分，其结果是"租佃关系"各个侧面之间的相互关系变得更加难以理解。

在农村社会经济调查中，比较早期调查到"租佃"关系的，有马伦（C. B. Malone）与戴乐仁（J. B. Taylor）合编的《中国农村经济实况》。② 在其中所收戴乐仁的《中国农村经济之调查》中，在"（丙）所有权及其耕作"这一节中，便有对于地主和佃户所耕种土地的比例分析，包括对浙江、江苏、山东、安徽、直隶等各省的一些县的调查。而在该书第五篇，许继廉的《中国之农村借贷》第三章《中国清代之农务》中，也有一节"地主与佃户间之关系"，其中认为："地主

---

① 前南京国民政府司法行政部编：《民商事习惯调查报告录》，中国政法大学出版社 2000 年版。

② C. B. Malone, J. B. Taylor: *The Study of Chinese Rural Economy*, China International Relief Commission Publication, 1924.

与佃户间之关系,完全是经济问题,租借几乎是不能改的事实。……除租银以外,佃户对地主就没有其他的责任了。"①但其对于租佃关系的调查,仍十分简略。

除去新闻文章外,现在所见较早且较深入的研究文章是发表于《经济半月刊》上的《我国之租佃制度》②,该文使用政府的农商统计以及各地的经济调查,将"租佃关系"作为一种经济制度进行理解,论述了租种农百分率、租约、转租、田面权、纳租方法、租额等方面。同年 12 月,卜凯(J. Lossing Buck)与乔启明一同在《金陵大学农林科农林丛刊》(第 46、47 号)上发表了《佃农纳租平议》。③这是卜凯利用此前调查所得的资料,对佃农的租谷数量问题进行的研究。1929 年,刘大钧的《我国佃农经济状况》一书,由上海太平洋书店出版,其中分省论述了农佃状况。同年,陈翰笙、王寅生的《黑龙江流域的农民与地主》也作为《国立中央研究院社会科学研究所专刊》(第一号)出版,其中利用日本与俄罗斯等在东北的调查,分析了当地农民与地主的农业经济及发展趋势。然后在1930 年,马寅初的《中国租佃制度之研究》④也得以发表,其从经济学者的视角出发,对当时中国的租佃制度提出了各种改善的建议。

从以上可以看出,社会科学真正对于中国的"租佃制度"的研

---

① 戴乐仁等:《中国农村经济实况》,李锡周编译,农民运动研究会 1928 年版,第 225 页。

② 经济讨论处编辑:《我国之租佃制度》,《经济半月刊》1928 年第 2 卷第 11、12 期。

③ 此前,卜凯已经发表了论文"Farm Ownership and Tenancy in China",Committee on Christianizing the Economic Order(Shanghai),National Christian Council,1924。而且在 1926 年,还出版了论文"An Economic and Social Survey of 150 Farms, Yenshan County, Chihli Province, China"。

④ 马寅初:《中国租佃制度之研究》,《经济学季刊》第 1 卷第 1 期,商务印书馆 1930 年版。

究,可以说是从二十世纪二十年代开始的。究其原因,很可能自1924年开始,以中国国民革命为契机,农民运动广泛兴起,学界对于"租佃关系"的重视也随之而起。而随着1927年革命运动内部的各种斗争出现,对于中国农村中租佃问题的关心也随之高涨。例如毛泽东著名的《湖南农民运动考察报告》(1927)便在此时出现。而在前文所述的专门针对租佃关系的社会科学研究中,最重要的特色便是利用调查得来的经济数据,对租佃关系中的佃户比率、租谷数量、地主与佃户的生活状况、租佃制度等进行经济学分析。即是说,1920年的政府调查和各个大学的农村经济调查,为这些研究提供了资料基础。

进入二十世纪三十年代后,随着著名的"社会史论战"的兴起,中国学术界对于"租佃关系"的理解进入了一个新阶段。"中国社会史论战"接续着由国共分裂而来的"中国社会性质论战",其根本目的是要判断中国社会的性质,以此为依据为中国将来的革命选择方向。因此,就必须对中国历史进行理论上的把握。参加"中国社会史论战"的学者,大体可以分为"新思潮派""动力派""新生命派",或者也可以称为"中共干部派""托洛茨基派""国民党改组派"。① 这一论战中混淆着政治与学术的不同要素,而学者们在学问上的论点的异同关系也是极为复杂,在此就不逐一介绍。下面

---

① 关于"社会史论战",可以参见读书杂志社编:《读书杂志》(中国社会史论战专号)第1—3辑,神州国光社,1932年;何干之:《中国社会史问题论战》,生活书店1937年版;阿里夫·德里克:《历史与革命:中国马克思主义历史学的起源,1919—1937》,江苏人民出版社2008年版;温乐群、黄冬娅:《二三十年代中国社会性质和社会史论战》,百花洲文艺出版社2004年版;陈峰:《民国史学的转折:中国社会史论战研究(1927—1937)》,山东大学出版社2010年版。

将围绕着"中国社会史论战"中的关键概念之一的"封建社会",将其与"租佃关系"联系在一起进行讨论。①

其一,作为"封建制度"的"租佃关系"。这一理论方向,是由郭沫若以及"新思潮派"所代表的中国共产党系的学者所提倡的。这一理论观点不使用中国古典所带有的"封建"的含义,而是采用新的西欧"封建社会"概念。这一新的"封建"的定义参照了二十世纪二十年代苏联斯大林主义的"封建社会"论。这一理论由如下三点构成:第一,生产主体不再是奴隶身份,而成为独立的生产者。不过,还存在某种程度的人身隶属性。第二,自然经济占有绝对的优势地位。虽然存在货币流通,但是很微弱,经济关系主要是以物物交换为基础。第三,土地所有者,对作为独立生产者的农民(或农奴)采取经济外的剥削,发生了对剩余劳动的剥削行为。②

在这一"封建"定义的基础上,中国的租佃关系被理解为"封建式的地主与农奴关系"。对此最为明确的论述,是在郭沫若《中国古代史研究》的《导论:中国社会之历史的发展阶段》中,从中也可以看到郭沫若对中国史全体像的理解。在他看来,中国在"西周以前"是"原始公社制","西周时期"是"奴隶制","春秋以后"是"封建制",而"最近百年"则是"资本制"。而且,"封建制"是由官僚-人民、地主-农夫、师傅-徒弟这些"组织"所构成的,这一阶段阶级性

① 参见冯天瑜:《中国社会史论战中的两种"封建"观》,《学习与实践》2006年第2期;冯天瑜:《"封建"考论》,中国社会科学出版社2010年版,第十一章《中国社会史论战:封建概念泛化正式展开》。
② 参见冯天瑜:《"封建"考论》,中国社会科学出版社2010年版,第十章《苏俄及共产国际以封建指称现实中国》。

的特征是"身份的阶级"。① 因此,在探讨"租佃关系"这一问题时,这一立场主要是集中在"自然经济""超经济剥削""人身隶属关系"等主题上。

其二,作为"先资本主义"的"租佃关系"。与郭沫若和"新思潮派"不同,以陶希圣为主导的"新生命派",则对于"封建制度"有不同理解。陶希圣在1929年的《中国封建社会史》以及《中国社会之史的分析》中,坚持了中国古典中"封建"的概念,认为周代才是"封建时代",春秋战国时期是封建时代的崩坏期,秦汉时代以后则是士大夫阶层凭借官僚政治统治农民的社会,他将其称作"封建制度虽已破坏,而封建势力还存在着"②。因此,"中国社会是金融商业资本之下的地主阶级支配的社会,而不是封建制度的社会"③。陶希圣也很重视地主与农民的关系,不过并非将其建立在"封建社会"这一理解上,而是建立在"封建势力"的理解上。

其后,陶希圣在1932年的《中国社会形势发达过程的新估定》中,进一步提出了对中国史的理解。据该文所论,西周时代是氏族社会末期,从战国到后汉时期是奴隶经济社会,而从三国到唐末五代,则是典型的封建庄园时期。因此,从宋代开始到清代鸦片战争前,被定位在"先资本主义时期"这一个新的位置上。其中,最引人注意的是"先资本主义"的定义。对这一概念,可以总结为以下五点:一、自由劳动已代奴隶劳动成为社会重要的现象;二、耕地分散是明显的

---

① 参见郭沫若:《中国古代社会研究》,人民出版社1954年版,第3—17页。

② 参见陶希圣:《中国社会之史的分析》(外一种:婚姻与家庭),商务印书馆2015年版,第28页。

③ 参见陶希圣:《中国之商人资本及地主与农民》,《新生命》1930年第3卷第2期。

趋势;三、行会的势力比唐朝小;四、国外贸易之发达,银的普遍使用;五、蒙古在黄河流域建立封建田园制,但元朝对江南则榨取其货币。①

在陶氏看来,租佃关系在其中就涉及了两点(一和二),由此可知,"租佃关系"是构成所谓"先资本主义"的重要因素。在他看来,宋代以后的"租佃关系",并不是"封建制度",而是"先资本主义"的表现。

此外,与"托洛茨基派"接近的学者李季,则提出了"前资本主义阶段"这一特殊的概念。李季认为周代是封建生产方式的时代,从秦代到清代鸦片战争前是"前资本主义的生产时代",而鸦片战争之后则是资本主义时代。在"前资本主义的生产时代",决定性要素是"高利贷资本与商人资本""农业与家内工业的结合""地主阶层及其他上层阶层的存在"等。由此看来,李季对于"租佃"的解释,不是"封建的",而是"前资本主义的"。"租佃关系"也不是"经济外强制",而是"经济的强制"。

以上,对于如何理解中国的"租佃关系"这一问题,通过"中国社会史论战"的过程,学者们超越了单纯经济学的范畴,将其放置于对中国历史和社会的整体思考的基础上,使之成为"中国社会史论战"中的重要问题。作为"封建制度"的"租佃关系",与作为"先资本主义制度"(或者叫商业资本主义)的"租佃关系",这两种理解的对立,正是研究视角的最重要的差别。② 作为"封建制度"的"租

① 参见陶希圣:《中国社会形势发达过程的新估定》,《读书杂志》1932年第2卷第7—8期。

② 在《中国社会史论战主要作者之中国历史分期表》中,列举了中国社会史论战参与者的主张。参见阿里夫·德里克:《革命与历史:中国马克思主义历史学的起源:1919—1937》,江苏人民出版社2008年版,第154—155页。

佃关系"论,所重视的是经济外的剥削,以及地主和佃户间的人身隶属关系。而作为"先资本主义制度"的"租佃关系"论,所重视的则是租谷数量、货币与商业资本、经济强制这些要素。而且,此处所说的"先"这一词,意味着是"资本主义"之先行,也就是说在这一意义上,租佃关系与资本主义是有直接关联的。①

　　这两个理解方式,作为对"租佃关系"进行解释的最基本立场,此后也持续存在着。特别是作为"封建制度"的"租佃关系"论,可以说构成了中国学术界在二十世纪后半期的主流理解。② 此外,在民国时期,对于"租佃关系",还有以梁漱溟和费孝通等学者为代表的基于"伦理"视角进行的研究。不过,这一研究视角在当时没有得到大的发展,因此在本书中,将在必要的时候再予以论述。③而中国学界在二十世纪八十年代之后的对于"租佃关系"的更多研究,将在具体的论述中讨论。

(二) 日本学界对中国"租佃关系"的研究简史

　　就日本学者而言,对于传统中国"租佃关系"的关心,与罪恶的殖民地行政需求有密切关联。最初研究的对象是当时沦为日本殖民地的台湾地区的租佃状况。1900 年,台湾总督府民政长官后藤

---

① 当然,对于陶希圣来说,在"先资本主义"的同时也存在"后封建主义",是指地主等封建势力还持有相当大的势力。

② 二十世纪九十年代以后,出现众多从经济学的视角来研究中国传统"租佃关系"的研究。可参见赵冈:《从另一个角度看明清时期的土地租佃》,《中国农史》2000 年第 2 期;高王凌:《租佃关系新论》,上海书店 2005 年版;秦晖、彭波:《中国近世佃农的独立性研究》,《文史哲》2011 年第 2 期;彭波:《国家、制度、要素市场与发展:中国近世租佃制度研究》,北京清华大学历史系博士论文,2011 年等。

③ 参考本书第二章第一节。

新平委托当时的京都帝国大学法学部教授冈松参太郎,对台湾地区的传统习惯进行调查。以此为契机,1901 年 4 月成立了"临时台湾旧惯调查会",希望以此为当时的殖民地台湾独自立法工作打下基础。

临时台湾旧惯调查会所进行的初次调查,是调查在台湾传统习惯中的土地、亲族、继承这三方面的习惯。调查成果集成如下三种:第一种是根据台湾北部调查而形成的《第一回调查报告书》(1903),第二种是根据台湾南部调查而形成的《第二回调查报告书》(1906—1907),第三种则是基于对台湾中部的"第三期调查",并且在集合此前成果的基础上,形成了集大成的《第三回调查报告书:台湾私法》(1909—1911)。《台湾私法》的正文有六册,另有附录参考书一册。其中,与"租佃关系"相关的内容记录在第一编"不动产"的第二章"不动产权"第三节"瞨权"中。此外,其中还有对于台湾特有的"大租小租"习惯的专门调查。[①] 在台湾方言中,"瞨"一词与"租佃"的含义相同。在《台湾私法》中,"瞨权"被分为两类,一类是短期的"瞨权",被认为是瞨权者所持有的"瞨权"。另一类则是长期的"永佃",被认为是瞨权者所持有的物权。

临时台湾旧惯调查会对于"租佃关系"的关心,实际上与清末中国民事习惯调查的根本倾向近乎一致。即是说,为了制定现代式的民法,要将传统民事习惯当作习惯法进行调查,并且要明晰其中所隐含的法律式的权利关系,为制作新式的民法做准备。因此,

---

① 《台湾私法》中,还触及另一个台湾的"大租"与"小租"的惯例,由于"大租"实际上具有接近于国税的性质,在此不多讨论。对于"大租"与"小租"的问题,可以参见西英昭「「臺灣私法」の成立過程」(九州大学出版会 2009 年版)的第二章、第三章。

在这一类调查中,习惯如何生产、如何实施的这一类过程性问题,同样被排除于调查对象之外。

在殖民地台湾的旧惯调查之后,日本所做的最重要的中国社会调查,便是由满铁调查部自中国东北所进行的"满洲旧惯调查"。后藤新平在转任满铁公司初代总裁后,将曾经负责台湾旧惯调查的冈松参太郎招到满铁公司,由他来负责对满洲的旧惯进行调查。从1914年到1915年,出版了《满洲旧惯调查报告书》共九册。[①] 其中,在《满洲旧惯调查报告书后篇(不动产权)租权》中,有对于"租地契约""租地契约的效力""业主的义务""租户的义务""押佃钱""转租""业主的留置权及质权""租地让渡的效果"等说明。从以上的调查内容来看,虽然有对于"押租"等问题的调查,但占据中心的依然是对于法律(习惯法)中权利和义务层面的关心。

在伪满洲国成立后的1935年,由伪满洲国临时产业调查局开始进行"满洲国农村实态调查"。与满铁公司的"满洲旧惯调查"不同,其中对于租佃的相关调查不是对于与"租佃"相关的法律关系的调查,而是对于与租佃关系相关的详细经济数据的调查。例如在《满洲农村实态调查报告书》的第一篇《农家经济收支编》中,首先将农民区分为"地主、富农、中农、贫农、雇农"五类,并据此以及"地主、自耕、租佃"的类别,对租佃关系进行区分,调查农家具体的经济收支。农村实态调查报告书的第二册《租佃关系及其惯行编》中,分析了"租佃关系的形态""租佃契约""地主的诸借贷""佃户的诸贡纳""佃户的地位""租佃关系的变迁"。其中,虽然也有对于佃

---

① 南満州鉄道株式会社調査課編『満州旧慣調査報告書』第一分冊、第二分冊、第三分冊、御茶の水書房,1985年。

户的权利与义务的叙述,但是主要的目的是对"租佃关系"进行经济调查。此外,在1935年,天野元之助发表了《中国租佃制度的研究——中国农业经济及其崩溃过程》。天野元之助利用民国政府以及各大学所进行的法律与经济调查的资料,对中国当时农村的租佃制度与生产关系进行了全面介绍。[①]

　　在二十世纪四十年代,最重要的便是从1940年到1944年之间,由满铁调查部和东亚研究所共同推动的对于中国华北地区的"中国农村惯行调查"。与此前的"台湾旧惯调查""满洲旧惯调查""满洲国农村实态调查"不同,"中国农村惯行调查"的主持者末弘严太郎,强调了这次调查两点主旨:第一,此次调查的目的,与台湾调查和满洲调查有着明确的不同,不是为了满足殖民地的法律制定和行政需求,而是以纯粹的学术研究为目的;第二,对于"旧惯"的理解,不是将其作为旧世代的"习惯法",而是将习惯理解为现实中"活着的法",要弄清楚其习惯的具体过程。[②] 因此,这一次调查的成果,不是采取方便利用的"习惯法"这种形式,也不是单纯地收集经济数据,而是对于在当时调查地农村社会中多样的侧面、其具体的事件以及农民们对于事件是如何看待和如何行动等问题,都做详细的调查。

　　末弘严太郎的调查方针在华北的"中国农村惯行调查"中,有着明确反映。特别是在《调查项目之二:满铁侧》的《第三:与租佃

---

① 　天野元之助「支那小作制度の研究—支那農業経済とその崩潰過程」,「東亜」第8卷第4、5、6、8号,1935年。

② 　末弘厳太郎「末弘博士の調査方針」,载于「中国農村慣行調査」第一卷,岩波書店,1952年。

相关的调查项目》中，包含着远超此前调查的、极为详细的调查项目。仅仅是其中的大类目，就有"规定租佃关系的诸条件""租佃契约""租佃权""租佃费用""租佃费用之外的佃户负担""特殊的租佃关系""佃户对地主的隶属关系""佃户的家庭状况"等。特别是列举了在前人的研究中没有言及的事情以及项目，例如在"规定租佃关系的诸条件"中，就关注租佃纠纷的"诸原因""解决方法与对租佃关系的影响""租佃关系与农民运动"等调查项目。

　　"中国农村惯行调查"获得了大量的资料，而人们利用这些资料进行"租佃关系"的研究，在当时便已经有了相当多研究成果。如川野重任的《从租佃关系来看北中国农村的特征：以河北省顺义县沙井村为例》①，八木芳之助《北中国的租佃制度：特别是河北、山东、河南省的分成租佃制》《北中国的货币租佃制度》《北中国的实物租佃制度》，②矶田进《北中国的租佃：其特征及其法律》《北中国租佃中的法律关系》，③以及在戒能通孝的《北中国农村的惯行概说》中，有《租佃关系中展现的法之惯行》这一章。④

　　"中国农村惯行调查"的另一类重要成果，则是在战后出现，大

---

① 　川野重任『小作関係より見たる北支農村の特質：河北省順義県沙井村の事例について』，『支那農村慣行調査報告書』第一輯，東亜研究所，1943 年。
② 　八木芳之助『北支の小作制度—特に河北・山東・河南省の分益小作制度』，『東亜経済論叢』第 2 巻第 3 号，1942 年；八木芳之助『北支の金納小作制度—特に河北・山東・河南省の金制小作制度』，『経済論叢』第 55 巻第 3 号，1942 年；八木芳之助『北支の物納小作制度—特に河北・山東・河南省の金制小作制度』，『経済論叢』第 56 巻第 1号，1943 年。
③ 　磯田進『北支の小作：その性格とその法律』，『法学協会雑誌』第 60 巻第 7、12 号，第 61巻第 3、5、7 号，1942—1943 年；磯田進『北支における小作の法律関係』，『支那農村慣行調査報告書』三，東亜研究所，1944 年。
④ 　戒能通孝『北支農村に於ける慣行概説』，『支那農村慣行調査報告書』，東亜研究所，1944 年。参考其中的『小作関係に現れた法的慣行』一章。

量的研究者受到了"中国农村惯行调查"的重要影响。在此可以列举天野元之助、仁井田陞、村松祐次、旗田巍、内田智雄、平野义太郎等学者的名字。其中村松祐次在战争期间写作的《中国经济的社会态制》(1949)。对传统的租佃关系，提出了重要的新见解。村松指出，有两个理解中国租佃关系的立场，其一是重视"契约的性格"的学说，另一个则是重视"人格的人际关系"的学说。而村松自身，则是非常明确地站在认为中国是契约市场与自由竞争的立场上。[①] 此外，村松对于租佃关系的存在方式，言及了其中存在"自由竞争"和"私人关系"这一对矛盾，这一点对于其后的研究有很大启发。[②]

在战后日本的中国史研究界，当论及"租佃关系"时候必定要言及的，则是仁井田陞与宫崎市定两位学者围绕着中国宋代以后租佃关系之性格所展开的争论。虽然周藤吉之的研究，要比仁井田陞的研究更早处理"主仆之分"，而且指出了佃户与地主之间的隶属关系，但没有像仁井田陞那么周密的理论分析，所以在此暂不讨论。[③]

若概述仁井田陞的研究，那么首先要指出，在他看来，中国古典的"封建"概念与西欧的"封建主义"(Feudalism)概念之间，虽然在政治制度方面有一些类似点，但是在作为基础的生产方式和社

---

① 村松祐次『中国経済の社会態制』（复刊），東洋経済新報社，1975 年，第 207 页—210 页。

② 同上书，第 179 页。

③ 周藤吉之『中国土地制度史研究』，東京大学東洋文化研究所，1954 年。参考其中第四章『宋代の佃户制—奴隷耕作との関聯に於いて』、第十三章『宋代の佃户・佃僕・傭人制—特に『宋代の佃户制』の補正を中心として』。谷川道雄編著『戦後日本の中国史論争』，河合文化教育研究所，1993 年。参考第五章『宋代農村社会史研究の展開』。

会构造方面,则存在着极大差异。西欧"封建主义"的本质在于农奴制的生产方式,其社会是由地主和农奴两个阶层构成。其背后则是由法、伦理、宗教等社会意识所支持。若从这一"封建主义"的概念来看中国历史,可以说正对应着唐宋时代以后,随着地主阶级与农奴阶级的出现而形成的社会构造,而与此前的奴隶制社会的社会构造不同。而且,地主与农奴阶层之间的最重要关系,则是基于土地的租佃关系而来的人身隶属关系,以及经济之外的剥削。仁井田陞对于这一点的强调,正表现在他对于宋代的地主与佃客之间的"主仆之分"的重视上。据仁井田陞的研究,"主仆之分"由宋代法律来保障的,他认为这也是中国的"封建主义"社会得以确立的一个重要证据。这一"主仆之分"所指的是地主、农奴之间在人身隶属关系上的规定。伴随着中国"封建主义"社会的发展,到了明清时代封建(Feudal)社会的末期,就逐渐向"长幼关系",甚至是"平等关系"变化了。仁井田陞将这一过程称作中国的"第一次农奴解放运动",而对于二十世纪的中国革命,在他看来则是"第二次农奴解放运动"。[①] 总结而言,在仁井田陞看来,唐宋之后的中国传统的"租佃关系",可理解为西欧式"封建主义"的地主-农奴关系,而且特别关注"主仆之分"这样一种人身隶属关系与经济外的强制剥削。

---

① 关于仁井田陞对于"租佃关系"的研究,可以参考如下四篇论文。仁井田陞『中国法制史研究:奴隷農奴法・家族村落法』(東京大学東洋文化研究所,1962 年)所收『中国社会の〈封建〉とフューダリズム』、『中国の農奴・雇傭人の法的身分の形成と変質—主僕の分について』、『中国社会の農奴解放の諸段階』。此外还可以参考仁井田陞『中国法制史研究:法と慣習・法と道徳』(東京大学出版会,1964 年)中所收『中国の農奴解放過程と契約意識:地主の支配権力をめぐって』。

另一方面,宫崎市定的学术观点则可谓与仁井田陞的观点完全相反。根据宫崎的研究,第一,在西洋史中,"文艺复兴"之后的时代被叫作"近世"。这一"近世"虽然与"资本主义"并不完全对应,却是伴随着一些资本主义性质的时代。对于中国史,宫崎市定继承了内藤湖南的中国"近世"说,将此与西洋的"近世"进行类比说明。第二,宫崎认为在唐宋变革之前是典型的中世社会,即由封建式的庄园和部曲构成。经过唐宋变革之后,地主和佃户才出现,这两者并不是中世那样的主从关系,而是身份上的对等关系,并且二者在此基础上结成了自由的经济契约,从而形成了传统的租佃关系。因此,他认为宋代之后的"租佃契约",其实是双方关系对等的资本主义契约,"租佃关系"也就是资本主义式的经济关系。第三,不过,因为各地的社会经济背景多种多样,所以有可能由于经济上的不平等,佃户被土地束缚。因此,地主与佃户之间虽然存在着不平等,但本质上并不是身份的不平等,而是经济上的实际不平等。据宫崎市定的研究,宋代的"主仆之分"也是其中一个表现。[①]要言之,从宫崎市定的立场来看,唐宋以后的"租佃关系"是自由的契约关系,地主与佃户的关系是对等关系,而"租佃关系"的根本性质是"资本主义"。

仁井田陞与宫崎市定之间的争论,是"时代区分论"争论的焦点,对此后的中国史研究产生了重大影响。最有意味的是,若将这

---

① 　关于宫崎市定对于"租佃关系"的研究,可以参考宫崎市定如下三篇论文。宫崎市定『部曲から佃户へ:唐宋間社会変革の一面』,『宫崎市定全集卷11:宋元』,岩波書店,1992年;『宋代以後の土地所有形体』,『宫崎市定全集卷11:宋元』,岩波書店,1992年;『中国近世の農民暴動:特に鄧茂七の乱について』,『宫崎市定全集卷13:明清』,岩波書店,1992年。

一论战与二十世纪三十年代中国的"社会史论战"进行比较的话，会发现极为类似的现象。例如，无论是郭沫若、"新思想派"还是仁井田陞，都没有使用中国古典的"封建"概念，而是使用西欧的"封建主义"的含义，来理解中国传统的地主与佃户关系，将其与西洋中世的领主与农奴关系进行对应。不过，一方面郭沫若与"新思潮派"认为中国的"封建社会"是从秦汉开始到清末为止，而仁井田陞则认为中国的"封建主义"社会是从唐宋以后到清末为止。双方对于封建社会的时代认定是不同的。另一方面，陶希圣则认为中国从宋代到清代是"先资本主义时期"，这是在"封建庄园时期"结束之后，在资本主义时期到达之前的带有一定"资本主义"性格的过渡阶段。因此在租佃关系中，陶希圣特别关注租谷数量与货币经济的方面，但还没能断言"租佃关系"就是"资本主义式"的。不过，若与宫崎市定所关注的"租佃关系"的特征进行比较的话，可以看到有很多一致处。

对于仁井田陞、宫崎市定之间的争论，我们很难说其曾受到二十世纪三十年代中国"社会史论战"多么深刻的影响，可以认为，这是中国与日本两个学界在各自不同的背景之中独自产生的理解与争论。不过，仁井田陞与宫崎市定的争论，与中国"社会史论战"之间，为什么会有如此多的相似点，这一问题本身就有着重要的探讨价值。笔者认为，这一点并不仅仅是因二者都受到了西洋史和马克思主义理论的影响，更是由于中国传统的"租佃关系"本身的独特性，造成了这两个论争之间的类似之处。在宋代以后的"租佃关系"中，既存在着以地主与佃户的"主仆关系"为代表的人格之间的关系，也存在带有一定资本主义性质的、身份平等与自由契约的关系。这些现象的同时存在,使得研究者们按照各自的不同关心,对租佃关系产生了观点相反的理解。

在仁井田陞与宫崎市定争论之后,还出现了很多对于中国租佃关系的研究。例如森正夫对明末清初的"抗租"事件进行讨论,研究涉及地域社会的多种要素,探讨了租佃关系与地方社会之间的紧密关系。① 而草野靖的《中国的地主经济:分种制》和《中国近世的寄生地主制:田面惯行》二书,对于相关史料进行了罗网式的收集和讨论。② 寺田浩明则对于崇明岛的"田面、田底习惯"进行研究,对其具体的发展过程,以及人们对此所抱有的观念形态进行探索。③

在这些研究中,最具启发性的是高桥芳郎的《宋至清身份法史》的研究。④ 在该研究中,高桥芳郎是在仁井田陞-宫崎市定争论的基础上,提示出了一个新的可能方向。根据该研究,宋代法律中对于地主、佃户的不同规定,并不是代表着"良-贱"这样一种身份法的阶级差异。从国家的立场来看,地主与佃户共同都属于"良民",因此仁井田陞所说的"主仆之分",在此意义上不同于西欧中世纪的领主、农奴的阶级差异。不过,地主和佃户之间,确实又存在着现实中的不平等和差别,但这也并非宫崎市定所主张的资本

---

① 参考森正夫『十七世紀の福建寧化県における黄通の抗租反乱』,『森正夫明清史論集第二卷:民衆反乱・学術交流』,汲古書院,2006 年。

② 参考草野靖『中国の地主経済:分種制』,汲古書院,1985 年;草野靖『中国近世の寄生地主制:田面慣行』,汲古書院,1989 年。

③ 寺田浩明『田面田底慣行の法的性格:概念的検討を中心にして』,『東洋文化研究所紀要』第 93 号,1983 年。

④ 高桥芳郎:《宋至清代身分法研究》,李冰逆译,上海古籍出版社 2015 年版。特别参考其中的第一章、第二章、第三章。

主义的经济不平等,而是由个人与个人之间的"恩义"关系而产生的差别或不平等。由此,基于"恩义"的具体内容以及具体层次,在地主与佃户之间的关系中,也存在着多种多样的形态。高桥芳郎指出,在宋代的租佃关系中,有"主仆之分"和"主佃之分"这两种关系类型。这种基于个人"恩义"的主佃关系,在经过国家承认后,在法律上形成了对地主、佃户的差别规定。

在高桥芳郎的这一思考中,通过"恩义"关系的概念,无论是仁井田陞强调的地主与佃户间的人身依附关系,还是宫崎重视的契约的自由性和平等性,都可以做一个整合性的解释。不过,在此又出现了一个新的问题,即地主与佃户之间的这种个人性的"恩义"关系,是从何处产生出来的呢?"租佃关系"的基本性格,在最底层确实是经济活动的一环。从经济学的视角来看,这是基于关系双方的合意而形成的关系,其中并没有产生"恩义"。而且,在传统的儒家"五伦"伦理体系中,也不存在像"租佃关系"这样一种个别的伦理关系。

那么,为何当时的人们,又会将地主与佃户的关系理解为"恩义"关系呢?在此需要特意指出,这里的"恩义"并不仅仅是指地主与佃户个人之间"恩义"关系的存在,而是我们用"恩义"关系来理解和描述"租佃关系"这样一种固定的思考方式或者说意识形态。可以感觉到,高桥芳郎的观点,与梁漱溟、费孝通等从"伦理"视角来理解中国"租佃关系"的观点,有着深层的相通之处。那么,从"伦理"和"恩义"着眼,是不是有可能开启另一种对于中国传统"租佃关系"的新解释呢?这一问题,也是本书试图探究的问题。

三、本书的构成

　　以上，本文通过介绍与清代租佃关系相关的巴县档案的诉讼案件，提出了本书将要探讨的四个课题。而且通过对先行研究的探讨，我们可以看到这些问题目前还没有令人满意的解答。

　　一、知县、团邻等都会基于"主客"这一概念，来论述地主与佃户的关系。在此，"主客"观念应该如何理解呢？在对于宋代的研究中，仁井田陞倾向于将"主仆关系"看作人身依附关系，作为"封建主义"的一个表征，而"先资本主义"视角或者宫崎市定的"近世"立场，则一直都是将"主客"理解为某种平等的经济关系，没有特别解释"主客"的含义。高桥芳郎则将其看作是个人性恩义的一种表现形式，并且经法律的规定而成为地主与佃户之间的差别性规定。但是，个人性恩义为何会用"主客"来表述，以及这一表述意味着什么呢？

　　二、在同治朝，巴县农村的"减免"惯习，应该如何来理解？在现有的研究中，对于减免的讨论其实不多，一般是将其看作为地主为了缓和阶级矛盾而采取的临时性措施，或者是在类似于契约的租佃关系中，所出现的地主与佃户之间的一种契约交换，或者也有可能是基于单纯的个人性伦理行为。这几种理解，都难以说明"照市纳租"中这个"市"的含义，也难以说明"租佃"与团之间的关系。

　　三、押佃与租谷之间有着怎么样的关系？押佃与租谷之间的关系，是依靠什么机制形成的？在传统的研究中，押租经常都被认为是地主阶层进一步剥削佃户阶层的手段。而在"先资本主义"的理解中,押佃和租谷之间则是一种市场与契约的合同关系,还可以说是资源有效分配的主要方式。但是,这两个理解都难以细致说明押佃和租谷之间的具体数量关系,以及对社会造成的影响。

四、租佃关系与国家之间形成了一种什么样的关系呢?地方政府对于与租佃关系相关的案件,采取了什么姿态来看待,并且以什么基准进行处理?在阶级论的视角下,国家作为地主阶级的代表,在根本利益上站在地主阶级一方,即使是一些对于佃户而言的公平审判,也能够看作是为了维持地主阶级统治而进行的某种折中。而在"先资本主义"的理解中,由于在地主和佃户之间存在着某种接近于市场的契约关系,所以这种理解对于知县等的裁断,更多将其看作对于市场正常秩序的维持。这样两种解释,都难以说明案件中所出现的知县的处理行为。

从以上这四点来看,对于"租佃关系"的先行研究,可以看到无论是有着人格性的身份关系视角,还是从自由契约而来的经济关系的研究视角,对于以上的四个问题,都有各自的一些理解。不过,这些理解一方面对今后要展开的研究,带来了很大的启发。另一方面,若回到此前提及的那些具体问题,则还不足够。这也就是说,需要在这两类视角的基础上,基于更加细致和翔实的史料,把对"租佃关系"的研究更加推进一步。

因此,在讨论租佃关系中的多个具体问题时,单纯地探讨"租佃关系"本身是不够的。本书将"租佃关系"放置于巴县地域社会之中,详细地探讨地主与佃户间的关系、租佃与基层社会的关系、租佃与市场经济的关系、租佃与地方政府的关系。通过这些探讨,本书将把涉及"租佃关系"的丰富多彩的面向描画出来。

　　本书的第一章,解说清代巴县地区的行政区划,以及地理的、经济的环境,同时介绍"巴县档案"中租佃类案件的概况。第二章通过对"抗租""骗租"等涉及拖欠租谷的纠纷案件进行分析,讨论作为清代巴县地方"租佃关系"之基轴的"主客关系"的具体含义。第三章,通过探讨在租佃契约,以及租佃案件中出现的"照市纳租"这一词语的含义,探讨在清代巴县地方的"减免习俗",以及与地方基层社会"团"之间的关系问题。第四章,通过收集"巴县档案"租佃类案件中的押佃银数额和租谷数额这两类数据,并且参照其他的资料,来探讨押佃银和租谷之间的关系,并在此基础上探讨租佃关系与商品经济之间的关联。第五章,探讨向地方衙门所提出的租佃相关诉讼案件,特别是其中频繁出现的"诬告"问题。通过探讨地方官是如何来应对与"租佃"相关的诉讼,揭示诉讼背后的情理的重要意义。

　　由于史料限制,在第六章和第七章中,笔者利用咸丰朝的巴县档案史料,对租佃讨论中的所涉及的团的问题,以及基层治理的问题,进行进一步探讨。虽然咸丰时期要比同治时期稍早,但是这两个时期在社会、政治等各方面都紧密相通,因此可以相互补充。第六章探讨"团"这一组织的社会性特征,以咸丰朝巴县档案中的案例为史料,通过探讨团与官、团与团、团与民的不同关系,来探究其"社会性"的特征如何成立。第七章则选取巴县木洞镇及其附近的仁里九甲区域,通过全面整理与该区域相关的诉讼档案,探索在实际的社会生活中,巡检、团约、士绅这数个层次在地方基层治理中的形成的复杂机制。

第一章　巴县档案、巴县地方
及其租佃类案件

一、对清代巴县档案的介绍

(一) 巴县档案的发现

所谓"清代巴县档案"，是指在清代巴县衙门中保存的清代县级与公务以及诉讼相关的文书群。其时代以清代为限，内容则是指当时保存在衙门中的所有档案的残留。其他一些在民国之后转移到原巴县衙门建筑中进行保存的档案，以及民国巴县政府的文书档案，则不属于"清代巴县档案"。

清代的巴县地域，大体相当于今天的重庆市市区，以及长江南岸的广大地区(现在的巴南区等地)。这一档案的起止时间是从清代乾隆朝到宣统朝，档案数量一共有 11.3 万卷。

本文首先对发现这一档案的过程进行简单介绍。清代巴县档案的文书，原本的保存方式是由衙门内的各房，按照自身负责的方面，由书吏将档案以一案一卷的方式立卷归档，并放入专门的档案柜或档案架进行保管,按照行政区划的各里各束为一捆,分别年限,以便调用。[①] 经过一段时间之后,再将不需要的陈年旧档案转移至衙门的仓库,必要时候也可能会对档案进行废弃。但是从巴县档案的保存状况来看,似乎没有一个严格的档案废弃制度,否则现在也不可能存留下乾隆朝到宣统朝的大量档案。到了民国时期,原清代巴县衙门,在辛亥革命后转变为民国巴县政府的所在地(至1939年止)。这时,前清的文件档案,作为废物,被保存在了原清代巴县衙门的建筑物中。据记载,1927年时,四川地方政府曾抽走和分散了其中很多重要档案。[②] 在1933年编纂《巴县志》(民国)时,编纂者向楚等人也曾尝试参考过这一档案。[③] 抗日战争爆发后,重庆成为陪都,遭受了日军的残酷空袭。为了避开空袭,要将民国政府的相关档案运往长江南岸的农村地区进行保存。此时,不知是偶然还是有意,保存在原衙门建筑中的清代巴县衙门档案,也与民国的档案一起被运往了长江南岸一个叫作焦坪场的地方,保存在当地的关公庙"天成寺"中。1949年,据说国民党政权曾经派遣人员前往整理并抽走一部分档案。[④]

　　1953年,时任西南博物院副院长的著名考古学家冯汉骥,在重庆城外进行考古学调查时,再一次发现了被遗弃在焦坪场天成寺中的清代巴县档案,并且立刻上报到了西南博物院。当时西南博物院的院长是徐中舒。徐中舒曾经参与著名的明清内阁档案的

---

① 李荣忠:《四川清代档案工作研究》,《档案学通讯》1989年第1期;张永海:《巴县衙门的文书档案工作》,《档案学通讯》1983年第2、3期。
② 李荣忠:《历史的瑰珍:清代四川巴县档案》,《历史档案》1986年第2期。
③ 向楚:《重修巴县志叙》,载于《向楚集》,中华书局2015年版,第259页。
④ 廖晖、游江:《清代巴县档案的命运》,《重庆与世界》2004年第5期。

整理工作,因此非常了解清代巴县档案的价值。据记载,当时博物院用了七辆卡车,才将全部的《清代巴县档案》运回西南博物院。1955年,因政区变动,西南博物院解散,四川大学历史系(徐中舒时任历史系主任)在四川省文化局的许可下,将《清代巴县档案》借至四川大学,开始进行整理和研究工作。1963年,《清代巴县档案》被交还给四川省档案馆,由四川省档案馆保留至今。①

从1977年开始,四川省档案馆开始对《清代巴县档案》进行全面的修复和整理工作。1978年,档案馆开始对原始档案进行微缩胶卷的拍照工作,并最终于2006年2月完成。通过微缩胶卷的拍照和整理工作,终于将清代巴县档案的数量确定为11.3万卷。在此之后,研究者利用清代巴县档案的微缩胶卷,可以更加方便地进行档案的阅读与研究。②

此后,从2010年开始,四川省档案馆在这一微缩胶卷的基础上,进一步对档案开始电子数据化的工作。到现阶段为止,从乾隆朝到同治时期的档案,已经完成了电子数据化的工作。因此,现在到四川省档案馆内,在检阅电脑上就可以方便地看到清代巴县档案的电子图像。不过需要提出的是,从原始档案到微缩胶卷的过程,已经有很多信息被简化和压缩,例如原始档案的大小、纸质、文字的不同颜色等。从微缩胶卷再进一步变为电子数据,则有更多的信息被简略,特别是由于电子图片锐化,一些原本痕迹较淡的文

---

① 伍仕迁:《一座内容丰富的文献宝库:巴县档案》,《文献》1979年第1期。
② 陈代荣:《巴县档案今昔》,《档案工作》1984年第4期;冯宁、魏小波:《清代巴县档案微缩工作回顾》,《四川档案》2006年第4期。

字、戳记等信息消失,这对于档案的深入研究可能会造成一定影响。

(二) 档案的数量与分类

1953 年,在巴南区焦坪场天成寺被"再发现"的巴县档案文书群,在当时由三个部分构成。其一是清代的巴县衙门档案,其二是民国时期的巴县档案,其三是民国时期的川东道档案。[①] 现在,民国的巴县档案与民国川东道档案同样保存在四川省档案馆中,在此不具体论述。

通过微缩胶卷的拍摄工作,清代巴县档案的数量已经确认为 11.3 万卷。[②] 具体时代则是从乾隆元年(1736)到宣统三年(1911)。[③] 此外,根据四川省档案馆的清代巴县档案目录,可以知道乾隆朝的档案数量为 4060 卷、嘉庆朝为 8930 卷、道光朝为 21,787 卷、咸丰朝为 10,359 卷、同治朝为 16,980 卷、光绪朝为 46,164 卷、宣统朝为 4740 卷,总计为 113,020 卷。在清代巴县衙门中,有九个房。在传统的六房吏户礼兵刑工之外,还有盐房、仓房和承发房。[④] 各房的档案,由各房独立管理和保存。例如,与户房相关的档案保存在户房中,与工房相关的档案保存在工房中。

---

① 伍仕迁:《一座内容丰富的文献宝库:巴县档案》,《文献》1979 年第 1 期。

② 2006 年,在完成了全部拍摄工作后,确定为 113,020 卷。参考马小彬:《清代巴县衙门司法档案评介》,载于《四川清代档案研究》,西南交通大学出版社 2004 年版。而在此前,则被认为是 112,842 卷。参考刘君:《中国县级地方历史档案之最》,《档案》2000 年第 3 期。

③ 马小彬:《清代巴县衙门司法档案评介》,载于《四川清代档案研究》,西南交通大学出版社 2004 年版。此外也有乾隆十七年与乾隆二十年两说。

④ 此外,还存在例如"简房"、管理诉讼案件的登记以及人员的出入等。

而在各房内，则按照时代和地域对档案进行分类保存。[①]

　　1955 年，四川大学历史系在借用了巴县档案之后，用现代的分类方法进行了分类，将其分为："政务""农业""工商业和手工业""交通运输""财税""金融""文教卫生""军事""司法""重要事件"。在此分类之下，再按照朝代的顺序进行排列。[②] 1978 年，四川省档案馆基于四川大学历史系所做的分类，进一步进行了更细致的分类。具体而言，四川省档案馆将清代巴县档案分为两大类，一共29 小类。这两大类是"内政类"和"司法类"。

　　第一是内政类，档案总数为 12,419 卷，占全体的 12%。在内政之中，包含有"内政""外交""军事""财经""工交""农林""文教""社会"8 类。第二是司法类，档案总数为 99,601 卷，占有全体的88%。其中，"司法体例"（总类）487 卷、"命案"5221 卷、"地权"8774 卷、"房屋"1551 卷、"借贷"10,055 卷、"欺诈"12,659 卷、"家庭"1639 卷、"妇女"6516 卷、"继承"517 卷、"商贸"4897 卷、"凶殴"7537 卷、"盗窃"16,035 卷、"租佃"2942 卷、"赌博"1286 卷、"烟泥"492 卷、"水运"247 卷、"工矿"594 卷、"宗教"332 卷、"契税"589 卷、"移交"7728 卷、"其他"9503 卷。[③]

　　这一新的分类方式，是按照研究主题进行归类。对于当代的研究者来说，这一方式确实非常便利。不过，这一分类将传统的由

[①] 李荣忠：《四川清代档案工作研究》，《档案学通讯》1989 年第 1 期。不过，根据《清代乾隆朝巴县档案汇编》（中国档案出版社 1991 年版）的序言，当时也有可能是按照"时间-问题"的方式进行保存。

[②] 马小彬：《清代巴县衙门司法档案评介》，载于《四川清代档案研究》，西南交通大学出版社 2004 年版。

[③] 同上。

各房来保管文书的制度完全打乱，而且可能出现各种文书的顺序混乱的情况。在学者研究时，也需要注意这一点。在此，为方便读者，根据四川省档案馆的统计，本书将所涉及的咸丰与同治年间的各分类卷数列于下文。

咸丰朝共有 9022 卷，其中内政类 1176 卷，司法类 7846 卷。司法中，"司法体例"（总类）29 卷、"命案"470 卷、"地权"650 卷、"房屋"131 卷、"借贷"580 卷、"欺诈"1675 卷、"家庭"165 卷、"妇女"903 卷、"继承"8 卷、"商贸"400 卷、"凶殴"829 卷、"盗窃"1565 卷、"租佃"157 卷、"赌博"137 卷、"烟泥"53 卷、"水运"30 卷、"工矿"64 卷、"宗教"8 卷、"契税"40 卷、"移交"493 卷、"其他"796 卷。

同治朝共 16980 卷，其中内政类 1280 卷，司法类 13193 卷。司法中，"司法体例"（总类）91 卷、"命案"736 卷、"地权"1225 卷、"房屋"120 卷、"借贷"739 卷、"欺诈"2570 卷、"家庭"313 卷、"妇女"1361 卷、"继承"27 卷、"商贸"525 卷、"凶殴"1350 卷、"盗窃"3292 卷、"租佃"386 卷、"赌博"252 卷、"烟泥"492 卷、"水运"25 卷、"工矿"57 卷、"宗教"43 卷、"契税"197 卷、"移交"1075 卷、"其他"1191 卷。

（三）档案资料的刊行与研究价值

从 1953 年的清代巴县档案"再发现"到现在，已经过去了近七十年。其间，利用巴县档案来编纂的资料集（或者说利用其中的一部分）有如下六种：《四川人民反帝斗争档案资料》，四川大学历史系编，四川大学历史系 1962 年出版；《四川保路运动档案选编》，四川省档案馆编,四川人民出版社 1981 年出版;《四川教案与义和拳档案》,四川省档案馆编,四川人民出版社 1985 年出版;《清代巴县档案汇编》(乾隆朝),四川省档案馆编,档案出版社 1991 年出版;《清代乾嘉道巴县档案选编》上册,四川省档案馆编,四川大学出版社 1989 年出版,以及《清代乾嘉道巴县档案选编》下册,四川省档案馆编,四川大学出版社 1996 年出版;《清代四川巴县衙门咸丰朝档案选编》,四川省档案局编,上海古籍出版社 2011 年出版;《清代巴县档案整理初编》(一、二册),四川省档案局编,西南交通大学出版社 2015 年出版。

二十世纪五十年代,经过四川大学历史系的档案整理工作,学者们开始在杂志上发表档案的相关资料与研究。1956 年,《历史研究》发表了《刘仪顺自述》《自立军会党名单》《四川义和团"灭清剿洋兴汉"揭牒》。1958 年,《近代史资料》发表了《余栋臣与四川农民运动史料补辑》。① 此外,从 1983 年到 1985 年之间,四川省档案馆发行了《四川档案资料》(季刊)杂志。其中发表了《关于吏治整顿》《巴县土地租佃关系》《清末预备立宪》《白莲教及其支派的斗争》等特定的资料集。重庆市档案馆在 1989 年至 1990 年之间,发行了《档案资料与研究》,其中也发表了《清末巴县祭祀档案史料选》。此外,《四川档案》和《中国档案报》,也发表过与巴县档案有关的资料。②

下面对巴县档案的研究价值进行简单介绍。第一,内政部分

---

① 刘君:《清代巴县档案编研工作概述》,《历史档案》1995 年第 2 期。
② 张晓霞、黄存勋:《清代巴县档案整理研究的回顾与思考》,《档案学通讯》2013 年第 2 期。

残存着大量的"上行"和"下行"的公文书档案,如从四川省总督衙门、布政司、按察司、川东道、重庆府向巴县衙门所下发的各种下行文书,由巴县衙门送往重庆府、川东道等上司的各种上行文书的草稿,由巴县衙门送往同级的其他县、厅等的平行文书的草稿,巴县在任命基层的里长、乡约、客长时候的各种任命书草稿、各种命令公文草稿,以及基层里甲等向衙门上呈的各种册籍。据此,可知在清代巴县衙门的档案文书,可以呈现出从上级的省层面(偶尔还有中央层面的命令),直至地方基层社会层面的各个方面的行政过程。第二,司法部分还保存有大量的诉讼案件的相关档案。其中留存有各种文件类型,例如:原告和被告的诉讼状、乡邻和证人的报告状、调解状等;知县所下发的勘察票稿、传唤票稿、解票稿;差役的报告状、知县在堂讯时候的点名单、堂讯的供词、原告与被告等的结状等。其中的一些,已经在前文三个案件中有所介绍。利用这些史料,可以对清代的县级诉讼制度和过程,进行相关的法制史研究。第三,司法部分的诉讼案件,其实更触及了社会生活的各个方面。例如,四川省档案馆的分类中,存在着地权、房屋、借贷、欺诈、家庭、妇女、商贸、斗殴、盗窃、租佃等各个社会领域。在这些诉讼档案中,可以非常生动地看到当时社会中底层民众与士绅等人的具体想法、行动,以及相互间的复杂互动。而这些信息,是极少存在于其他史料中的。利用巴县档案中的相关案件,我们可以对这些相关领域进行非常深入的社会史研究。而要进行社会史研究,首先需要对清代巴县地方的地理环境有大致了解。

二、清代的巴县地方

在此,本书对清代巴县地区行政区划的变迁、人口与财政的变迁,以及坊厢和里甲的地图,进行简单介绍。

(一) 行政区的变迁

在明末的巴县地方,巴县城内分为八坊,即太平坊、仁寿坊、璧仙坊、安静坊、通远坊、龙台坊、忠孝坊、宣化坊,附郭则分为内江厢和外江厢两部分。而县城外的广大农村区域,存在着七十二里。[①]不过,经历了明末清初的战乱后,巴县地方的人口数和户口数大量减少。清代初期的地方官,为了便于管理当时很少的人口,将明代巴县地区的基层地方制度基本上废弃,重新建立了新的地方行政系统。因此,清初废除了巴县城内的四个坊和附郭的两个厢,都将其作为一个统一的城内进行管理。而在农村地方,对于较少的留存人口,则在废除了明代的七十二里之后,重新设立了四个里,即西城里、居义里、怀石里和江北里。从地理范围来看,清代初年的一个里的范围,要远远大过明代的一个里。

到了康熙四十六年,由于人口自然增长和移民政策的实施,巴县地方的人口相比清初已经有了很大的增长。因此,当时的知县孔毓忠为了应对新的社会状态,创立了一套新的行政系统。根据

---

① 七十二里的名称,可以参考向楚等:《巴县志》(民国)卷2《建置》,台湾学生书局1967年版。

康熙四十六年的改革,巴县城内重新设置了二十九个坊,即太平坊、宣化坊、巴字坊、东水坊、翠微坊、朝天坊、金沙坊、西水坊、千斯坊、治平坊、崇因坊、华光坊、洪崖坊、临江坊、定远坊、杨柳坊、神仙坊、渝中坊、莲花坊、通远坊、金汤坊、双烈坊、太善坊、南纪坊、凤凰坊、灵璧坊、金紫坊、储奇坊、仁和坊;在附郭则增设了十五个厢,即太平厢、太安厢、东水厢、丰碑厢、朝天厢、西水厢、千斯厢、洪崖厢、临江厢、定远厢、望江厢、南纪厢、金紫厢、储奇厢、人和厢。

在农村地区,清初的四里,也被改设为十二里,即忠里、孝里、廉里、节里、仁里、义里、礼里、智里、慈里、祥里、正里、直里。在每一个里之下,又设置了由一到十的十个甲。例如在忠里之下,有忠里一甲、忠里二甲,一直到忠里十甲。不过,虽然新设立了十二里,但是清初所设的"四里"的概念仍然存在着。特别是在粮差的体系

图 12　《巴县志》(同治)中的清代巴县城图

图 13　《巴县志》(同治)中的清代巴县城内坊厢位置略图①

中,仍然是以四里作为区分。例如在堂讯的点名单中,直至光绪年间,都可以见到西差(西城里差役)、居差(居义里差役)、怀差(怀石里差役)等名称。

到了乾隆二十四年,随着嘉陵江北岸人口的增加,社会愈加复杂,诉讼案件的数量也大量增加。但由于嘉陵江阻隔,渡过宽阔的江面前往巴县衙门进行诉讼,非常不便。因此,重庆府在嘉陵江北

---

① 为了方便研究,笔者根据巴县档案、巴县历代地方志、巴县的各种古地图、重庆当地地图及其他史料,并加以现地调查,做成了重庆城内坊厢位置略图。其中涉及各个坊的相关地点如下。其中巴县各城门命名的坊厢,就在各门附近,坊在城内,厢在城外。因此图中没有列出各城门厢的位置,只是列出了丰碑厢和望江厢的位置。杨柳坊:关帝庙,《光绪丙午年重庆府治全图》中即有杨柳坊、华光坊(华光楼、督邮街)、崇因坊(崇因寺)、治平坊(治平寺、西湖池)、神仙坊(督邮街、东华观)、莲花坊(莲花池、铜鼓台)、太善坊(南纪门内、红庙街、观音桥)、双烈坊(南纪门内、双烈坊)、灵璧坊(凤凰门内、响水桥)、巴字坊(东水门内、巴字园、遇仙桥)、宣化坊(白象池)、渝中坊(县城隍庙、学政试院)。

岸的江北里新设立了一个"理民同知",即江北理民府。新设立的江北理民府,所管辖的范围包括原巴县十二里中的位于嘉陵江和长江以北的礼里、义里和仁里中的"上六甲"(即长江北岸的六个甲)。其后,巴县西部的"祥里",也被编入了相邻的璧山区。最终,巴县的农村地方只剩下八里(忠里、孝里、廉里、节里、仁里、智里、慈里、正里、直里),以及仁里的"下四甲"(即长江南岸的四甲)。

　　根据巴县档案中的《道光四年巴县保甲烟户男丁女口花名总册》①,在道光时代的巴县农村地区,包括以下地域。怀石里乡:忠、孝、廉三里,其中忠里十甲、孝里十甲、廉里十甲。居义里乡:节、智、仁三里,其中节里十甲、智里十甲、仁里四甲。西城里乡:

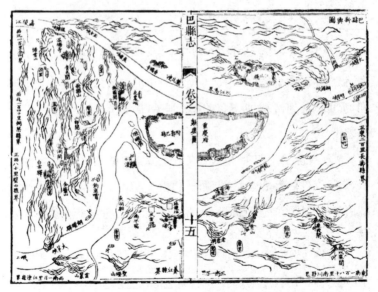

图14　《巴县志》(同治)中的清代巴县舆图

①　四川省档案馆、四川大学历史系主编:《清代乾嘉道巴县档案选编》下,四川大学出版社1996年版,第340—341页。

慈、正、直三里,其中慈里十甲、正里十甲、直里十甲。

这一行政体系,一直延续到清末的新政时期。而经过新政之后,巴县的农村地区重新被划分为七镇,十四乡。^①不过,这一新政存在的时间不长,很快就进入了民国时期,被新的制度所取代了。

(二) 人口与赋税

根据《巴县志》(乾隆)记载,明代巴县的旧额人丁数为 14,926 丁。^②而根据《读史方舆纪要》卷六十九记载,巴县是"编户九十二里"。据此,若按照一里 110 户的标准计算,则在明末后期,巴县地方的户数至少为 10,120 户(假设按照一里 110 户计算),而人口则最低为 50,600 人(假设一户平均 5 人计算)。不过,真实的人口与户数,在史料不足的情况下很难确定的。

经过明末清初的战乱之后,巴县地区的人口经历了大幅度减少。例如(康熙)《四川总志》卷十《贡赋》中记载:"(重庆)为督抚驻节之地,哀鸿稍集,然不过数百家;此外州县,或数十家,或十数家,更有止一二家者。"从前文介绍过的行政区划变迁来看,清初的巴县仅仅分为四里,若按照最初一里为 110 户左右计算的话,那么当时巴县农村地区的残存人口,确实可能仅剩下数百户而已。

根据《巴县志》(乾隆)记载,在乾隆二十三年,巴县的编审人丁为 15,638 丁。编审人丁之外的增加人丁为 898 丁,合计为 16,536 丁。不过,《巴县志》(民国)对于这一数据的评价是,"为数当不止

---

① 此处的七镇是指木洞镇、清风镇、清和镇、白市镇、集思镇、聚奎镇、环江镇。十四乡是指南熏乡、龙灵乡、石龙乡、一品乡、人和乡、五胜乡、怀仁乡、崇圣乡、丰盛乡、至公乡、平安乡、和平乡、廉让乡、三益乡。

② 王尔鉴等:《巴县志》(乾隆)卷 3《赋役》,载于《中国地方志集成:重庆府县志辑》(二),巴蜀书社 2016 年版。

此"。随后,在嘉庆朝《四川通志》(卷六十五)中,嘉庆中期巴县地方的户数为 75,743 户,男女合计为 218,079 人。[1] 而到了道光四年,根据前引《道光四年巴县保甲烟户男丁女口花名总册》计算,则巴县当时的户数为 82,053 户,男女合计为 386,478 丁口。

到了清代末期,根据施居父所著《四川人口数字研究之新资料》记载,巴县全体的人口数为 990,484 人。[2] 而根据民国十九年的统计,巴县地方的户数为 208,548 户,男女合计一共为 1,084,710 人。[3] 由以上看来,可知在整个清代,巴县地方的人口一直都在持续增长。不过,巴县的税赋负担则呈现出另外一种情况。

巴县地方的税赋负担,在明与清之间存在着巨大差异。明代的原额税粮为 60,307 余石,折色银为 86,000 余两。[4] 在四川地方,若与重庆以外的州县税赋进行比较,则这一税赋额可谓是相当高。[5] 不过,由于明清之交的战乱,巴县地方的经济与社会完全崩坏。从清初开始至清末为止,在相当长的时间内,巴县地方的正式赋税都停留在一个相当低的水准。例如据《巴县志》(民国)记载,康熙六年的旧额,税粮额仅仅 8527.82 余石,合上丁条粮,一共相当于银 7996.68 两。[6] 这个数值,仅仅相当于明代巴县赋税的七分之一。在乾隆二十五年之前(即设立江北理民府之前)的巴县税赋,正银为 10,733 余两,其他的火耗银为 1610 余两。而在江北府设立之后,巴县的赋税正银为 6781 余两,其他的火耗银为 1017 余两,合计为银

① 转引自王笛:《清代重庆城市人口与社会组织》,载于《重庆城市研究》,四川大学出版社 1989 年版。

② 同上。

③ 向楚等:《巴县志》(民国)卷 4《赋役》,台湾学生书局 1967 年版。

④ 同上。

⑤ 周勇主编:《重庆通史》,重庆出版社 2014 年版,第 158 页。

⑥ 向楚等:《巴县志》(民国)卷 4《赋役》,台湾学生书局 1967 年版。

7789 两。① 这样赋税额度,直到清末也一直未变。由此看来,在整个清代,巴县的正赋额度,比明代的正赋额度要低很多。

不过在"正赋"之外,清代中后期,还有大量的"附加税"存在。《巴县志》(民国)根据《四川财政录》进行计算得到的结果是,清末巴县地方的"津贴"(从嘉庆年间开始)、"常捐"(从同治年间开始)、"新捐"(从光绪年间开始)的总额,一年为 58,250 两,是"正赋"的 7 倍多。② 清末的"正赋"与"附加税"两者合起来,是 65,948 两,这一额度与明代的原额税粮大致相当,不过这是在清末的情况。因此总体而言,在清代的大部分时期内,巴县地方的税赋负担,是相对较轻的。

(三) 清代巴县里甲图

自古以来,巴县地方的面积就相当辽阔。据学者推算,嘉庆年间巴县的面积约为 3312.04km²,而江北厅的面积约为 2472.02km²。③ 在如此广阔的面积上,分布着众多的里、甲、场、驿等地名。在对清代的巴县社会进行研究时,地图是不可或缺的重要资料。不过可惜的是,近代之前的巴县地图主要保存在地方志中,由于观念和技术等限制,都只能展现出大体的地域范围。较为详细的地图,又主要集中于城区部分。而民国之后的巴县地图,由于行政区划等已经变迁多次,也难以直接利用来研究清代的巴县社会。

为了方便研究,笔者在巴县档案、巴县历代地方志、巴县的各种古地图、重庆当地地图、其他相关史料,以及现地调查的基础上,做成了如下的"清代巴县里甲场镇示意图"(图 15、图 16、图 17)。

---

① 向楚等:《巴县志》(民国)卷 4《赋役》,台湾学生书局 1967 年版。
② 同上书,也可以参考周询在《蜀海丛谈》中的详细记载。
③ 周勇主编:《重庆通史》,重庆出版社 2014 年版,第 158 页。

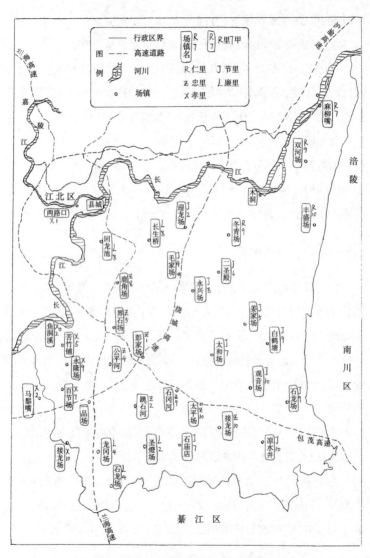

图15 巴县里甲场镇图——县城以南地域①

① 方位示意图,高速公路用于参照现在位置,后图16、图17亦同此。

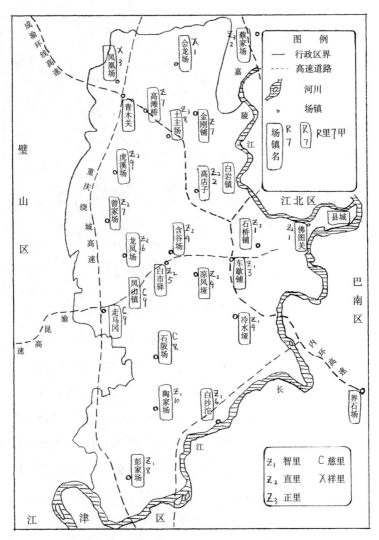

图 16　巴县里甲场镇图——县城以西地域

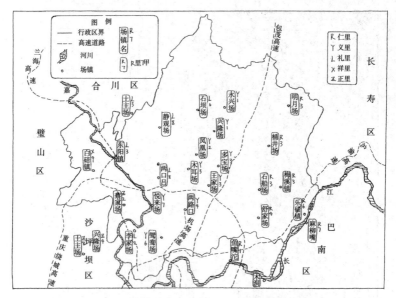

图 17　巴县里甲场镇图——县城以北地域

　　清代里甲的区划与现代中国的建制村不同,并没有具体的行政边界。因此,笔者利用历代《巴县志》和巴县档案中所记载的各个场镇的名称,以及各场镇所归属的里甲,一一进行对照。清代的各个场镇,其名称大都仍然留在今天的巴县地方上,因此笔者也通过查考各个时代不同版本的巴县地图,并通过实地调查,来确定清代各场在巴县地图上的大致位置,再由此来倒推清代巴县农村具体里甲的大致位置。由此而做出来的清代巴县里甲示意图,绝对称不上精确,但是在进行社会史研究时,能够起到一定的辅助作用。

　　其中,木洞镇和白市驿,是巴县的佐贰官在县城巴县衙门之外的驻扎地。驻扎于木洞镇的是巴县巡检,于雍正七年设立。驻扎于白市驿的是巴县县丞，同样于雍正七年设立。[①] 这两位佐贰官的"分驻地"，是由于巴县地缘辽阔，为地方治安而专门设立于此的，也是周边地区人们在想要进行诉讼时的第一选择。[②]

而且，从清代巴县的里甲示意图来看，从一甲到十甲的排列方式是非常多样的，并不一定按照从南到北，或者从东到西的方式排列，也不都是按照从县城往外辐射的方式来排列。其中，节里和孝里的甲大部分是从北往南排列；廉里的甲则是从东往西，横着排列的，有可能是沿着里甲之间的道路来排列的。

三、同治朝巴县档案中的"租佃类"案件

本书所用的"租佃类"案件，按照四川省档案馆的分类方式，是清代巴县衙门司法类档案的 22 类案件中的一类。而在同治年间，租佃类档案的案件号是从 No. 13650 到 No. 14035，一共有 386个案件。

不过，在"租佃类"的这一个分类中，不只是有"田地"相关的"租佃"案件，而且包含有与房屋、矿山等相关的租佃案件。从 386个案件的具体内容来看，与房屋、矿山相关的案件，以及其中与租佃没有直接关系的案件有 84 件，而与"田地"相关的租佃案件有 301件。在这 301 件与"田地租佃"相关的案件中，诉讼当事人相同的案件有几个，但是从档案本身来看，清代当时已经按照"一案一卷"的

---

① 向楚等：《巴县志》(民国)卷 2《建制》，台湾学生书局 1967 年版。
② 根据大清的规定，佐贰官没有裁断民间诉讼的职权。但是从现存史料来看，在巴县地方，佐贰官处理民间纠纷的情况非常多见。具体研究，可参考本书第七章内容。

原则区分为独立的案卷,在此也基于原本清代的归档进行探讨。

这301件与田地相关的租佃案件,在同治年间司法类案件的15,700卷中,仅占2%。不过从这301件档案,也可以看出同治年间巴县地方"租佃关系"的基本情况。在此,基于这些案件的基本信息,先对其中的"地租""押租"(也称"押佃",即租佃的保证金)、"租佃期限"以及"其他"这几个方面进行介绍。

(一) 地租

在这301件案件中,包含与地租相关详细情报的案件只有98例。这些案例,又可以分为"实物地租""劳役地租""货币地租"的三种类。一、"实物地租"有94例,其中,"定额实物地租"有81例,"分成实物地租"有13例;二、劳役地租是0例;三、货币地租有4例,其中,银租有2例,钱租有2例。

从中可见,在同治年间的巴县农村,"定额实物地租"占据最重要的位置。若对"定额实物地租"中地租的数量进行区分,可以得到如下统计表。

表1　同治朝巴县定额实物地租数量表

地租的数量(石)	案例数(件)	百分比
0—10 石	28	34.6%
11—20 石	21	25.9%
21—30 石	16	19.8%
31—50 石	7	8.6%
51—100 石	9	11.1%
101 石以上	0	0%
总计	81	100%

其中,额度最高的地租是 100 石,最低的地租是 0.2 石。0—10 石与 11—20 石地租的范围占了全部案件的一半以上。由此可见,在巴县地方的租佃关系中,小额租佃的情况占主流。不过,正如本书第四章所述,由于"轻押重租"与"重押轻租"的现象大量存在,地租的数量也随着押租的多少而发生改变。

(二) 押租

在 301 件案件中,具体押佃数量的案件有 116 件。其中,由于押租的额度可能发生变动,因此在一个案件中可能会出现 2 个及以上的押租额。其中出现 2 个押租额的有 14 件,出现了 3 个押租额的有 1 件。因此,在档案中,合计有 132 个押租额。在这些押租的数据中,有银押和钱押这两类,其中用银来支付的押佃有 127 件,用钱来支付的押佃有 10 件[①]。若将钱也换算为银的话,由于同治时期银钱比例有较大的波动,1 两大概相当于 1200 文到 1800 文。[②] 在此平均以 1500 文进行估算,将所有的押佃额进行统计得到下表:

表2 同治朝巴县押租额数量表

押佃额(两)	件数	百分比
0—50 两	34	25.8%
51—100 两	27	20.5%
101—150 两	10	7.6%
151—200 两	15	11.4%
201—500 两	27	20.4%

---

① No. 13693(12 串)、No. 13755(140 串)、No. 13694(5 千文)、No. 13763(90 串)、No. 13901(40 串)、No. 13925(6 串、15 串)、No. 13938(20 串)、No. 13967(40 串、50 串)。

② 王宏斌:《清代价值尺度:货币比价研究》,生活·读书·新知三联书店 2015 年版,第293—296 页。

押佃额（两）	件数	百分比
501 两以上	19	14.4％
总计	132	100％

从该表中可以看到，在案件中，0—50 两、51—100 两这两类小额的押佃银，是占比最多的。另外，在巴县地方，200 两以上的高额押佃数量也不算少。整个押佃银的数量分布，形成了一个有趣的凹形态。其中出现的最高的押佃银是 1100 两（案件 No. 14007），1000 两以上的押佃银案件有 4 件。相反，最低的押佃银则是"无押"，即不需要缴纳押佃。

（三）租佃期限

因史料所限，在同治年间的租佃契约中，出现与租佃期限相关规定的契约只有 2 件，其中规定的租佃期限是 3 年与 6 年（案件 No. 13921 与 No. 13731）。[①] 在同治时期的巴县档案中，虽然有出现口头上以 1 年为期的情况，但是在租佃契约中尚没有见到这一记录。[②] 在此，将到案件中发生诉讼的时间点截止的实际租佃年数进行统计，可以得到下表。

表 3　同治朝巴县租佃年数表

租佃年数	件数	百分比
1—5 年	16	57.1％
6—10 年	7	25.0％
11 年以上	5	17.9％
总计	28	100％

---

① 在《巴县档案》（同治朝）No. 13921 的租佃契约中，有"其佃期以三年为满，不得另外生枝退佃"的规定。而在 No. 13731 中，则没有存留下租佃契约。
② 也存在例外的《巴县档案》（同治朝）No. 13650。其中，虽然有"议限十五年回家清算"这一口头约束，但在这个案件中，是由于田主长期在云南省商贸，所以才定下 15 年的期限。

其中,租佃时间最长的是案件 No. 13932,其中称租佃已有"百又余年",而最短的则是 1 年。从这一表中可以看出,大部分租佃案件发生时,租佃时间都是在 5 年以下。一般而言,一旦发生诉讼,那么租佃关系也会随之结束。从发生诉讼案件的租佃时间来看,1—5 年的租佃期间,应该在巴县地区的租佃关系中占了最大的比重。换言之,可知在巴县当地的租佃关系中,佃户的流动性是相当高的。

当然,无可否认存在一种可能性,即正是因为租佃时间短,所以发生诉讼的可能性才高。在巴县地方的租佃契约中,基本上看不到与租佃期限相关的规定,大部分的租佃关系很可能都是在 1—5 年之间因发生纠纷而结束,或者是在这一期间内自然结束。此外,在巴县地方的租佃契约和租佃诉讼中,都基本没有见到"田面田底"以及与"永佃权"相关的规定和要求。[1] 这一点,在民国时期的巴县农村调查中也能得到证实。[2]

(四) 其他

以上,从 301 件与田地相关的租佃案件出发,对同治年间巴县农村地方的田地租佃的基础情况进行了介绍。以下,本文针对与此相关的另外几个问题,进行分析。

---

[1] 存在例外的是《巴县档案》(同治朝)No. 14006。该案件是具有姻亲关系的当事者之间的租佃事件。在租佃契约中有"永远耕种"的文字,不过在其后发生诉讼时,当事人又不承认此点。结果,知县也没有将这一"永远耕种"理解为"永佃权",而是下达了退佃的命令。

[2] 王国栋:《巴县农村经济之研究》,载于《民国二十年代中国大陆土地问题资料》,成文出版社 1977 年版。参考其中第四章《土地》、第五章《租佃制度》。

1."首告"问题

"首告"这一概念的含义是指"首先提出诉讼状"的意思,即在与"租佃"相关的案件中,最初提出诉讼状的是田主或佃户。进行"首告"的人,因为能让知县首先看到自己讲述的内容,所以在进行诉讼时能够给予知县一个对自己有利的第一印象。在这点上,"首告"具有重要的意义。

在同治巴县档案与"租佃"相关的 301 件案件中,由田主"首告"的案件为 159 件,由佃户"首告"的案件为 95 件。此外,还有一些案件是无法确认"首告"的情况。从这点来看,在诉讼案件中,田主"首告"的可能性要比佃户的可能性更高。推测其原因,很可能是诉讼需要金钱的支持,而田主的经济能力一般要比佃户的更高,所以更可能主动地提起诉讼。不过,佃户首告的案件也占到了全体的 36.7%,这说明佃户主动利用诉讼程序来起诉田主的可能性,也是切实存在的。

2."士绅"的身份

"士绅"这一身份,原本是指通过科举的一系列考试而获得了如生员、举人、进士等身份的人,以及通过科举而获得官职的人。不过,在明清时期,由于捐纳能获得的身份范围逐渐扩大,到了清代中后期,不仅"监生"和"贡生"的身份,其他很多种官衔和官职,也都能通过赈灾捐纳等方式获得。① 因此,到了同治年间,在巴县的农村地区,拥有士绅身份的人多种多样。例如"文生""武生""廪生""监生""贡生""职员"(持有某个官衔的人),都属于士绅。

----

① 伍跃:《中国的捐纳制度与社会》,江苏人民出版社 2021 年版,第 360—372 页。

　　而在 301 件与田地相关的诉讼案件中,田主持有"士绅"身份的案件有 39 件,与之相对,佃户持有"士绅"身份的案件,只有 2 件。

　　从中可以看出,首先,田主阶层持有"士绅"身份的人数,确实要远远多于佃户阶层中持有"士绅"身份的人数。从这一点,也可以看出田主阶层的经济实力,整体确实要强过佃户阶层。其次,在这 301 件案件中,与"士绅"相关的案件有 41 件,可知大部分与租佃相关的案件,都是庶民田主与庶民佃户之间发生的纠纷。

　　3. 亲戚关系

　　众所周知,在中国社会中,亲戚关系(也包括宗族关系)是影响社会行动的一个非常重要的因素。那么,在同治年间的巴县农村的租佃关系中,亲戚关系具有多大程度的影响呢?

　　在 301 件案件中,田主与佃户之间处在亲戚关系(也包含宗族关系)中的案件有 30 件。由此点来看,在同治年间巴县农村的租佃关系中,田主与佃户的关系大部分都是独立的多姓小家庭之间关系。究其原因,从清初开始,巴县地方一直是移民迁移的重要中间点。大量移民都沿着长江往上游迁移,经过重庆而进入更加西南的地区。其结果,巴县农村地区形成多姓小家庭杂居的复杂样貌,没能形成由一些单姓的大宗族支配的地方社会。在这种情况下,田主和佃户之间没有亲戚关系的可能性就很高。

　　4. 诉讼原因

　　在分析租佃案件时,诉讼原因为何,这当然是一个重要的问题。在 301 个案件中,与"租谷"有关的问题和与"押佃"有关的问题,是导致诉讼的两个最重要原因。

　　再进一步深入分析,可知在 301 件案件中,与"租谷"相关的诉讼案件有 104 件,而与"押佃"相关的诉讼案件有 107 件。[①] 一般来说,租佃关系中最重要的要素,自然是"租谷"。相对地,"押佃"则是为了能够保障"租谷"的缴纳而设置的附加制度。不过在巴县地方,与"押佃"相关的纠纷,其数量却甚至比因"租谷"而起的纠纷还多,这反而成为巴县农村地区与租佃关系相关的最重要的诉讼起因。对于这一问题,本书第四章将进行探讨,并且探讨这一现象与巴县地方的市场经济之间的密切关系。

　　本书在介绍了清代巴县地区以及巴县档案的基本情况后,将正式进入对于租佃关系的讨论分析。

---

① 　其中,也存在"租谷"问题与"押佃"问题重合的案件,二者并非完全独立。

第二章　清代巴县农村的租佃实态
——"抗租"、"骗租"与"主客关系"

宋代以后,地主与佃户关系成为中国社会中一个重要的社会关系。在明清时期,与租佃关系相关的"抗租运动"纷纷涌现,而中央政府也对此制定了各种法律与政策。到了近代,地主与佃户之间的斗争更成为中国革命的重要原因之一,极大影响二十世纪中国政治、社会走势。毫无疑问,租佃关系是近世以来中国史研究中的重要课题。不过,自二十世纪八十年代以来,对于中国传统租佃关系的研究,有着显著的减少倾向。究其原因,可以说当时的研究在理论与史料上都出现了困难。因此,本章首先总结历来对于租佃关系的诸种理解,其后利用新视角与新史料,对中国传统的租佃关系进行研究。

一、对于租佃关系的三种见解

对于中国传统的地主与佃户关系,学界历来大概有三种见解存在,而在这三种见解的背后,则是对于中国近世社会整体的不同理解。简单而言,三种见解如下:

(一)"伦理论"的地主与佃户关系理解

这是二十世纪前半叶中国对于社会与租佃关系理解的重要思想,其典型代表为梁漱溟与费孝通。

简单来说,在这一理解是指,由于儒家意识形态及其影响,儒家的伦理规范极大地左右了人们的行为。其中,租佃关系中的地主与佃户双方,都主要依据伦理规范来行动。例如梁漱溟将中国理解为"伦理本位"的社会,将社会关系理解为伦理关系,强调社会关系之中的"情谊"和"义务"。[①] 费孝通则论述道,在传统道德和习俗的影响下,地主不至于过度地榨取佃户,而佃户也没有必要故意不交租。[②] 同时,在日本的中国史研究之中,战前的"共同体论"也与此种"伦理论"有着类似的侧面。[③]

在这一认识的背后,是对于中国传统社会的基本思考,即特别重视儒家思想的"伦理性",将人的行为理解为伦理观念支配之下的行为。不过,这一理解带来两个问题:第一,租佃关系的基础并不是伦理关系,而是经济关系。而且在儒家的经典之中不存在明确有关租佃关系的伦理。第二,基于这一理解,可以说明传统租佃

---

① 参见梁漱溟:《乡村建设理论》,载于《梁漱溟全集》第二卷,山东人民出版社 1989 年版,第二章《中国旧社会组织构造及其所谓治道者》;梁漱溟:《中国文化要义》,载于《梁漱溟全集》第三卷,山东人民出版社 1989 年版,第五章《中国是伦理本位的社会》。

② 参考费孝通:《江村经济》第十一章《土地的占有》第四节"不在地主制",载于《费孝通文集》第二卷,群言出版社 1999 年版;费孝通:《乡土重建》,载于《费孝通文集》第四卷,群言出版社 1999 年版。

③ 代表性的研究者有平野义太郎、清水盛光等。"共同体论"强调中国农村的封闭性、村成员的集团性,村落内部的秩序。与此不同,中国的"伦理论"则没有言及"共同体",而是强调更加普遍性的传统"伦理"与"道德"。

关系中的"减免""互助"行为，但是其对于明清时期的各种"欠租""抗租"行为，却没有足够的解释力。

（二）"阶级论"的地主与佃户关系理解

在"伦理论"理解出现的同时，在马克思主义的影响下，"阶级论"成为另一个重要的理解。[①] 按照"阶级论"的理解，地主、佃户各自是中国封建社会中相互对立的阶级，而租佃关系的本质，则是地主阶级以超经济强制的手段对佃户的榨取。这一理解亦是地主与佃户身份法研究的源流。在此，地主与佃户关系的本质，并非"伦理论"所主张的伦理关系，而是对立阶级之间的激烈斗争。

在中国，这种对于地主与佃户的阶级论理解，是从二十世纪五十年代至八十年代中唯一"正确"的理解。[②] 当然，其中有着诸学派间的争论，但基本的理解方式是类似的。在日本学界，类似的研究范式亦在一段时间内占据主流。[③] 在这一理解下，租佃关系的变迁、赋役制度的发展，以及商品经济的影响等研究主题都呈现出来。

"阶级论"确实能够解释地主与佃户间的各种矛盾与纠纷、"抗租运动"等事件。不过，同样会带来两个问题。第一，不考察地主与佃户间纠纷的具体原因，而将其全部纳入"阶级斗争"的概念，这一点是否合适？第二，在阶级论中，如何理解租佃关系中的"减免""互助"行为，这同样成为一个问题。

---

① 代表性研究者有民国时代的经济学者如薛暮桥、陈翰笙、王亚南、冯和法等。
② 代表性研究者有李文治、傅依凌、刘永华、章有义、叶显恩、乌廷玉、方行等。
③ 代表性研究者有北村敬直、小山正明、重田德等。

（三）"经济论"的地主与佃户关系理解

二十世纪九十年代之后，在"阶级论"的理解之外，对于地主与佃户关系的"经济论"研究，成为了中国传统租佃关系研究的主流。

从"经济论"的视角来看，地主的土地所有量、各地的实际地租率、佃户占总人口的比率，以及农民的生活水平等问题，都是探究地主与佃户关系时的重要问题。在这些研究之下，逐渐形成了新的租佃关系的形象。例如，土地权的分散程度较高，真实的地租率适中，佃户所占的人口比率较小，农民的生活水平也有提高等。[①]这一种纯"经济学"的理解，打破了"阶级论"的地主与佃户的关系形象，认为中国传统的租佃关系与市场经济规律相符合。

这一"经济论"理解，是将中国传统社会中的人理解为现代式的"理性经济人"。据此，中国传统的租佃关系，是地主、佃户都合乎理性地考虑利益得失，并在此基础上形成合意，通过契约而确立的一种经济关系。[②] 在日本学界，自二十世纪五十年代开始，宫崎市定便已经开始强调中国近世社会的资本主义性质，将近世以来的租佃关系理解为契约关系。[③]

不过，在此理解之下仍有一些难以解释的问题。第一，如果将传统租佃关系理解为纯粹的经济关系，那么如何理解某些特殊的

[①]　代表性研究者有曹幸穗、侯建新、史建云、史志宏、武力、郑起东等。

[②]　例如赵冈《从另一个角度看明清时期的土地租佃》，《中国农史》2000 年第 2 期；高王凌：《租佃关系新论》第一、二、三章，上海书店，2005 年；秦晖、彭波：《中国近世佃农的独立性研究》，《文史哲》2011 年第 2 期；彭波：《国家、制度、要素市场与发展：中国近世租佃制度研究》，清华大学历史系博士论文，2011 年。

[③]　宫崎市定「宋代以後の土地所有形態」，『東洋史研究』第 12 卷第 2 号，1952 年。

租佃关系呢？例如徽州地区的"佃仆制度"等。第二，在与租佃关系相关的各种事件中，与"经济合理性"相反的行为大量存在着，若仅仅从"理性经济人"出发，则很难理解这些行为的意义。

以上是从租佃关系来看中国近世社会的几种基本视角。此外，还有一些其他取向的租佃关系研究，例如日本学界在二十世纪七十年代之后，开始关注租佃关系的其他方面，例如同族关系与在地势力①、政治与宗教思想②等。在八十年代之后的地域社会研究之中，与租佃关系相关的研究亦有出现。③ 这些研究主要是关注影响"租佃关系"的其他外部因素，对于租佃关系自身并没超出以上的几种理解。

以上三个视角虽然各有其无法解释的难题，但可以说各自都提出了重要的见解，解释了不同的事实侧面。将这三个侧面进行综合，大概便是中国传统租佃关系的整体图。一方面，在租佃关系之中，"减免""互助"等伦理行为确实大量存在着；另一方面，在地主与佃户之间，"欠租""抗租"等主佃间的纷争也大量存在。同时，租佃关系的本质还是一种经济关系，其经济的性格也是一个重要侧面。

---

① 森正夫『十七世紀の福建寧化県における黄通の抗租反乱』(1、2、3)，载于『森正夫明清史論集第二巻：民衆反乱・学術交流』，汲古書院，2006 年。

② 小林一美『抗租・抗糧闘争の彼方：下層生活者の想いと政治的・宗教的自立の途』，《思想》第 2 号，1973 年。

③ 在日本，有三木聡对于福建的"抗租"运动进行了一系列的研究(其后收录在『明清福建農村社会の研究』，北海道大学出版会，2002 年)。在中国，则有刘永华：《十七至十八世纪闽西佃农的抗租、农村社会与乡民文化》，《中国经济史研究》1998 年第 3 期；黄志繁：《地域社会变革与租佃关系：以 16—18 世纪赣南山区为中心》，《中国社会科学》2003 年第 6 期等。

但是,对于这三个侧面,应该如何进行综合解释呢?之前的研究并没有发展出具有说服力的解释。而为了解决这一问题,需要对租佃关系展开一个新视角的研究。在其中,最重要的关键是,要探究当时人对于租佃关系是如何具体理解的,对于与租佃关系相关的纠纷与诉讼是如何进行处理的。

众所周知,在近世之后的中国社会,伴随着社会与经济的发达,与传统的家庭、宗族、政治等领域不同的"社会"这一领域得到显著发展,并成为了中国人日常生活的重要部分。例如农业中的租佃关系、手工业中的师徒关系、商业中的雇佣关系等。而这些"社会关系",是传统儒家经典中规定的伦理规范无法直接处理的问题。因此,对于这些社会关系,近世以来的中国人如何理解、如何处理,成为了关键问题。

在研究这一问题时,除去利用先行研究之外,还需要更加具体而丰富的史料,即地方档案。在此,以"巴县档案"为例。第一,在巴县档案与租佃相关的诉讼档案中,有着双方的诉讼状、供词、租佃契约、其他文约等各种史料,从这些史料中不仅能够了解租佃纠纷本身,还能获知多种外围信息。第二,最重要的是,在案件的过程和结果之外,还能从档案中窥探到当事人对于租佃关系的理解和感受。而这是从其他史料之中无法得知的。第三,在诉讼状之中,存在很多讼师所写的"套话"。但是,这些套话恰恰体现了巴县地区社会整体对于租佃关系的普遍理解和感觉。由此看来,巴县档案中与租佃相关的史料,是以新视角来进行租佃关系研究的绝好材料。

本章将从巴县档案与租佃相关的案件中,首先选取与"田租纠纷"相关的诉讼案件,以此来探讨地主与佃户间的关系。首先发现,在地主、佃户围绕着田租产生的多种纠纷之中,除少量的"抗租"案件外,更多的是"欠租""骗租""揹租"①类的案件。随后,通过对于"欠租""骗租"等类型区分的检讨,来探究当时的地主、佃户对于租佃关系的具体感受,以此来建构对于中国传统社会"租佃关系"的新理解。

二、中央与地方的"抗租"和"欠租"

在地主与佃户之间产生田租纷争时,最为重要的是"抗租"概念。在历来的研究中,除集团性的激烈"抗租运动"之外,日常的地主与佃户间的"欠租"等行为,也经常被包括在"抗租"这一用语中。例如森正夫对于学界使用的抗租概念,曾经做过一个一般意义的说明。

抗租,即抗拒交租。若借用日本的地主制的用语来说明,即类似于小作人的佃户(或者是佃农等),抵抗类似于地主的田主(或者是业主),拒绝缴纳相当于小作料的租这样一种行为。一直以来,我们都是将被称作欠租、逋租的不交或者滞纳小作料的行为,由于生活费不足而不得不实行的佃户的细微抵抗,伴随着对佃户来说、需要特别紧张的、严厉决断的行为,

① 简单而言,"欠租"是指"拖欠租谷";"揹租"是指"强硬地滞纳租谷";"骗租"是指"以欺骗的手段骗取租谷"。

以及从外侧看来仅仅是消极的行为,都用"抗租"来表述。①

二十世纪八十年代之后,研究中对于"抗租"的理解也没有发生大的变化。究其原因,这可以认为是受制于传统史料的影响。②但是,如果从具体的史料来仔细分析,当时的人们,对于"抗租""欠租""揹租"等概念,其实也有着明确的区分。

例如据森正夫的研究,在清代史料中首次出现"抗租"一词是在雍正十三年,在刚刚即位的乾隆帝下发的谕旨中,有"壬午。劝减佃租……若彼刁顽佃户,借此观望迁延,则仍治以抗租之罪"③。在此,"借此"的含义,是指利用乾隆帝的谕旨来实行抗租行为。此外,在乾隆十一年八月壬辰的上谕中,对于"罗日光、罗日照等聚众抗租事件"有"岂有任佃户自减额数,抗不交租之理。……此乃国法之所难宥,断不可稍存宽纵者"④。乾隆二十三年十一月对于江苏省崇明县的"聚众抗租事件",则有"刁民借词抗租,已干严禁"⑤一句。

从以上《实录》的数个例子来看,"抗租"的案例有两个重要特征。第一,多人的集团性行为,即"聚众"的情况较多。第二,往往

---

① 参见森正夫「抗租」,载于谷川道雄、森正夫编:「中国民众叛乱史四·明末—清Ⅱ」,平凡社,1983 年,其后收入『森正夫明清史论集 第二卷』(汲古书院,2006 年)中。森正夫的该篇文章,是基于对"抗租"的普遍性理解,更加详细地区分了"抗租"的三个时期,以此进行说明。在此之外,还可以参考滨岛敦俊『明代江南农村社会の研究』(东京大学出版会,1982)第十章「明末清初江南の农民闘争」,也有相关讨论。

② 由于集团性的"抗租"行动都是较大的事件,在实录、文集、地方志中往往会有记载,因此这些史料往往会形塑研究者对此的印象。

③ 《大清高宗纯皇帝实录》卷 9,雍正十三年十二月壬午条,中华书局 2008 年版。

④ 《大清高宗纯皇帝实录》卷 273,乾隆十一年八月壬辰条,中华书局 2008 年版。

⑤ 《大清高宗纯皇帝实录》卷 574,乾隆二十三年十一月戊戌条,中华书局 2008 年版。

是"借此""借词抗租"的情况，即有着主张抗租行为的某种公开理由。[1]

不过，围绕着租佃关系的纠纷，其实在"抗租"以外还存在有其他类型的事件。同样在《大清高宗纯皇帝实录》之中，还有与"抗租"不同的"欠租"和"揹租"案件。例如在乾隆三十四年四月壬申日的上谕之中，有"马元功以佃田揹不完租，被业主控告，乃恃老咆哮公堂。治以枷号之罪，原所应得"[2]。这一案件即"揹租"的案件，最终的惩罚是"治以枷号之罪"，而非《大清律例》中"抗租禁止条例"的"杖八十"[3]。而且，这一处罚的原因与其说是"揹租"，毋宁说是"恃老咆哮公堂"。此外，在乾隆三十六年八月壬辰日的上谕之中，有"细阅案情，段兴邦以佃户欠租细事告官断追，已非安分之人。追周德先业已遵断交清，而段兴邦犹以为未足，仍然揹给收字。复以禀官差押清租追佃恐吓，致周德先一家同时窘迫自戕"[4]。在这一案件中，乾隆帝是将"欠租"看作"细事"，相反，对于因欠租而起诉佃户的田主，则批为"非安分之人"。

---

[1] 在康熙、雍正的时代，当皇帝下发赋税减免的谕旨之时，往往同时会有减免田租的命令。而乾隆帝下发的减免田租的谕旨，可以看作这一传统的新的发展形式。对于这一点，可以参考周藤吉之的『清朝前期に於ける佃户の田租减免政策』(『清代東アジア史研究』，日本学術振興会，1972 年)、经君健的《论清代蠲免政策中减租规定的变化:清代民田主佃关系政策的探讨之二》(《中国经济史研究》1986 年第 1 期)，以及岸本美绪的《清代中国的物价与经济波动》(刘迪瑞译，社会科学文献出版社 2010 年版)等。

[2] 《大清高宗纯皇帝实录》卷 833，乾隆三十四年四月壬申条，中华书局 2008 年版。

[3] 对于雍正五年《抗租禁止条例》的内容及其确立过程，可以参考三木聡的『抗租と法·裁判—雍正五年の〈抗租禁止条例〉をめぐって』一文(『明清福建農村社会の研究』，北海道大学出版会，2002 年)。

[4] 《大清高宗纯皇帝实录》卷 891，乾隆三十六年八月壬辰条，中华书局 2008 年版。

　　以上两个案件与"抗租"事件之间,有着明显的差异。第一,前文所列的"抗租"都是群体事件,而此处的则是个体性事件。第二,当佃户等在"揩租""欠租"的时候,并没有类似"抗租"那样的公开的反抗理由(即"词")。第三,政府对于"揩租""欠租"事件的态度与对于"抗租"事件的态度,要更为和缓。

　　实际上,对于"抗租"与"欠租"等事件的区分,不仅存在于中央政府层面上,也普遍存在于地方官层面上。例如陈弘谋任江苏巡抚时公布的《业佃公平收租示》中有"竟有无良之辈,借名报灾,观望延挨,不肯完租,将所收米谷藏匿质当。更有奸徒倡为不还租之说,把持纠约,不许还租"①。在此,陈弘谋是将一般的"欠租"等事件("竟有无良之辈……")与"抗租"事件("更有奸徒……")进行了区分。此外,在《江苏省例续编》中还有"不思佃户寻常欠租,并无重大罪名。焉可轻易收入图圄。……其聚众抗霸者,原不能不尽法惩办。如所欠有限而枷号收禁,几致身家莫保,殊非恤佃之道"②,这也是在二者之间做了明确区分。

　　在此,从政府文书之中,可以看到当时对于"抗租"与"欠租"等行为有着明确的区分。不过,若仅仅利用以上的史料,并不能充分地解明"抗租""揩租""欠租"等各自具体的意义。在下面,将通过同治时期巴县地区具体的"抗租"案件,来检讨"抗租""欠租"等词语的具体含义。

---

①　陈弘谋:《培远堂偶存稿》卷45,光绪二十二年鄂藩署排印本。
②　《不准妄枷佃户并收禁》,载于《江苏省例读编、三编、四编、不分卷》(藩例),同治八年至光绪十二年江苏书局版。

三、同治朝巴县地区的"抗租"诉讼

在进入具体的分析之前,首先要对巴县地区的自然状况和租佃制度做简单说明。巴县位于四川盆地的东部边缘,县城即现在的重庆市渝中区。同治时期的巴县,包括县城所在的半岛(嘉陵江与长江的合流点)、与半岛相连的西部与北部地区,以及长江以南的广大区域。由于位于四川盆地的外缘,全域属于山间地带。特别是长江以南的部分更是典型的山岳地形,土地贫瘠。同时,巴县地区属于亚热带性气候,且处于两江交汇,全年的月平均气温都在零度以上,降水量与空气湿度较高,适合农耕生产。因此,清代巴县大部分的水田都可以一年二作,秋季是水稻,春季是麦、豆等杂粮。就租佃关系而言,田主收的租谷是秋季的稻,而春季的杂谷等都归佃户所有。[①]

巴县的租佃关系,大体分为两类。一类是佃田(即水田),另一类是佃土(即山土)。山土的生产力要比田土低很多,一般而言只佃土的佃户较为贫困。在同治时代的租佃关系中,佃田的租谷大都是实物定额租以及实物分成租,而较少货币地租。此外,巴县的租佃制度中,押租制度普遍存在。押租的数额与租谷的数额成反比关系。因此,在佃户之间的转佃行为也较多。就租佃的年限来

---

① 参考向楚等:《巴县志》(民国)卷11《农桑》,台湾学生书局1967年版;王国栋:《巴县农村经济之研究》,载《民国二十年代中国大陆土地问题资料》第54卷,成文出版社1977年版,第四章《土地》、第五章《租佃制度》;巴县志编撰委员会编:《巴县志》,重庆出版社1994年版,第二章《自然概况》。

看，大部分是十年以下的短期租佃，同时并不存在着田面、田底以及永佃等习俗。

本章所利用的巴县档案，是清代四川省的巴县衙门的存留文书。对于这一文书，前文已经有了详细介绍。经四川省档案馆整理后，现在的同治朝巴县档案分为"内政""司法总类""命案""地权"等二十二类，其中便有"租佃"类（同治案件号 No. 13650—14035）[1]。

前文已论，同治巴县档案中的租佃类案件总计有 386 件，其中与田土无关的案件有 85 件，与田土相关的案件有 301 件。在其中，与佃租相关的案件有 104 件。在诉讼状中，明确地使用了"抗租"这一非难的案件只有 3 件，而其他主要使用"欠租"非难的案件有 22 件，主要使用"揩租"非难的案件有 15 件，主要使用"骗租"非难的案件有 26 件。其余的 37 件，则使用了例如"租谷不清""租谷不携""延不交租"等较为含糊的非难。

从这一粗略的统计来看，在同治朝巴县档案与田土相关的"租佃类"案件之中，"抗租"的案件极为稀少。而"欠租"、"揩租"、"骗租"以及"租谷不清"等案件，则占据了租佃案件的绝大部分[2]。在此，首先对两件"抗租"案件进行分析，[3]以此来探讨在实际生活之

---

① 此前，利用巴县档案来研究地主—佃户关系的重要成果有曾小萍（Madeleine Zelin）的《清代中期四川省佃户的权力》（"The Rights of Tenants in Mid-Qing Sichuan: A Study of Land-Related Lawsuits in the Baxian Archives", *The Journal of Asian Studies*, Vol. 45, 1986, pp. 499-526）。该论文以从乾隆到同治年间的 120 件租佃案件为例，对巴县的租佃形式、租额、押佃制等概况进行了介绍，并据此讨论了佃户的"权利"及其来源。

② 自然，在其中也有重复的部分，即在一个案件之中，可以看到"欠租"与"揩租"、"欠租"与"骗租"等非难同时使用的情况。不过，很少见到与"抗租"非难同时使用的情况。

③ 这三个案件即案件 No. 13722、案件 No. 13952，以及案件 No. 13996。其中，由于案件 No. 13722 并不仅是"抗租"的案件，本文在此不予详细讨论。

中"抗租"的具体意义。

（一）《巴县档案》（同治朝）No. 13996[1]

同治十二年八月十三日，直里六甲的田主李文淮以"为灭霸诬索叩唤讯究事"为理由，指控他的兄长李文江，其中称"前岁腊月凭族分居，每人应分产田谷一百□十石，各房分关可凭。……殊文江父子套佃过手，延今抗租不纳。理问，恶霸反妄称系伊膳业，尤支子李应益胆将蚁业另佃石如海居耕"。

简单而言，在这个案件中，李文淮以"抗租"非难指控其兄李文江。在此，使用"抗租"这一非难的理由是，李文江原本租借了自己（李文淮）的田地，但事后却声称这一田地是他所有，因此正面否定了"纳租"的道理。而导致这一状况出现的原因，据李文淮所言则是，虽然他们已经分家（"分关可凭"），但土地契约一直留存在长男（即李文江）的手中，导致李文江否定租佃关系。因此，李文淮声称李文江借此而"抗租"。对此，知县在批词之中指出李文淮状词的漏洞[2]，即如果有"分关"的话，应该可以简单地辨清楚真相。由此可见，知县对于这一"抗租"非难是抱有疑问的。

九月三日，李文淮提出了第二份禀状"为霸串勒搕再叩唤究事"。在这一禀状中最值得注意的是，他没再使用"抗租"非难，也没有提到李文江宣称土地为自己所有的情节，反而改用了"骗租"

---

① 　直六甲李文淮控长兄李文江套佃抗租不纳另佃诬索押银案，同治十二年，四川省档案馆藏，《巴县档案》（同治朝）No. 13996。

② 　"所争之田究系该具呈分产，抑系李文江膳业，不难执出分关，投凭族证验对明确，理清息事。毋遽兴讼，致伤一本之谊。"

非难进行指控,"长兄李文江佃耕蚁业谷田四十石,数载并无押佃银两,迨后骗租。伊子李应益反将蚁业转佃石如海,私取押银一百五十两吞用"。由此可见,李文淮(或者是其背后的讼师),已经意识到了之前的"抗租"非难是无法成立的,所以才调整了非难,将其变为"骗租"指控。不过,这一"抗租"非难不成立的原因,并不是诉状中声称的李文江的行为不符,而是有"分关可凭"。

其后,到了同治十二年十一月十三日,李文江也提出了自己的诉状,以"奸骗捏诬诉讯究刁"来指控李文淮。他在诉状中指出自己与李文淮各占有一半的田地,还附上了族人的"合约"作为证明。对于这一诉状,知县批"候讯察断"。此后,档案中没有了对该案件的后续记录。

在这一案件中,李文淮在告状之中利用了"抗租"的非难,而要使这一非难得以成立,则需要一些必要的情节做支持。在这个案件中,这一情节是"李文江保管全契,声称这一土地是自己所有,因此抗租"。即在这一情节中,李文江完全否定了与李文淮之间的租佃关系,也否定了纳租的义务,所以可称为"抗"。不过这一捏造被知县看破,于是李文淮迅速改变为"骗租"非难。[①] 在此,可以看到此案与前论《实录》中的"抗租"案件的某些异同。虽然在《实录》中的案件都是集团行为,而此处是个人案件,但是两者都有着某种公开的"抗租"理由,并以此来否定"纳租"的正当性。

---

① 　实际上,在案件 No. 13722 之中,也有类似的变化发生,即田主诉讼状中的"抗租"非难被地方官驳斥之后,立刻被转变为"骗租"非难。

（二）《巴县档案》（同治朝）No.13952[①]

同治年间，仁里十甲的监生徐行之、高步云、严子贞，与武生蒋灿等一同创立了"义冢会"，寡妇熊李氏是该会的佃户。熊李氏的丈夫已经过世，其子外出营生，此时丈夫的父亲又生病了，家中没有足够的劳动力。因此，熊李氏便擅自将义冢会的土地转佃给他人。义冢会的管理者们听闻此事后，便中止了与熊李氏的租佃关系，将田地租与他人。此时，熊李氏丈夫的父亲正好过世，她便采取了不下葬、不交租的行为。

同治十年十一月十三日，监生徐行之等以"为协恳究逐事"为理由具禀熊李氏，"……李氏翁熊合顺病故不葬，抗租不撽。李氏反以套剥逼毙。差唤，泼蛮，唤获朝友。委主讯明利济并无逼毙情事。断伊缴租六石，限合顺尸棺二十日移葬"。对此，知县李的批语是："案经讯断，着即遵照。毋□□渎。"

从这里可以看出，熊李氏也曾以"套剥逼毙"为理由指控义冢会诸人，非常类似于"图赖"的行为。但是这一点被知县看破了。在知县差唤当事人的时候，熊李氏又撒泼不到场。后来知县审判，断熊李氏缴租六石，并限时间将丈夫父亲移葬。然而在这之后，熊李氏依旧蛮横不遵，义冢会等人才再次提起诉讼。

简单而言，在监生徐行之等以"抗租"非难来指控熊李氏的时候，诉讼状中展现出来的熊李氏形象是一个典型的诉讼之中的蛮

[①]　仁十甲徐行之等以私招田业耕栽查后调换翁病故抗租不交反套剥逼毙等情具禀张朝友等一案，同治十年，四川省档案馆藏，《巴县档案》（同治朝）No.13952。

横妇女形象。类似形象在巴县档案中也屡次出现,例如"撒泼蛮横"(案件 No. 13791)、"无理取闹"(案件 No. 13865)、"蛮横打毁"(案件 No. 13937)、"来家肆闹"(案件 No. 14032)等,即指某些蛮横而不讲道理的妇女形象。在这个案件中,熊李氏也是被看作此类不通情理的妇女,被指责为"停尸不葬,抗租不撄"以及"差唤,泼蛮"。①

因此,在前案李文淮的诉状中,如果说使用"抗租"非难的前提是李文江宣称田地是自己所有,而以公开的理由抗租的话,那在这个案件之中,徐行之之所以能用"抗租"非难来指控熊李氏,是因为将她看作为完全不讲道理、无视"纳租"合理性的蛮横寡妇。在此,用"抗租"非难的理由并不仅仅是基于熊李氏不交租谷这一事实,还基于该事实背后的态度与动机。熊李氏不是公开反对纳租的合理性,而是根本非理性地无视这一道理。其实,在中国传统之中,一直存在着将妇女看作天生带有非理性特征的倾向,也正因为如此,对于妇女的惩罚往往较为轻微。在此案中,在堂审之后,知县对于熊李氏的处置甚为宽大,只是"断伊缴租六石,限合顺尸棺二十日移葬",此外没有加以任何处罚。

从以上两件包含有"抗租"非难的案件来看,可以清楚三点特征:第一,田主在起诉佃户的时候,并不是可以随意使用"抗租"非难的。相反,田主在使用"抗租"非难时候,需要某些特定的条件。

---

① 从中也可以看出,此处所引的诉讼状,其实是有前案的,即案件 No. 13946。其中也专门言及了寡妇熊李氏的蛮横形象。例如在同治十年八月廿八日的"催状"之中,职员何变齐、何春发等以"为凶阻殡踞事"为理由起诉熊李氏,其中称"情本月职等以恃妇蛮殡控私佃张朝友主唆熊李氏将尸估殡各情在案未批"。

这种条件，或者是佃户以某种公开的理由反对"纳租"的道理，或者
是佃户完全撒泼蛮横、不通情理，彻底无视"纳租"的道理。第二，
地方官与当事人等，都能明确地意识到"抗租"与"欠租"（特别是骗
租）等非难之间的差异。因此，当"抗租"非难被识破时，便会变更
其非难。第三，"抗租"非难不仅可用于团体行为，也可以用于个人
行为。是否为团体行为，并不是判断"抗租"的真正关键。相反，能
够形成团体行为的原因，往往与第一点密切相关，即只有在存在某
种普遍性的公开理由的时候，集体行动才可能发生。

在此可见，同治时期巴县地区的"抗租"案件，与现代研究者们
对"抗租"的理解有较大的差异。在这里所认识的"抗租"事件中，
最重要的是佃户以某种公开的理由反对或者彻底非理性地否认
"纳租"道理的存在，由此导致"不交或滞纳租谷"。正是这一点，使
得"抗租"与"欠租""骗租""揹租"等行为区分开来。

四、"欠租"、"揹租"与"骗租"

在"欠租""揹租""骗租"这三个词语之间，其实存在着紧密关
联，特别是在具体案件中，甚至在同一个诉讼状之中，都可能看到将
这三个词语混杂使用的情况，例如可以见到"欠骗"、"揹骗"或者"欠
揹"的用法。可以说，在佃户滞纳租谷的时候，往往可能同时带有这
三种含义。不过，我们通过对具体案件本身的分析，还是能够看出
其侧重点的不同。简单而言，"欠租"一词的含义最广泛而含糊，"揹
租"一词的意义最为清楚，"骗租"一词的意义则最为微妙深刻。

(一)"欠租"与"揩租"

"欠租"非难显示了一个事实,即"佃户滞纳了租谷"。不过,对于佃户滞纳租谷的理由以及动机,这一个非难没有任何说明。"欠租"一词,确实含有对于佃户某种程度的指责,不过其程度不强。因此,如果田主在诉讼佃户时,只是提出了"欠租"这一非难的话,地方官往往会通过非常简单的"签饬"方法来解决(例如案件 No. 13667、案件 No. 13745)①,即简单地命令当事人寻求乡约、保长等人的调解。而如果在"签饬"之后,佃户依然滞纳租谷,地方官则会命令将当事人带到县衙进行审讯,通过探查"欠租"背后的原因来进行裁决(例如 No. 13768)②。因此,在大部分的诉讼状中,田主控告佃户时,在"欠租"非难后,往往还会添加如"揩租"或者"骗租"等对于其动机的指责(例如案件 No. 14008、案件 No. 13743)③。

与欠租不同,"揩租"的"揩"一词的含义较为明显,在《汉语大词典》中解释为"压制、刁难、卡"。即,佃户是以田主不能同意的某种理由(或者是某个道理,或者是某种势力)为根据,由此刁难不给租谷。在同治朝巴县的租佃案件之中,最常被用作"揩租"根据的,

---

① 廉二甲孝慧堂为押佃民业居耕骗租银佃霸踞不搬凶骗勒索寻民拼命等情告熊天顺等一案,同治元年,四川省档案馆藏,《巴县档案》(同治朝)No. 13667;廉七甲覃春山为佃民田业居耕租谷推骗违约估骗不还霸踞不搬等情告佃张兴顺一案,同治三年,四川省档案馆藏,《巴县档案》(同治朝)No. 13745。

② 智四甲万锱顺以他套佃业翻悔骗银不给凶喝众行凶禀朱贵一案,同治四年,四川省档案馆藏,《巴县档案》(同治朝)No. 13768。

③ 在案件 No. 14008 之中,田主张东山的"告状"中称:"前两载欠谷十石零二斗,除让一石,下欠九石二斗。阳认利谷,久拖不偿。"此外,在案件 No. 13743 之中,田主卢志道的禀状称:"讵陈联只揩租谷三十六石,下欠租谷十六石,估骗不揩。"

是所谓押租银的问题。一般而言,在租佃关系结束的时候,田主有义务将佃户的押租银全额返还。然而,若田主此时只是先返还一部分押租银的话,佃户就常常将此作为依据,采取"揩租"的行为。而在田主看来,自己扣留一部分押租银正是为了防止佃户在退佃之后不按规定交租。

例如案件 No. 13953^① 中,同治十年九月二十日,刘受亭以"为恶骗霸阻叩唤究逐事"为理由控告佃户王歧山的"揩租不纳"行为。^② 田主的告状没有对佃户"揩租"的理由进行详细说明。在同治十一年二十三日,王歧山提出了自己的诉状,其中提到,在佃户退佃之后,田主刘受亭只返还了一百七十两的押租银,余下三百两没有返还,因此自己才不交全租谷。^③ 然而在田主看来,自己是要等佃户将租谷全部交清之后,才返还其余的押租银,他并不认同佃户"先返还押租银再交租谷"的理由。因此,在他看来,佃户的这种不交租谷的行为便是"揩租不交"。与此类似的案件还有多例(例如案件 No. 14010)^④。

从这些案件来看,"揩租"行为与公然反对或者无视"纳租"道理的"抗租"行为不同,佃户往往是凭着某种不被田主认可的理由(并不是直接反对交租的理由),或者是某种力量(例如"恃强揩租"

---

① 正九甲刘受亭控佃户王歧山揩租不纳霸阻凶毁一案,同治十年,四川省档案馆藏,《巴县档案》(同治朝)No. 13953。

② "歧山父王泰发瘠踞不搬。央团挽劝,勒让租四石,仍就原佃。……今五月,□逼勒退,垫项不认,揩租不纳。"

③ "殊受亭套租过手,图骗押银,只给蚁银十八定,重一百七十一两零,下欠三百廿八两零,支吾拖揩。"

④ 杨柳坊童义和控杨贤杰骗租不给退佃霸踞不搬一案,同治十三年,四川省档案馆藏,《巴县档案》(同治朝)No. 14010。

等），而采取滞纳租谷的行为。

（二）骗租

"骗租"这一用语，比此前的"欠租"和"揩租"都更加复杂，而且拥有更加深刻而微妙的含义。从前文所统计的"骗租"案件的大概数量来看，这一非难是田主在起诉佃户时候围绕着"租谷问题"的最为普遍且重要的非难。从字面意义而言，"骗租"是指"以欺骗的手段来达到不交（或少交）租谷的目的"。"骗"这一种行为，是指欺骗。但若仔细分析"欺骗"行为，会发现其中有着两层的内容。其一是捏造某些事实行为，但是如果仅仅捏造事实还不能称之为"欺骗"。在此之上还需要第二层，即令人基于相信这些事实而达到某个理解，或者说捏造某些事实，并依据这些事实为基础，利用某些正当的理由，来达成自己的特定目的。

若以租佃诉讼之中的"骗租"非难来说，则其一方面是指佃户对于某些事实的捏造行为。但另一方面，"骗"这个词还隐含着另一层意思，即佃户基于这些事实来说服田主同意他不交或者少交租谷。在这一过程中，他用来说服的理由，其实同样是得到田主承认的理由。在此，田主用"骗租"非难所指责的并不是这些减免租谷的理由本身，而是佃户为了能利用这些理由而编造出来的虚假事实，以及他们故意欺骗的用心。那么，佃户用来"骗租"的理由具体有哪些呢？

例如在案件 No. 13705[①]之中，同治二年八月十三日，仁里十

---

① 仁十甲徐裕秦以银佃业租谷蚁定套佃过手骗租不与转佃不允将业内青杠松柏霸伐阻耕等情告杨学青一案，同治二年，四川省档案馆藏，《巴县档案》（同治朝）No. 13705。

甲的职员徐裕泰提出了诉讼状，以“为恶骗凶伐叩勘验唤事”为理由指控其佃户杨学青的“骗租”行为。

> 清咸丰十年，杨学青以银百两佃蚁业高峰坪耕居，约注每年搯租三十二石，不少升合，佃约抄呈。殊学青套佃后，奸狡异常。去因骗租五石，今五月退佃……

对此，知县的批是“候验伤勘唤人证讯究”。随后在九月十八日，佃户杨学青也提出了自己的诉讼状（“为捏诬措累事”），其中对于田主所指控的“骗租”行为进行说明：“今秋共获谷二十七石零。蚁搯租二十石，余求让免，不允。……今秋歉收，租谷照市酌搯，各团均有义让，伊独借措，诉讯究追。”

根据杨学青的说明，由于今年歉收，他只收获了二十七石谷，因此缴纳二十石，并请求将其余的租谷减免。但是田主不同意这一减免要求，而是指责佃户“骗租”，即捏造歉收的事实试图骗取“减免”。其后，差役经过调查，发现田主对于佃户的诉讼其实是诬告，佃户的歉收是事实，因此减免的请求也具有正当性。在档案的最后，田主没有提出新的诉讼状，案件便结束了。[①] 从这点推测，田主与佃户之间很有可能就“减免”问题达成了某种协议。

实际上，在同治朝的巴县档案中，与此类似的“骗租”案件还有不少。例如案件 No. 13696[②] 中，同治二年九月十日，田主龚理以

---

① 不过，也有可能是档案缺失所致。

② 杨柳坊钱杨氏因佃业欠丰议定让谷遭龚理等倚势诬害等情讯究，同治二年，四川省档案馆藏，《巴县档案》（同治朝）No. 13696。

"为遵牒投质恳提究追事"为理由起诉佃户钱大忠的"骗租"行为。[①] 对于这一非难,佃户钱杨氏(即钱大忠之母)在诉讼状中说明:"今年六月氏夫故,氏请凭众劝伊让谷三十余石……殊龚理心怀叵测,升合不给。"[②]即,佃户提出了解释,由于其丈夫突然病逝,所以才请求租谷的"减免"。可以看到,这里与前述案件 No. 13705 一样,"骗租"非难的背后是某种具体的"减免"理由。

从这些案件中可以总结关于"骗租"案件的两个重要特点:第一,当田主用"骗租"非难指责佃户的时候,其实是对于佃户所采用的要求"减免"理由的正当性给予承认。例如,在上述案件之中,无论是对于第一个案件中的"因为歉收而请求减免",还是对于第二个案件中的"因为丈夫去世而请求减免",田主都没有否认这两个理由的合理性,特别是第一种理由"歉收",其本身便已经成了租佃契约中经常出现的一项具体规定。[③] 第二,虽然田主并不反对以上两种"减免"的理由,但是田主对于佃户却有"骗租"指控,田主指责的不是"减免"理由本身,而是佃户通过捏造或者夸张事实的方式,来恶意地利用此种理由骗租。

因此,围绕着"骗租"而来的田主与佃户之间的纷争,在表面上

----

① "佃户钱海清之子钱大忠骗职租谷银两,踞房不搬,害职捐项无力呈缴。"
② 实际上,同治二年九月九日以前,田主已经在分主处提出了数份诉讼状。可参见同治二年九月九日的佃户的禀状。
③ 例如在案件《巴县档案》(同治朝)No. 13705 中,保存有一张租佃契约,其内容称:"计抄立出借田地房文约……即日主客面议,杨姓出备押佃银一百两整。其银无利,每年付挑租谷三十二石。……以主人租斗交挑,不得短少升合。如年岁欠丰,照主人照市纳租……"在此,"以主人租斗交挑,不得短少"这一规定是指"纳租"的道理,而"如年岁欠丰,照主人照市纳租"这一规定则是指"减免"的道理。此处的"市"的意味并不是"市场价格",而是"减免"时候的习惯。关于此点,可以参考本书第三章。

看来,似乎是与"抗租"行为非常类似的现象,即都是不交或者少交租谷,但是在相似的表面现象之下,田主与佃户之间争论的问题却完全不同。在"抗租"案件中,佃户会公开提出其他道理来否定"纳租"的理由,或者完全不讲道理地无视"纳租"的合理性。但是,在"骗租"案件之中,佃户与田主双方都是完全认同围绕着租佃关系而来的"交纳租谷"以及"减免租谷"的某些道理。双方在同一个情理框架之内展开冲突,所争论的是减免的具体适用条件以及减免的额度。例如在咸丰朝的一个案件中(咸丰朝 No. 08591①),田主起诉佃户的"骗租"行为。对此,佃户在诉讼状中提出的反驳是:"……业租谷九石六斗。今秋欠收,攜租五石二斗。其余求让,非骗可比。"在此可以明确地看出,"骗租"与"减免"之间有着直接的对应关系。

从以上对于"欠租"、"揩租"与"骗租"案件的分析来看,这三类案件(或者说在田主的三种非难)之中,佃户其实都是明确地处在"租佃关系"之内,承认租佃别人的土地便需要"交纳租谷"这一道理的正当性,他们或者只是以某些单方面的理由来滞纳租谷(揩租),或者从租佃关系的内部利用公认的"减免"理由来不交或少交租谷。与此相反,"抗租"案件中的佃户行为,则是对于"租佃关系"本身的否定,或者说是对于"纳租"道理的无视。当然,在此分析的"抗租"行为都是属于个人领域的小案件,而若是此种对于"租佃关系"的公然否定扩大为某种群体性的事件,便会成为本章前面所论述的多个较大范围的"抗租事件"。因此,前一节所论的"抗租"与本节所论的"欠租"、"揩租"与"骗租"之间有着明确的性质差异。"抗

---

① 本城骆义腾以伙开药店隐利不算私造假帐一事告胡鼎新一案,同治四年,四川省档案馆藏,《巴县档案》(同治朝)No. 08591。

租"行为其实是在租佃关系之外公然地反对其合理性,但是"欠"、"挘"与"骗"三种行为则是租佃关系内部的纠纷,尤其是"骗租"行为,更是以不当行为的方式加强了佃户与田主双方对于租佃关系之中"交租"与"减免"道理的认同,加强了租佃关系整体的稳固性。

　　这样一种区分,也许在"阶级论"的视角看来,都应该被纳入"地主与佃户之间的阶级冲突"中,而在"市场论"的视角看来,都应被纳入"违背租佃契约的行为"之中。但是,在当时巴县社会的人看来,这一区分却与他们对于"租佃关系"本身的具体理解和感受密切相关,具有重要的意义。下面,笔者进一步讨论当时的人对于"租佃关系"的实际理解。

五、"主客关系":对于同治时期巴县租佃关系的理解

　　"租佃"这一词语,是中国自唐宋以后经常使用的词汇。但是,这一词汇的含义只是在于"租借土地(或者房屋、水面等)进行生产经营活动,并且纳租",而没有对田主与佃户之间的人际关系进行任何规定。因此,如果想要理解"抗租""欠租""挘租""骗租"等行为背后的具体感受,便不能单单将思考限制在"租佃关系"一词中。在巴县地区,最有意思的是,在地主与佃户之间会使用"主客关系"这一概念来理解和处理"租佃关系"中遇到的各种问题。

(一)"契约"与案件中的"主客关系"

　　在已阅的巴县档案的范围内,最早出现"主客关系"的档案是

嘉庆二年的租佃契约《唐占鳌佃约》，其中有"此系主客二家心甘悦服，并无勉强"①。其后，在道光、咸丰时代，都可见到不少此类表述。②直至同治时代依旧如此。例如在前述案件 No. 13705 中，佃户杨学青的租佃契约中便有"即日主客面议，杨姓出备押佃银一百两整"，这便是以主客来描述田主与佃户间的关系。此外，在案件 No. 13881 的契约中也有"主七客三"这一用语③。

不限于租佃契约，在巴县的租佃诉讼之中，也有很多利用"主客"来描述地主与佃户关系的例子。例如在案件 No. 13839 之中，同治七年三月二十八日，正里八甲的佃户王正贵以"为霸吞捏诬诉讯攸分事"来控诉田主时，称"切蚁与伊系属主客，无辜窃名相加，有玷声名"④。佃户在此将自己与田主的关系理解为"主客"，所以认为田主作为主人却以"窃名"相加，是更加令人气愤的。此外，与此类似的案件还有不少，例如案件 No. 13743、案件 No. 13745 等⑤。

---

① 《唐占鳌佃约》中有"立出佃田地文约人唐占鳌。……瓦房半向。牛栏、仓厫、柴山竹木、必要照守护蓄。……此系主客二家心甘悦服，并无勉强。今恐人性解凭，特立此佃约为据"。（四川省档案馆、四川大学历史系主编：《清代乾嘉道巴县档案选编》上，四川大学出版社 1989 年版，第 70 页。）

② 例如在道光九年的《程思智佃约》中，有"每年租谷主客均分，押佃银五十两整"。道光十年《杨贤洪佃约》中，有"在后主客田内平分"。（四川省档案馆、四川大学历史系主编：《清代乾嘉道巴县档案选编》上，四川大学出版社 1989 年版，第 73—74 页。）

③ 节十甲王思九以租佃估霸拒租估踞事告王碧福等一案，同治八年，四川省档案馆藏，《巴县档案》（同治朝）No. 13881。其中，佃户王碧福的租佃契约有"年岁不一，旱时欠丰，主七客三均分，不得争论"（咸丰十一年八月）。

④ 杨柳坊王正贵佃种陈寿模熟土业舍清明会后仍佃害遭陈寿汇意图霸吞收租肥囊又蓄卖捏诬一案，同治七年，四川省档案馆藏，《巴县档案》（同治朝）No. 13839。

⑤ 在前述的欠租案件 No. 13743 之中，同治三年十一月廿一日，证人张慎斋的供词中有"因他们主客今年租谷不清，两口角。向小的们理论，小的与他理处不下，这卢志道来案具控"。此外，在案件 No. 13745 中，在知县的最终判决后，田主的供词是"念在主客多年，谕小的缴银一百七十两，饬领各结完案"。

　　由以上可以看到,在嘉庆到同治时期的巴县,将具体的"地主与佃户关系"当作某种"主客关系",是一种普遍的理解方式。但问题是,这里所言的"主客关系",仅仅只是单纯"地主与佃户关系"的同义语或者代称,还是带上了其他的某种特别的意义? 对此,本文还需进行细致分析。

(二)"主客关系"的意义

　　在案件 No. 13932[①]中,同治九年,田主(僧侣)世炳与其佃户杨贤良之间围绕着租谷问题产生了诉讼。对于这一诉讼,团邻方大川等进行了调停,并于八月十三日提出了一份"拦词状",其中称"两造谊属主客,不忍兴讼滋累。当将世柄等呈词拦回,凭团理处"。

　　在此"主客之谊"的"谊"这一个字,据《汉语大词典》有"情"与"义"两个层面的含义。相应地,"主客之谊"这一概念,一方面指主客之间的"情",另一方面则指基于此种情的"义"(即行动的规范)。因此,团邻等人在进行调停时,据此"主客之谊"提出了"拦词状"。此外也有类似的其他例子。[②]

　　若追溯历史,可以发现与"租佃"概念不同,"主客"概念是自古便存在于古代儒家经典之中的礼制概念之一。例如在《礼记·王制第五》中所述的"七教"。"七教。父子、兄弟、夫妇、君臣、长幼、朋友、宾客",其中"宾客"关系便是"主客"关系,与"父子""君臣"等

关系并列。此外，在《礼记·少仪第十七》中，对于"宾客"也有说明："宾客主恭，祭祀主敬"，孔颖达正义曰"恭在貌，敬在心。宾客轻，故主恭，祭祀重，故主敬"。[1]

简单而言，在中国的儒家经典之中，是将"主客关系"中（宾客）的基本情感规定为"恭"（更偏于外在形式化的尊敬之情，与"祭祀主敬"中更加内心化的"敬"之情有一定的差别）。这样一种偏于外在的"恭"之情，并不仅仅是单方面的，而且是主人与客人之间双向性的。[2]

在此之外，若要说到明清时期的"主客关系"的其他例子，那么最广为人知的可谓是地方官与幕友之间的关系。在严格意义上，地方官与幕友的关系并非"主客关系"，而是类似雇主与雇工间的雇佣关系。但是，与"租佃关系"类似，在当事人的理解中，却是以"主客关系"来理解这此种"官幕关系"的。例如，汪辉祖在《佐治药言》"尽心"条中，指出官员对于幕友是"厚廪而宾礼之"，而幕友对于官员的悲喜也有尽心的责任。[3] 在"尽言"条中，他指出幕友作为"宾师"，对于官员（主人）有着忠告的责任。[4] 在"不合则去"条中，他指出由于幕友与官员之间是"宾主"关系，并没有身份的从属

---

[1]　郑玄注，孔颖达疏：《礼记正义》，北京大学出版社1999年版，第1038页。

[2]　例如在《礼记》卷一的"曲礼下第二"中，有"大夫士相见。虽贵贱不敌，主人敬客，则先拜客；客敬主人，则先拜主人"（郑玄注，孔颖达疏：《礼记正义》，北京大学出版社1999年版，第117页）一语。

[3]　"且官与幕客，非尽乡里之戚，非有亲故之欢，厚廪而宾礼之，什伯于乡里、亲故，谓职守之所系，倚为左右手也。而视其主人之休戚，漠然无所于其心，纵无天谴，其免人谪乎？故佐治以尽心为本。"（汪辉祖：《佐治药言》"尽心"条，辽宁教育出版社1998年版，第1页。）

[4]　"惟幕友居宾师之分，其事之委折既了然于心，复礼与相抗，可以剀切陈词，能辨论明确，自有导源回澜之力，故必尽心之欲言，而后为能尽其心。"（汪辉祖：《佐治药言》"尽言"条，辽宁教育出版社1998年版，第2页。）其中，除了"宾客"外，还带有一定的"师"的地位，但这一点依具体情况而不同。

关系,因此一旦"不合"便应该自由地离去。①

　　基于以上的论述,我们也许可以对"主客关系"有一个大体的理解。其一,在"主客关系"之中,最为根本的是主与客之间的某种相互"尊敬"(即"恭")之谊(包括情与义)。其二,基于主客关系,双方之间有着互相忠告的责任。第三,由于主客关系并不是身份从属关系,所以一旦不合,田主与佃户都可以自主地离开("不合则去")。② 在这三点之中,作为基础的毫无疑问是主客之间的"尊敬"之情与义,亦可以称之为"主客之谊"。③ 这里所谓"主客之谊",正是巴县档案租佃案件中的重要概念。

　　那么,此种"主客之谊"到底对于租佃关系的哪些方面产生了具体影响呢?

(三)"主客关系"的影响

　　虽然"租佃关系"有着多个侧面,但其主要是由"纳租"和"减免"这两个最基本的侧面构成,而"主客之谊"对于这两个侧面产生着重大的影响。

---

① "且宾之与主,非有势分之临也。合则留,吾固无负于人;不合则去,吾自无疚于己。"(汪辉祖,《佐治药言》"不合即去"条,辽宁教育出版社 1998 年版,第 2 页。)
② 田主与佃户之间的"主客"关系,最有名的自然是宋代的主户与客户之间的"主客"关系。但是,宋代的"主户"与"客户"的关系更多的是指在户籍与身份法上的意义。对于这点,有着众多的研究与讨论。例如宫泽知之的『宋代農村社会史研究の展開』(谷川道雄編著『戰後日本の中国史論争』,河合文化教育研究所,1993 年);高桥芳郎的《宋至清代身分法研究》第二章(李冰逆译,上海古籍出版社 2015 年版)等。在此,同治巴县的"主客"关系,与宋代的"主客"关系并不相同,也没有前后承继的关系。
③ 在儒家经典之中,也称为"宾主之情"。例如在《仪礼注疏》卷第四"士昏礼第二"中,贾公彦的疏中称:"乡已行纳采,问名,宾主之情已通矣。"(郑玄注,贾公彦疏:《仪礼注疏》,北京大学出版社 1999 年版,第 64 页。)

1."主客关系"与"纳租"

由于"尊敬"之谊是主客关系中的基础原则,因此,"租佃关系"的全体,可谓都处于这一基础原则的笼罩之下。此处并不是说"主客关系"取代了"租佃关系",而是以"主客关系"来理解和处理"租佃关系","主客关系"中包含"纳租"与"减免"等多方面的行为。从前引的租佃契约来看,契约在对田租的数额进行规定时,通常是在"主客关系"之下来论述的,例如"每年租谷主客均分"①"在后主客田内平分"②"主七客三均分,毋得争论"(案件 No.13705)等。从此处来看,在中国的契约之中,按要求"纳租"并不单单是遵从契约的义务行为,更是一种"客"置身在主客关系之中表达对于"主"的尊敬之情的行为。

与此相反,不按规定纳租这一行为,在当时的感受之中,也不仅仅是一种违反契约的行为,更是一种冒渎"主客之谊"的行为,是对于"主人"的不恭。因此,田主感到最不满的(至少在诉讼状中表现出来的),并不仅是经济上的损失,还有对于其感情上的某种冒犯。例如在前论案件 No.13705 之中,同治二年八月十三日,田主(职员)徐裕泰在起诉佃户杨学青的"骗租"行为时,诉讼状的最后称:"职遭恶佃骗租痞踞,霸伐凶伤,情实难堪。叩勘验唤究追逐搬,儆佃欺主刁习。伏乞。"

在此,若重新来看前节所论的"骗租"行为,便可以意识到这恰恰是对"主客之谊"的恶意利用,即利用主人对客的情谊来骗取"减

①《程思智佃约》,载于《清代乾嘉道巴县档案选编》上,四川大学出版社 1989 年版,第73 页。
② 同上书,第 74 页。

免"，因此是在主客关系之内对"主客之谊"最为严重的冒犯。与此相对，"欠租"与"揩租"行为对于"主客之谊"的冒犯程度则更轻。这一点，其实与所欠租谷的数量多少并无直接相关。"抗租"的行为，已经不再是冒犯，而是对于"主客关系"与"主客之谊"的直接否定，也是对既存社会秩序的反抗。因此，中央与地方政府都对"抗租"行为抱有最高的关注。

2."主客关系"与"减免"

在租谷的减免过程之中，"主客之谊"是"减免"行为的基础。例如在道光六年十一月二十三日田主彭元基的供状之中，他声称"至余欠银钱租谷，小的念系主客，情愿当堂义让免还"。① 即是说，田主是因为考虑到田主与佃户之间的主客关系，才实行减免的。

确实，租佃契约有对于"减免"的规定。但是，一方面，租佃契约所确立的地主与佃户关系，原本就是"主客关系"。另一方面，实际的具体减免要考虑的也都是"主客之谊"的具体情况。即使在契约中没有对减免的具体规定，亦是如此。例如在案件 No. 13745②之中，田主由于负债，所以不仅不愿返还佃户的押租银，还诬告佃户。但有意思的是，知县的最终判决却是命令佃户将押租银（二百两）减免了一部分（三十两），同治三年十二月五日田主的供词之中称"念在主客多年，谕小的缴银一百七十两，饬领各结完案"，可见其原因正是"主客关系"。

---

① 四川省档案馆、四川大学历史系主编：《清代乾嘉道巴县档案选编》下，四川大学出版社 1996 年版，第 155 页。
② 廉七甲覃春山为佃民田业居耕租谷推骗违约估骗不还霸踞不搬等情告佃张兴顺一案，同治三年，四川省档案馆藏，《巴县档案》（同治朝）No. 13745。

由这一案件可以知道，正由于"主客之谊"是双向的，所以除田主"减免"佃户的租谷之外，还可能出现佃户"减免"田主之押租银的情况。

3. 田主与佃户之间的相互"忠告"

除前论的"纳租"与"减免"之外，在汪辉祖论及官幕之间的"主客关系"中，还有重要的一点是客对于主的忠告。这是由于"主客关系"已经超越了单纯的职务或者工作关系，而带有更加整体性的和社会性的情感意涵。因此，在巴县档案的租佃诉讼中，不仅有田主对于佃户的忠告，而且还有佃户对于田主的忠告。从忠告的内容来看，很多内容是对于田主或佃户在日常生活中的不良行为的忠告，与"租佃关系"本身并无直接关联。

例如在案件 No. 13913①之中，同治九年闰十月十八日，正二甲的田主（职员）朱正春以"为恶佃凶踞叩验唤究事"起诉佃户陈顺发，"伊兄弟不习正业，惯与伊戚讦讼。职知屡劝，不改。……前月职凭团邻遣搬"。在此，田主称曾对佃户的不良行为予以多次忠告，但是佃户并不遵从，最终田主只能"凭团退佃"。对于这一事件，若只从纯经济上的"租佃关系"出发是无法解释的，因为佃户并没有违背契约不交租谷，因此只有在"主客关系"之下才能理解。与此类似的案件还有数件。②

---

① 正二甲朱正春因恶佃押银退拿不睬不搬估踞不移反将子凶殴等情控陈发顺等一案，同治九年，四川省档案馆藏，《巴县档案》（同治朝）No. 13913。
② 例如在案件 No. 13735 中，节里九甲田主（孀妇）王姚氏以"为窝佃凶踞叩唤究逐事"为由控告佃户，"唐世元、刘郭氏佃氏业耕。……不守本分，窝招游勇沈痞二估来业内搭棚鸠踞……投团周利生等理遣搬移"。在这一案件中，田主正是基于佃户"不守本分"的理由，要求解除租佃关系。

另外,对于田主及其家族的不良行为,在"主客关系"之中,佃户同样有着忠告的责任。例如在案件 No. 13694[1] 中,同治二年九月十二日,田主于联芳、监团于朝富首先对佃户胡永祥的"惹祸生非"与"持刀凶闹"的行为提出起诉,对此,佃户胡永祥于九月二十二日也提出诉讼状。其中,胡永祥声称:

> 衅由弥陀寺僧性慈窥联芳外出,伊即来家,与联芳妻文氏苟合。蚁常撞遇,已非一次。因思主客谊重,间或理斥性慈不必往来。殊性慈挟忿,暗与文氏商串,向联芳称蚁诬伊不美情事。

在佃户的叙述中,他是考虑到"主客谊重",所以对于田主之妻的"通奸"行为进行"理斥"。[2] 这种叙述所反映的,恰恰是田主与佃户之间具有相互忠告责任的"主客关系"。

4."主客关系"的条件与"正名"

所谓"主客关系",其原始含义其实只是主人与客人之间的关系。简单而言,主人有照顾客人的责任,客人有尊重主人的义务,主客之谊便存在于其中。这一关系原本与"租佃"行为并无任何关联,为何巴县地区的人会利用"主客关系"来理解和处理"租佃关系"呢? 要回答这一问题,需要考虑到清代巴县地区的社会状况。

众所周知,清代的四川是一个典型的移民社会。清代初期到

---

[1]　廉里五甲于联芳告佃户胡朝祥在外惹祸生非,屡理斥挟忿来家滋闹寻凶案,同治二年,四川省档案馆藏,《巴县档案》(同治朝)No. 13694。

[2]　根据知县最终审讯的结果,可知佃户的诉讼其实是诬告。不过,即使是诬告,佃户在诉讼状中所表述出来的理由,却反而可以证明在当时的社会中,这一理由是被人所接受的。此种情况,正与"骗租"类似。

中期,大量的移民从湖广、江西、广东等地迁徙至四川,而巴县(今重庆)正是这一迁徙路线上的重要中间点。① 因此,与山田贤所研究的川北地区不同,巴县地区的人口流动性极高。在这一个流动的社会之中,最重要的并不是"同乡聚居—'宗族'的形成—公权力与地方精英"②这一过程,而是在流动中互不认识的移民之间如何确立社会秩序的问题。另外,当新的移民来到巴县时,往往是以小家庭的形式来到的,他们首先面临的便是如何寻找居住场所的问题,而巴县地区由于是山地,田地往往分散在山间,因此新移民在租佃土地的时候,往往需要同时居住在田主拥有的位于田土旁边的房屋之中,此即所谓的"上庄"。③

陌生的新佃户在租佃田地的同时,也将家庭搬迁入田主的房屋之中,而且佃户并不需要另外付出租金。在这一意义上,田主与佃户之前,确实形成了某种意义上的"主人"与"客人"之间的关系(即客人住在主人家中)。但是,在这一社会条件之外,"主客关系"的形成还有更加重要的原因。

在此,首先要提及中国传统的"正名"概念。在《论语》"子路第十三"中,子路就"为政"的问题询问孔子,"子路曰:'卫君待子而为政,子将奚先?'子曰:'必也正名乎!'"。其后,孔子对于"正名"的

① 李禹阶:《重庆移民史》,中国社会科学出版社 2013 年版,第 526—529 页。
② 山田贤:《移民的秩序:清代四川地域社会史研究》,曲建文译,中央编译出版社 2011 年版,第 310 页。
③ 在巴县的租佃契约之中,往往都有对于房屋的详细说明。例如前引《唐占鳌佃约》之中,有"瓦房半向、牛栏、仓廒、柴山竹木,必要照守护蓄"的记载。另外,在道光十七年佃主谢广发的供状中有"声泰计将家具搬至小的家里,把田犁了七丘"一句。佃户钟声泰的契约中有"先行就把家具搬上庄去,已将田犁七丘"。(四川省档案馆、四川大学历史系主编:《清代乾嘉道巴县档案选编》上,四川大学出版社 1989 年版,第 164 页。)

解释是："名不正，则言不顺；言不顺，则事不成；事不成，则礼乐不兴；礼乐不兴，则刑罚不中；刑罚不中，则民无所措手足。故君子名之必可言也，言之必可行也。"简单来说，在孔子看来，"正名"概念是指为事情确立正确的行为规范。

但如前所述，中国在近世之后，伴随着社会经济的发展，出现了众多且重要的新社会关系。例如"租佃关系""师徒关系""雇佣关系"等等。面对着这些新的社会关系，传统儒家思想却没有与之相应的"名"和"礼制"的规定。在这种情况下，借用在儒家传统中已有的其他关系（例如"主客关系"）来处理这些新的关系，便成为了中国近世社会中特有的方法①，这也可以理解为是"正名"的某种新形式。巴县地区的人们用"主客关系"来理解和处理"租佃关系"的时候，正是通过主客关系中的情谊与义务，为原本是纯经济关系的租佃行为设定了正确的行为准则，而且恰恰有了这一层的准则，"租佃关系"本身的顺利运行才能够保证。

六、新理解及其限度

以上，通过对于同治时代巴县的租佃案件进行具体分析，展示了对于"租佃关系"的一种新的理解，这与序言中所举出的对于中国传统租佃关系的三种理解都有不同。同治时期巴县的人们，是

① 从"礼制"这一视角来讨论"租佃关系"的努力，有滨岛敦俊「「主佃之分」小考」，载于『中村治兵衛先生古稀紀念論文集』，刀水書房，1986 年。此外，高桥芳郎也对于"主仆之分"和"主佃之分"有过详细讨论（参见高桥芳郎：《宋至清代身分法研究》，李冰逆译，上海古籍出版社 2015 年版，第一章、第二章）。本文的理解受到以上这些研究的重要启发。

以"主客关系"这一种"名"来理解"租佃关系",并以此来处理与其相关的问题。由主客关系所带来的地主与佃户之间的"互敬"之谊,其实对于租佃关系中的"纳租"和"减免"行为,有着保障和制约的双重作用。同时,从"主客关系"的视角来看,地主与佃户之间的矛盾和纠纷,便不再是单纯地围绕着是否违反契约的纠纷,也不纯是阶级斗争的冲突,而是成了各种不交或少交租谷的行为对于"主客关系"和"主客之谊"的尊重或者冒犯的情况。在这一背景下,我们才能够理解"欠租"、"揹租"、"骗租"与"抗租"行为之间的重要区分。这些区分在现代人看来也许不成为问题,但是在当时巴县社会的人们看来,却极为重要的。若从具体的分析来看,在同治时期的巴县社会中,虽然围绕着租谷的诉讼案件数量不少,但是其中大部分都是"欠、揹、骗"的案件,"抗租"的案件很少。从中也可以看出,这一时期的巴县社会虽然纷争频发,但社会秩序本身尚没有受到太大的动摇。

不过,需要注意的是,本章所论述的是以"主客关系"来理解"租佃关系",这一具体的理解方式并不能够简单地推广到其他的地区。"主客关系"这一理解方式,正如前所论,是以巴县地区具体的社会和历史条件为基础而形成的,而不同地区根据不同的社会与历史条件,也很可能有其他的"正名"的方式。例如,徽州地区的"佃仆制度",似乎也可以理解为另一种对"租佃关系"的"正名",即用"主仆关系"来理解"租佃关系"。而若要真正解明这一点,则需要对徽州的社会与历史背景进行细致分析。

最后,回到本章一开始所提出的问题。租佃关系是二十世纪中国革命的一个关键理由,也是影响中国政治与社会走向的重要因素。其具体内容，是将中国传统的"租佃关系"，理解为地主与佃户之间围绕着"抗租"等行为的阶级对立关系。但是，在本章所研究的巴县地区，我们却可以发现，至少在同治时期的租谷纠纷之中，"欠租、揹租、骗租"三种行为最多，而"抗租"行为则极少。同时，人们对于租佃关系的理解并不是阶级对立式的，而是更加复杂地以"主客关系"之"名"来理解，并在此基础上出现了多种多样的行为与冲突。

第三章 "照市纳租"
——清代巴县租佃关系中的"减免"习俗

　　在二十世纪的中国学术界,当讨论中国传统社会的"租佃关系"时,除了经常探讨的"租制""租额""押租"等问题外,其实还有一个常被提及的问题——"减租",或者说"让免"。这通常被理解为与租佃关系相关的一种农村社会的"习俗"。其含义是,由于某种理由,地主通常会对佃户应该交纳的租谷数量进行适量减轻。一般认为,租佃关系中的"减租"习俗普遍存在于中国广大的农村社会中。不过,在有些地区也存在着与"减免"的习俗相反的情况,例如"铁板租"。①

　　长期以来,学界对于"租制"、"租额"以及"田面田底"的各个方面,都有众多研究。"减免"习俗虽然经常会被提到,但是针对它的具体研究却异常稀少。迄今为止,与"减免"相关的研究主要集中在两个方面:第一,研究中央政府对于租佃关系中"减免"的政策规定,特别是对于清朝政府佃租"减免"政策的变动情况。第二,研究二十世纪由中国共产党以及国民政府等所实行的"减租减息""二

---

① 周远廉、谢肇华:《清代租佃制研究》,辽宁人民出版社1986年版,143—144页。

五减租"等政策。然而,在这两个研究主题之外,对于传统农村社会中日常的"减免"习俗,却极少研究。论其原因,在史料方面,由于长期以来所使用的史料多是政府的政策文件,极少有日常生活中的"减免"记载,因此无法加以研究。即使文人的文集有所涉及,但也都是只言片语。在问题意识方面,则由于多数研究都把这一"减免"习俗看作是地主为了缓和与佃户的矛盾而实施的手段。然而,问题是不是就不需要继续讨论了呢?

其实,以上两个研究方面都还有如下重要的问题没有解决。第一,对于中央政府下达的租额"减免"的政策,其具体结果如何,应该在何种意义上来理解这些政策? 对于这些问题,不能单单从政府的政策本身来看,而必须结合与这一政府政策相对应的基层社会的具体情况,以及传统的民间"减免"习俗,才能够得以理解。第二,对于传统农村社会的"减免"习俗,其具体的产生与运作机制是怎样的,其背后所体现的整个社会状态如何? 这些都不是简单的"地主缓和矛盾"说能够解释的。

要真正触及以上所述的这些难题,则必须在传统的官方正史,如《会典》《实录》等材料之外,继续寻找新的更加具体的材料。对于二十世纪的研究而言,这一材料的问题,在一定程度上通过新的社会学、人类学、经济学等调查而得到解决。例如费孝通在其著名的《江村经济》中,便通过人类学调查,对二十世纪二十年代太湖地区农村的"减免"习俗进行了论述:"在确定收租数量之前,地主联合会举行一次会议,根据旱、涝情况,商定该作何项减免,并决定米租折合成现金的兑换率(地租是以稻米数量为标准来表示的,但以现金交付)。这个兑换率并不是市场上的兑换率,而是由地主联合会独断专行的。贫农必须卖米换钱交租,并且往往通常正值市场上米价较低的时候。租米和租款的双重作用更加重了交租者的负担。"①

在这一人类学调查之中，已经发现了"地主联合会"的模式，但是，这样一种"联合会"的出现，是受到了二十世纪社会与思想的新影响而发展起来的。那么，在二十世纪之前的中国传统农村社会中，"减免"习俗是怎么样产生、变动、具体运行的呢？要真正讨论这个问题，我们必须使用新的研究材料。

这一节将会首先使用传统的官方正史如《实录》等的材料，从新的角度探究其中所涉及的田租"减免"政策问题，在这一探究之中，我们将发现进入"减免"习惯研究的切入点。随后，本章将使用清代四川巴县档案中与具体的"减免"习俗相关的档案材料，其中既有当时保存下来的租佃契约，又有围绕着"减免"而出现的各种具体纠纷记载。通过这些材料，我们将能够真正探讨在传统农村社会之中（具体是同治时期的清代巴县农村社会）"减免"这一日常习俗的具体运行过程，并联系嘉庆之后四川地域社会的巨大变动，来解释"减免"习俗在该地区得以确立的社会条件。最后，本文将会通过在"减免"纠纷中所展现出来的团邻等的调解理由，探究作为"减免"习俗基础的田主与佃户关系。

一、清代政府的田租"减免"政策：政策与习俗之间

虽然在大清律例中没有对于租谷减免的具体法条，但是在清代政府历代所颁布的规定之中，却有不少对于"减租"的规定。对

---

① 费孝通：《江村经济：中国农民的生活》，江苏人民出版社 1986 年版，第 132—133 页。

于这些规定，迄今为止已经有了不少研究。例如经君健的研究便对清代中央政府与田租"减租"规定相关的史料做了全面收集，①注意到了清代中央政府初期与中期在田租"减租"规定上的差异。但是，这些先行研究之，都没有仔细探讨康熙、雍正至乾隆时期，不同的田租"减免"政策背后所包含的对于"减免"的理解差异。这种对于"减免"的理解差异，其实恰恰是理解"减免"这一习俗的切入点。

　　在此，本文先简略列举从康熙、雍正到乾隆时期的"减免"政策，并对其进行重新分析。

　　首先来看三条实录中的史料。《大清圣祖仁皇帝实录》康熙九年庚戌九月乙卯朔日记载：

> 　　户部议覆，吏科给事中莽佳疏言，遇灾蠲免田赋，惟田主沾恩，而租种之民，纳租如故，殊为可悯。请嗣后征租者，照蠲免分数，亦免田户之租，则率土沾恩矣。应如所请。②

《大清圣祖仁皇帝实录》康熙二十九年庚午秋七月丁巳日记载：

> 　　户部等衙门议覆，山东巡抚佛伦疏言，东省康熙二十九年

---

① 例如经君健在《论清代蠲免政策中减租规定的变化：清代民田主佃关系政策的探讨之二》一文中将康熙、雍正、乾隆三朝约一百三十年间有关建议及定例列为了一张详表，可参见经君健：《论清代蠲免政策中减租规定的变化：清代民田主佃关系政策的探讨之二》，《中国经济史研究》1986 年第 1 期。
② 《大清圣祖仁皇帝实录》卷 34，康熙九年庚戌九月乙卯朔日条，中华书局 2008 年版。

分地丁钱粮,尽行蠲免,百姓莫不感戴。惟是无地小民,尚未得均沾圣泽。臣仰体皇上一视同仁之心,传集司道府官员,劝谕绅衿富室,将其地租酌量减免一分至五分不等。应如所请,嗣后直隶各省,遇有恩旨蠲免钱粮之处,七分蠲免业户,以三分蠲免佃种之民。俾得均沾恩泽。①

《大清圣祖仁皇帝实录》康熙四十九年十一月辛卯朔日记载:

此本着交部议,寻户部议覆,嗣后凡遇蠲免钱粮合计分数,业主蠲免七分,佃户蠲免三分。永着为例。从之。②

在以上三则史料中,有两点特别值得注意:第一,田租"减免"的政策是与蠲免钱粮的政策一体的,它并不是一种普遍性的政策。也即,只有在蠲免钱粮的地区,附带着才有减免田租的政策。第二,田租"减免"政策,有着极为明确的数额,即"业主蠲免七分,佃户蠲免三分"。这一减免的准确含义是指以国家蠲免的赋税数额为基数,在这一蠲免数额中,其中七分给予田主,另外三分蠲免则命令田主必须让给佃户,而并不是指蠲免租谷的七分与三分。

在雍正时期,则有例如《清史稿》列传七十八中的记载:

① 《大清圣祖仁皇帝实录》卷147,康熙二十九年庚午秋七月丁巳日条,中华书局2008年版。
② 《大清圣祖仁皇帝实录》卷244,康熙四十九年十一月辛卯朔日条,中华书局2008年版。

　　　　杭奕禄,完颜氏,满洲镶红旗人。……上谓此奏甚公,下
　　　廷臣议,定业户免额一钱,佃户免租谷三升。上命如议速行。
　　　擢左副都御史,仍兼管光禄寺。①

可见在雍正时期,同样有明确的"减免"的数额规定,而且其数额依旧沿袭了康熙年间的"业主蠲免七分,佃户蠲免三分"的政策。

　　到了乾隆时期,"减免"的政策发生了重大的变化。雍正十三年,乾隆帝刚刚即位之后,便下了谕旨。《大清高宗纯皇帝实录》雍正十三年十二月壬午日记载:

　　　　劝减佃租。……若欲照所蠲之数,履亩除租,绳以官法,
　　　则势有不能,徒滋纷扰。然业户受朕惠者,十苟捐其五,以分
　　　惠佃户,亦未为不可。近闻江南已有向义乐输之业户,情愿蠲
　　　免佃户之租者,间阎兴仁让之风。朕实嘉悦。其令所在有司,
　　　善为劝谕各业户。酌量减彼佃户之租,不必限定分数,使耕作
　　　贫民,有余粮以赡妻子。若有素丰业户,能善体此意,加惠佃
　　　户者,则酌量奖赏之。其不愿者,听之,亦不得勉强从事。此
　　　非捐修公项之比。有司当善体朕意,虚心开导,以兴仁让而均
　　　惠泽。若彼习顽佃户,借此观望迁延,则仍治以抗租之罪。朕
　　　视天下业户佃户,皆吾赤子,恩欲其均也。业户沾朕之恩,使
　　　佃户又得拜业户之惠,则君民一心,彼此体恤。以人和感召天
　　　和,行见风雨以时,屡丰可庆矣。②

---

① 　赵尔巽等:《清史稿》卷 291 列传 78,中华书局 1977 年版。
② 　《大清高宗纯皇帝实录》卷 9,雍正十三年十二月壬午日条,中华书局 2008 年版。

在这一谕旨中,可以看到乾隆明确地反对"业主蠲免七分,佃户蠲免三分"这样一种对于"减免"份数的硬性规定政策,而是采取了更加柔和的"劝谕"的政策。实际上,在整个乾隆时期,乾隆皇帝对于硬性规定减免份数的政策持有明确的反对态度,在不同时期对于这一问题发布了多项谕旨,甚至到了晚年,乾隆五十九年,还下达了类似内容的谕旨。

《大清高宗纯皇帝实录》乾隆五十九年九月己丑日记载:

> 谕曰,……若如该御史所奏,议定章程,予以限制,势必官为勉强抑勒滋弊。且各省顽佃,平日已不免有抗租情事。若再定有减租之例,更可得以借口,拖欠不交,是以推恩行庆之典,转启扰累刁抗之端,成何政体。①

由上可见,乾隆朝的"减免"政策与康熙、雍正朝的"减免"政策之间,有着两个重大的差异。第一,康熙、雍正朝的政策是公开命令地主要进行租谷的"减免",而且公布谕旨,令佃户都能周知。乾隆朝的"减免"政策则采取非公开的形式,而且特别强调要地方官"劝谕"地主实行减租。第二,康熙、雍正朝的政策明确地规定了"减免"的具体"分数"。乾隆朝的政策与此相反,明确反对规定减免数量,将减免数量的自主权交给地主。

对于这一政策的变化,已经有研究者论及。例如周藤吉之在论及这一变化的原因时指出,在康熙、雍正时期,佃户经常会把明确规

---

① 《大清高宗纯皇帝实录》卷 146,乾隆五十九年九月己丑日条,中华书局 2008 年版。

定的田租减免政策作为借口,实行"抗租"行为①。乾隆帝鉴于这一弊端,停止了旧的减免政策,而采取了新的政策。这一点,在前引乾隆帝的谕旨中有明确的证据:"且各省顽佃,平日已不免有抗租情事,若再定有减租之例,更可得以借口,拖欠不交。"

但是,从康熙、雍正到乾隆时期政策变化的原因,并不仅仅是佃户以此为借口进行抗租,还有民间惯有的"减免"习惯、民间对于田租"减免"习俗理解的变化。康熙与雍正的谕旨,似乎从来没有意识到民间有着自主的"减免"习俗,而是反复强调"惟田主沾恩,而租种之民,纳租如故,殊为可悯","百姓莫不感戴。惟是无地小民,尚未得均沾圣泽",所以康熙与雍正才要通过政府来明确规定田主"减免"的数额。但是,到了乾隆时期,皇帝已经明确地意识到"减免"本身便是存在于民间的一种"习俗"或者"风"。例如前引乾隆帝即位之后的谕旨中有:

> 近闻江南已有向义乐输之业户,情愿蠲免佃户之租者,间阎兴仁让之风。朕实嘉悦。……有司当善体朕意,虚心开导,以兴仁让而均惠泽。②

在此,乾隆明确指出,民间有着自主蠲免佃户之租的"仁让之风"。这种"仁让之风",才是乾隆希望通过政策所提倡而达至的。而且,在他看来,这种"仁让之风"并不仅仅是行为上对于田租的减

---

① 周藤吉之『清朝前期に於ける佃户の田租減免政策』,『清代東アジア史研究』,日本学術振興会 1972 年,第 415—438 页。

② 《大清高宗纯皇帝实录》卷 146,乾隆五十九年九月己丑日条,中华书局 2008 年版。

免,更是要内心中"知公溥之义"而"发天良"。

与之相应,《大清高宗纯皇帝实录》乾隆十年七月丁亥日的谕旨中称:"令业户减租惠佃,是在督抚大吏,董率有司,多方开导,俾田主知公溥之义,佃户无顽抗之风。"①乾隆五十九年的谕旨中称:"推朕加惠之意,各发天良,量减租数。"②而且,更重要的是,在乾隆看来,康熙、雍正时期的"减免"政策不仅仅会成为佃户抗租的借口,而且这一"减免"政策本身便会引起"民风"的恶化。例如,《大清高宗纯皇帝实录》乾隆十四年三月乙卯日记载:"……是欲以施惠,而适以长奸。欲以恤贫,而适以贻累。地方有司,奉行不善,徒以是为沽民邀誉之具。而刁风由滋渐长,不可不为远忧也。"③《大清高宗纯皇帝实录》乾隆十一年八月壬辰日也记载有:"命督抚训饬刁风。……罗日光等,借减租起衅,逞凶不法。此风渐不可长。着严拿从重究处,以儆刁顽,毋得疏纵。"④

那么,为何康熙、雍正时候的"减免"政策反而会产生相反的结果,导致民风之败坏呢?应该如何来理解"减免"这一民间固有的传统习俗呢?"政策"与"习俗"之间又是怎样的一种关系呢?对此,必须深入地探究"减免"习俗的具体运行,才能够真正理解。但是,这一领域,一直以来都没有研究者深入研究过。在此,本文将利用巴县档案中与"减免"习俗相关的具体案例,来探究这一问题。

---

① 《大清高宗纯皇帝实录》卷245,乾隆十年七月丁亥日条,中华书局2008年版。
② 《大清高宗纯皇帝实录》卷1459,乾隆五十九年九月已丑条,中华书局2008年版。
③ 《大清高宗纯皇帝实录》卷336,乾隆十四年二月乙卯条,中华书局2008年版。
④ 《大清高宗纯皇帝实录》卷273,乾隆十一年八月壬辰日条,中华书局2008年版。

二、巴县档案租佃契约中的"减免"规定与起源

探讨田租"减免"这一种"习惯",首先需要探讨与"减免习俗"相关的租佃契约中的规定。在同治朝巴县档案的"租佃"部分之中,保存有十一份完整的租佃契约,其中有八份契约中明确记载了与"减免"相关的规定。

案件 No. 13657,有佃约,"天干水湿,请主验田,照市纳租",同治□年□月。

案件 No. 13705,有佃约,"如年岁欠丰,照主人照市纳租",咸丰十年五月初十日。

案件 No. 13743,有佃约,无减租规定,同治六年八月初八日(但在案件中有照市纳租)。

案件 No. 13782,有佃约,"如有年岁丰欠,量田纳租",同治四年八月十二日。

案件 No. 13881,有佃约,"若有年岁不一,旱时欠丰,主七客三均分,不得争论",咸丰十一年八月廿日。

案件 No. 13883,有佃约,无减租规定,同治六年八月十二日。

案件 No. 13917,有佃约,无减租规定,同治九年三月二十八日。

案件 No. 13921,有佃约,"如天年欠丰,照石马场本地市攕纳",同治八年九月二十日。

案件 No. 13994,有佃约,"其有年岁欠丰,并无短少升合",同治九年八月二十日(但在实际案件中,有"照市攕租"的情况)。

案件 No. 14008,有佃约,"倘年岁不丰,验田纳租",同治十二年□月十八日。

案件 No. 14022,有佃约,"倘年岁欠丰,(验)田纳租",同治十三年正月十八日。

在这十一份契约之中,没有明确记载"减免"规定的契约一共有四份,即案件 No. 13743、No. 13883、No. 13917 以及 No. 13994。但是,从这四个案件的具体内容来看,案件 No. 13743 与案件 No. 13994,明确有着赞同或者申明"减免"风俗的内容。也即,虽然在租佃契约中没有明确地记载"减免"的习惯,但是实际上,这两个案件都与"减免"风俗密切相关。

根据以上材料,我们可以对于契约中所规定的"减免"习俗进行一个简单的分类。其可以分为三种类型:

第一,"如年岁欠丰,照市纳租"。这一类型包括案件:No. 13657、No. 13705、No. 13921。此外,在 No. 13743 以及 No. 13994 的诉讼状之中,都言及了"照市纳租"这一习俗,因此这也可以算作同一类型。第二,"倘年岁不丰,验田纳租"。这一类型包括案件:No. 13782、No. 14008、No. 14022。此外,在案件 No. 13657 之中,还有"天干水湿,请主验田,照市纳租"这一句,由此看来,第一种和第二种"减免"的类型,有着非常类似的地方。第三,"若有年岁不一,旱时欠丰,主七客三均分,不得争论"。[①] 这一类型的案件只有No. 13881。而且,这一契约中所规定的"主七客三均分"的"减免"

①　在这一具体的"减免"规定之中,我们似乎还能够看到康熙、雍正时期的强制性规定的痕迹存在。例如案件 No. 13881 中所记载的"若有年岁不一,旱时欠丰,主七客三均分,不得争论","主七客三"的这一规定,便很可能是由康熙、雍正时期的政策而来的。

方式,非常令人费解,因为在由于灾害而歉收的时节,一般需要平分收成,所以其实很难将"主七客三"的交租方式看作是"减免"。而且,"主七客三"这样一种方式,似乎与康熙和雍正时期的对于租谷"减免"的"分数"规定有着承接关系。也即是说,在数十年,甚至一百年前的中央政策规定,虽然早已被废除了,却仍然在民间的行为中残留下了一些影响。

　　由以上来看,我们可以认为,"如年岁欠丰,照市纳租"这样一种"减免"习俗,其实是同治时巴县地区最为普遍而且重要的"减免"方式。而且,从没有保存下来的契约其他租佃相关案件来看,这样一种"减免"的方式,是最为普遍接受的。例如在同治朝No. 13685、No. 13692、No. 13696、No. 14014、No. 13994 之中,都对此有论及。同治朝的档案之外,在嘉庆,道光,咸丰,光绪等朝的巴县档案之中,都经常见到"照市纳租"这样一种"减免"的规定。

　　其实,与"照市纳租"类似,在其他的地区甚至其他时期的契约中也有类似的规定。例如在徽州地区,"大例"便是一个重要的"减免"规定。例如清嘉庆十五年《徽州唐廷仰租田批》中有"立租批唐廷仰。今租到金宅名下伍锡塘田大小四丘,计田廿七础,三面言定缴纳下午过风租肆石伍斗整。倘若年岁丰旱,照依大历(例)。今恐无凭,立此租批存照"。[①] 此外,《休宁县程林玉出佃田约》中有"其田即交立佃人耕种。每年秋收照依本村大例交租。不得短少。今恐无凭,立此佃约存照。其上首老佃一纸,交(佃)人收批(执)"。[②]

<hr />

① 　张传玺主编:《中国历代契约会编考释》,北京大学出版社1995年版,第1557页。
② 　安徽省博物馆编:《明清徽州社会经济资料丛编》第一编第八类"租田地文约",中国社会科学出版社1988年版,第426页。

在其他地区的契约中,也能看到类似的规定,例如《中国土地文书集:金—清》中收录了一个光绪年间苏南地区的租佃契约,其中有"自认之后,每届秋成,慎选干圆好米送仓,决不拖欠。倘遇水旱虫伤,悉照边方大例。恐后无凭,立此认田契为证"[①]。此外在其他时期,例如乾隆三十四年,武进县有契约规定"雨水过多,秋收歉薄,各乡大例每亩只还七、八成不等"[②]。而且,这样一种大例,甚至早在唐朝时期便已经有出现类似的情况。例如在吐鲁番出土的租佃契约,便有许多契约中存在"□□水旱,随大匕例"[③]一句。

因此,清代巴县地区"照市纳租"这一"减免"习俗的研究,不仅是一种对某一地区的特定习俗的研究,而且对于理解普遍的租佃关系中的"减免"习俗具有重要的意义。在下一节中,我们首先就租佃契约来探讨这一"照市纳租"的习俗。

(一) 巴县地区"照市纳租""减免"习俗的起源

那么,在清代的巴县地区,这一"减免"的习俗是从什么时候开始出现的呢?在《清代乾嘉道巴县档案选编》一书所收录的"租佃契约"之中,我们能够找到的最早记载有"照市纳租"规定的租佃契

---

① 東洋文庫明代史研究室編「中国土地契約文書集:金—清」,東洋文庫,1975 年,第165 页。

② 中国第一历史档案馆、中国社会科学院历史研究所合编:《清代土地占有关系与佃农抗租斗争》,中华书局 1988 年版,第 690 页。

③ 出自唐长孺主编:《吐鲁番出土文书》第二册,文物出版社 1981 年版,转引自杨际平:《麹氏高昌与唐代西州、沙州租佃制研究》,载于《相聚休休亭:傅衣凌教授诞辰 100 周年纪念文集》,厦门大学出版社 2012 年版,第 291—292 页。

约是嘉庆二年的《唐占鳌佃约》①。其全文如下：

> 立出佃田地文约人唐占鳌。
>
> 今凭中佃到彭儒魁名下地名梁家边田地一份，彼即议定每年干撤田租谷子五十二石正。其谷秋收上场交撤，务须干洁上碾。瓦房半向。牛栏、仓厩、柴山竹木，必要照守护蓄。有占鳌出备押佃九七色银三十两正。其银无利，俟唐姓不耕田之日，如数退还。若遇年岁不一，照市撤租。倘年丰租谷不清，房屋、柴山、仓厩等项不护蓄，将押佃银两扣除。不得异言称说，此系主客二家心甘悦服，并无勉强。今恐人性解凭，特立此佃约为据。
>
> 外批：倘有唐姓饮酒生非滋事，任听主人易佃。加批再照。
>
> 　　　　　　　　　蒋□□
>
> 　　　凭中人　彭华□　同见
>
> 　　　　　　　　邓三级
>
> 嘉庆二年八月初四日立出佃田地约人唐占鳌
>
> 嘉庆四年冬月初十面算，除将押银准买租谷外，下欠租谷银二十二两候还银揭约。此批。
>
> 　　　　　　　　蒋正先
>
> 　　凭　李兆先　同见
>
> 　　　　　　　彭成章
>
> 　　　　　　　黄星烈

---

① 四川省档案馆、四川大学历史系主编：《清代乾嘉道巴县档案选编》上，四川大学出版社 1989 年版，第 70 页。

可以看到,这份佃约中有着"若遇年岁不一,照市搋租"的记载。从契约整体来看,这一规定夹在两条对于押佃银的规定之间,这恰恰是强调如果年岁不好,不能直接用押佃银来补偿,而是需要"照市搋租"。只有在年丰租谷不清时,才能扣除押佃银。契约的最后,又一次提到了"主客二家"。此外,还有嘉庆五年的一份契约,其中记载"天旱雨溢,照市均分"。①

其后道光年间的佃约中,亦可多见相同的规定。《清代乾嘉道巴县档案选编》记载的道光九年《程思智佃约》便规定"其有年岁大小不一,照市搋租"。② 道光十一年有《冷季顺出佃文约》,其中规定"有年欠丰,照市所搋"。③ 道光十七年《李新伦佃约》,亦有"若遇年岁欠丰,照市纳租"。④ 此外,在咸丰时期的档案中,我们亦可见到很多"若遇年岁欠丰,照市纳租"的"减免"规定。

可见,从嘉庆初年至同治年间,"照市纳租"的规定以及习俗都一直延续着⑤。但是,在乾隆时期,是否存在着这样一个"照市纳租"的"减免"习俗呢?从《清代乾嘉道巴县档案选编》一书所收录的"租佃契约"之中的乾隆朝租佃契约来看,其中没有见到"若遇年岁欠丰,照市纳租"这一规定的痕迹。乾隆时期的租佃契约大概有两类类型:

---

① 四川省档案馆、四川大学历史系主编:《清代乾嘉道巴县档案选编》上,四川大学出版社1989年版,第70页。

② 四川省档案馆、四川大学历史系主编:《清代乾嘉道巴县档案选编》上,四川大学出版社1989年版,第73页。

③ 同上书,第75页。

④ 同上书,第79页。

⑤ 其实到了光绪时期,甚至民国时期都还一直延续着。

第一种是对于荒熟土[①]的租佃。在这类租佃约之中，由于无法准确地预计收成，因此一般是缴纳钱租。例如："□收一季交□□，不少分文。"[②]而另一种是对于已经成熟的田地的租佃，但对于这类租佃约，同样是没有"减免"的规定，而只是规定了"不得短少升合"。[③]

此外，从现存巴县档案乾隆朝的档案来看，租佃部分案件编码是从 No.2904 至 No.2940，一共有 37 个案件。其中也没有出现任何有关"照市纳租"这一"减免"习俗的内容。因此，我们可以认为，清代巴县地区"若遇年岁欠丰，照市纳租"这一"减免"的习俗，其真正确立的时间大概是在乾隆末年至嘉庆初年期间。不过，巴县地

---

① 荒熟土，指有荒有熟交错的土地。

② 参见《廖仁礼佃约》，载于四川省档案馆、四川大学历史系主编：《清代乾嘉道巴县档案选编》上，四川大学出版社 1989 年版，第 67 页。全文如下：

　　立约佃土人廖仁礼。

　　今佃到刘荣木名下荒熟土一份。当日面议定□□□铜钱五千文整，春冬二季现交铜钱二千文。□欠至秋收交足，不□□日议定，□收一季交□□，不少分文。今恐人心不古，立佃约为据。

刘文□

凭中人　王珍元

王□□

乾隆四十二年八月二十四日

③ 参见《陈西荣、西钊佃约》，四川省档案馆、四川大学历史系主编：《清代乾嘉道巴县档案选编》上，四川大学出版社 1989 年版，第 68 页。全文如下：

　　立佃约人陈西荣、西钊弟兄二人。

　　今凭众佃到王大经名下田土一份。

　　彼即三家面议每年租谷六十四石整。其谷待至来年秋收交粮，不得短少升合。其中押佃铜钱一百二十千文整。恐口无凭，立佃约一纸为据。

　　外批：五十四年三月二十二日，陈西荣、西钊收回顶首钱二千文正。

在场人　钟秉坤

陈永位

陈秉贤　笔

区"照市纳租"这一习俗,为何会在乾隆末年嘉庆初年确立呢? 对于这一问题,下文还需要进一步考察。

(二) 从租佃契约来理解"照市纳租"的意义

那么,应该怎么来理解这些"照市"的"市",以及"大例"等租佃的"减免"习俗呢? 我们首先要从具体的租佃契约来看。

案件 No.13921[①] 中有如下契约:

> 立出佃田土房屋文约人刘立兴,今凭中佃到
>
> 涂式廷名下地名石家沟田土全坊、瓦屋一向。彼即面议押佃面银壹佰两正,每年纳□租谷贰拾石正。其租谷以九月秋收飏飐洁净,以石马场市斗交携,俟主人发卖之时。不得短少升合。如天年欠丰,照石马场本地市携纳。倘年岁丰足,租谷不清,愿将押佃扣除。刘姓不得异言。其佃期以三年为满,不得另外生枝退佃。如未满期,刘姓作故退耕,押佃全无。所有界畔,仍照原耕地址耕种。不得遗失。此系心甘意悦。并无套哄等情。特立佃约一纸。付与涂姓存执为据。○○○
>
> 原证人等 周炳垣代笔
>
> 同治八年九月二十日立佃田土房文约人 刘立兴 押

从这一租佃契约以及前文所引的租约内容来看,可以看到"照市纳租"这一习俗的几个特点:

---

① 直一甲涂骆氏控周炳垣作□押佃牟炳三业收租假套哄撞骗银一案,同治九年,四川省档案馆藏,《巴县档案》(同治朝)No.13921。

第一，从契约本身的内容来看，"照市"的"市"，不是"市场"的意思，而是"减免"田租时候所依据的标准，而且似乎还应该有某一个具体的数额，例如在前文所引的其他地区史料中，便明确地记载了武进县的"大例"一般"七八成不等"，但是仅仅从巴县地区的契约中，本文暂时还无法确认这一点。

图 18　刘立兴佃田土房屋文约（抄件）

第二，"照市纳租"的"市"，虽然不是明确的市场（或者市场价格），但其本身似乎有着一个特定的地域范围（例如某场等）。例如，在案件 No. 13921 的契约之中，便有着"照石马场本地市摭纳"的具体规定。但是，这样一个"市"，是如何在某个特定的地域之中形成的呢？其与所谓"大市"之间又是什么关系呢？这些问题，同样在租佃契约之中无法得知答案。

第三,在契约的规定之中,实施"减免"的时候,需要有一些特定的条件。例如在契约之中,大都有着"如年岁欠丰""天干水湿"等的具体规定,即由于自然灾害而收获减少时,实行"减免"的习俗。但是,在具体的"减免"过程中,是否仅仅限于契约中所规定的自然灾害等导致的歉收情况呢?这单单在租佃契约中亦无法看出。

由以上可见,若仅仅只以租佃契约为材料的话,是无法切实地理解"照市纳租"这一习俗的具体运行的。下面,我将以巴县档案中与"减免"相关的案件为例,具体分析这一问题。

三、"减免"习俗的具体实施:"如年欠丰,照市纳租"

下文将利用具体的诉讼案件来分析"减免"习俗的实际运行过程。首先,最需要解释的便是"照市纳租"的意义。

(一)"减免"习俗中的"照市纳租"

下面选取几个具体的案例,来探讨"减免"习俗中的"照市纳租"这一内容。首先是案件 No. 13890。[1]

同治八年十一月廿九日,节里七甲田主李荣美以"蛮骗祸迫事"具禀其佃户刘大廷:

情同治二年,刘大廷以银三十两押佃蚁业住种,每年议摺

[1] 节七甲李荣美为押佃民业住种连年租银未清退佃估踞不搬寻民持刀夺命等告刘长盛一案,同治八年,《巴县档案》(同治朝)No. 13890。

租谷二十五石。殊伊佃后，连年租谷不清，蚁叠退佃，估踞不搬。……今秋仅攟租谷四石，前后共该三十五石。向理追，以填捐输，伊估不给反遭唐丑唐二咸包骗，唆使伊子刘长盛刘大刘二刘三来家寻祸滋扰，持刀屠命。蚁凭团约杨太顺等理剖，……无如大顺恃横，全不□□（遵从）。

田主李荣美具告其佃户刘大廷，指出每年租谷是二十五石，但佃户欠谷不缴，今秋仅纳四石，还估踞不搬，寻祸滋扰。知县对此批示是"候差唤查讯"。

此后，同治八年十二月廿三日，李荣美又以"为恶踞蛮骗录叩换究事"再次具禀佃户刘大廷。具体内容与前禀大致相同。知县亦批"候照案唤讯"。随后，知县签发了差唤票。

不过此后，佃户并没有立刻提出自己的禀状或者诉状，而是由节里七甲的职员、团邻等在同治九年二月十八日以"豪棍忿诬据实攸分事"提出了一份"晰状"，其中称：

甲内李荣美素仗豪富，并恃伊姪娄约李光俊、腹戚吴静山等为符，惯于飞诬捏控，吓撼乡愚……迫控伊佃户刘长盛全家，飞株居隔数十里无辜之唐丑、谭二咸等在案。……因长盛等投理质明。虽欠伊谷约二石余，但已让过。……理劝息讼，无如荣美横不由公。

在这份具禀状之中，职员、团首们声称该纠纷经过他们的调解，佃户欠租已经被商议让免，但是田主不遵从调解，执意兴讼。

对此,知县批示:"该生等事不关己,不得联名旁渎。"

随后,在二月廿三日,节里七甲的佃户刘大廷以"为豪欺勒诬诉究除刁事"具禀田主李荣美。其中称:

> 蚁以银三十两押佃李荣美田土住耕,年租廿五石,清缴无欠。……去岁租谷大市八搉,荣美不仁,勒逼九搉。蚁只欠租二石八斗,已经乡约罗德应等剖明,中资与租,两不计较。殊荣美倚富欺贫,去冬平白以蛮骗祸迫告案王主。移恩差唤。蚁凭绅粮剖实,荣美诬控,令伊息销,不遵。

其中,刘大廷提出去年的大市是"八搉",但是田主不仁,"勒逼九搉"。对此,知县批示:"候讯。"就在同一天,还有另外两人唐丑、谭二咸以"为平遭牵害诉恳劈究事"具诉李荣美。他们声称遭到李荣美牵连,"李荣美与佃户互控与民无关"。知县批示"案情虚实,集审自明,不准添唤致滋株累"。

此后,李荣美于二月廿八日以"为叠害难甘叩添唤究事"提出了禀状,其中指控前二月十八日提出"禀状"的职员、团首等人是"冒充乡约",以图勒索银子。对此,知县批示:"候集讯。"

最后,在档案中存留的便是同治九年三月十七日堂审的点名单以及当时的供状。在供状中能够看到,一方面原告与被告复述自己在禀状中控诉的内容,另一方面记录了审讯最终的结果。如在职员、团首等证人的部分,能够清晰地看到"今蒙审讯,小的们业已经在外与他们说息",但是禀状并没有说明这一和息的具体内容是什么。也即,其实在堂审之前,经过职员、团首等人再次调解,已经将纠纷"说息"了。其后,在档案中存留下来的,便是田主李荣美与佃户刘大廷分别提出的"结状",其中也明确地声称"在外为他们说息。谕令各结完案"。案件就此结束。

在这一案件中,涉及田主、佃户、团邻、知县四个角色。田主指责佃户欠租不给,团邻等则试图通过调解令田主给予让免,从而达到息讼的目的。不过田主不服从团邻等的公断,坚持要以诉讼来解决问题,因此佃户也不得不提出诉状,指出去年减免的大市其实是八成的。最终,在知县正式判决之前,诉讼便经原来的团邻等给予和息了事,没能够真正进入审判的阶段。①

在这一案件中,我们能够看到,佃户在其禀状中明确地提到"去岁租谷大市八挶,荣美不仁,勒逼九挶",在这一描述之中,"市"有着一个看似明确的固定数额——"八挶",即按照"八成"纳租。但是,这一"市"并没有执行的强力,因为田主可以不遵守"市"而"勒逼九挶",而在佃户看来,田主不按照"市"进行"减免"是一种"不仁"行为。不过,若从案件整体上来看,则无论是在田主的禀状,还是在职员、团邻的禀状之中,似乎都没有出现对于"市"的正面描述,佃户的诉状中也没有说明这一"市"具体数额的根据。

另外,从案件开始到案件结束,职员、团首等不断介入该纠纷,一同"理论""说息",特别是其中还出现了通过团首、团证等人的调解而实施"减免"的具体事例,例如佃户的供词中便说明"殊他为富不仁,已经凭罗德应们让免租谷"。在这一案件之外,明确论及"市"的具体让免额度的案件,还有案件 No. 13743。在这一案件中

---

① 档案中还存在供词,不过其中没有说明具体和息的内容。

更能够看到一些微妙的情况。

在案件 No. 13743①之中，同治三年九月初六日，忠里五甲的田主卢志道以"毁骗霸踞"具告佃户陈联：

> 去秋陈联佃蚁田耕，押银一百两，议租谷五十二石，佃约审呈。今岁丰稔，通乡撬租俱无减让，讵陈联只撬租谷三十六石，下欠租谷十六石，估骗不撬。……向伊退佃，将业另放。已付□银六十两。陈联收讫霸踞不搬，尤阻新佃不能上庄耕种……

在这一案件中，田主控告佃户的理由是"今岁丰稔，通乡撬租俱无减让，讵陈联只撬租谷三十六石。下欠租谷十六石，估骗不撬"。在田主看来，今年（同治三年）的"市"是"没有减免"，而佃户纯粹是欠租不交。不过，由于巴县地区并没有正式的"乡"这一行政层级，因此这里的"乡"很可能只是某里某甲的另一种称呼。对于这一告状，知县的批是"侯签饬退佃搬迁息事，如违唤讯"。

随后，在同治三年十月廿七日，孝里六甲的佃户陈联以"为欺揹颠诬诉讯究追事"为由提出了自己的诉状：

> ……今秋志道将蚁揭退。……（今年）共撬租谷四十二石一斗。志道仅退蚁押银二十八两四钱七分，下该蚁银七十一两五钱三分银。蚁已搬迁，向讨押银，欺蚁迈朴，揹骗不给，反

---

① 忠五甲卢志道为欠民租谷估骗不给还霸踞不搬凶阻新佃上庄耕种支他子扭民行凶等情具告陈联陈麻三一案，同治三年，四川省档案馆藏，《巴县档案》（同治朝）No. 13743。

　　称租谷未楚。……切今岁大市，均系八撝，蚁应纳租谷四十一
　　石六斗。志道为富不仁，业已多收，颇遭诬累。

　　根据佃户的诉状，则他所理解的今年的"市"——"今岁大市，
均系八撝，蚁应纳租谷四十一石六斗"。即，今年的"照市纳租"的
"市"是"八成"，即减免二成。不过，此处的"大市"一词，似乎是指
大范围内的"市"，其与前田主所言的"通乡"之关系，尚不清楚。

　　最需要注意的是，佃户此处声称的减免之"市"，与田主声称的
"市"，其数额完全不同。一个是"无减免"，一个则是"八撝"。而对
于这一田主与佃户之间的矛盾与冲突，知县似乎也同样无法判断，
因此对于佃户的诉状批示道"候集讯察夺"。

　　其后，在同治三年十一月廿一日，县衙进行了对案件的审讯。
在现存的档案仍保留了当日的点名单与供词。在供词之中，有着
田主、佃户、证人的供词以及知县的判决。从一般的角度来考虑的
话，在审讯之中，如若能够确认今年"市"的真实情况，那么田主与
佃户之间的纠纷便能够迎刃而解了。但是，笔者仔细阅读档案中
存留下来的供词，却发现完全没有任何涉及"市"的说明。无论是
在田主、佃户的供词之中，还是在证人的供词之中，都完全没有论
及"市"的真实情况。在证人张慎斋、卢万顺的供词中，他们供称：
"因他主客今年租谷不清，两角口角，来投向小的们理论。小的与
他理处不下，这卢志道来案具控。"

　　最后，知县做出了判决，在田主的供词中记载：

　　今蒙审讯。陈联坚供说是外撝租谷八十交小的□孙的不

知谕令,今年租谷以九成撝纳。今春借谷三石不应合银,加息谷五斗,断他一共补还小的租谷九石。令小的缴还他押银七十一两五钱三分。去年借去谷草一千七百个回乡还给。搬迁领银,各结完案。

此后,在十一月廿四日,佃户陈联还以"藐揹累恳覆究追事"具禀,指斥田主勾结礼房革书私批佃约,妄诬该伊谷草。知县批示"候批饬集覆讯究结",之后便没有后文了。

这一案件同样涉及了田主、佃户、中证以及知县的关系。田主与佃户由于租谷不清发生纠纷,请了中证来也没有调解成功,便展开了诉讼。无论是田主还是佃户,他们都承认照市纳租的正当性,不过二者对于"市"的判断完全不同。对于这一矛盾,知县与中证也无法解决,甚至没有去解决。最终,由知县决定了减免的数额。

在这一案件中,最值得注意的地方在于,虽然田主与佃户都承认了"如年欠丰,照市纳租"这一习俗的正当性,并且都言及"市"的具体数额,但是田主与佃户所言及的"市"的具体数额却完全不同。在田主看来,今年的"市"是"通乡撝租俱无减让",而在佃户看来,"市"则是"均系八撝",虽然通过了中人张慎斋、卢万顺等的调解理处,却仍然无法得到解决。更有意思的是,无论是证人,还是知县,他们都没有认真追究今年减免之"市"的真实情况。最终,知县给出了一个判断,令田主与佃户以九成纳租。这在某种意义上,也可以算是知县对于今年之"市"的理解。

除以上两个案件之外,其实,在同治朝巴县档案之中,绝大部分论及减免之"市"的案件似乎都没有明确论及"市"的具体数额。

例如案件 No. 13705[1]。在该案件之中，同治二年八月十三日，仁十甲田主职员徐裕泰以“为恶骗凶伐叩勘验唤事”具禀佃户杨学青，其中称杨学青骗租不交，更将业内树木竹子砍去，并且盘踞阻耕。

> 咸丰十年，杨学青以银百两佃职高峰坪耕居。约注每年撝租谷三十二石，不少升合，佃约抄呈。殊学青套佃后，奸狡异常，去年因骗租五石。职今年五月退佃，另放龙长明。学青挟不招之忿，不惟估骗今秋租谷十二石，尤将职业内青杠松柏慈竹，悉行霸伐，更把新佃牛脚砍断，霸踞阻耕。

职员徐裕泰的禀状中还贴附了他们的租佃契约。该契约明确记载“照主人照市纳租”。对此禀状，知县批示：“候验伤勘唤人证讯究。”

其后，在同治三年九月十八日，佃户杨学青以“为捏诬措累事”具诉田主徐裕泰，称去年是由于为田主代垫了团费，因此少纳。而今年则是由于歉收，因此要求“义让”，而田主不肯。其中称：

> 蚁以银百两佃伊仁寿团官业。……至十年裕泰分受，蚁转投佃议租谷三十二石。去春匪扰，团众照租，每石派伊经费谷一斗。裕泰嘱蚁垫给。去秋撝租，蚁扣团费。挟忿退佃。今秋共获谷二十七石零。蚁撝租二十石，余求让免。不允，措

① 仁十甲徐裕泰以银佃业租谷议定套佃过手骗租不与转佃不允将业内青杠松柏霸伐阻耕等情告杨学青一案，同治二年，四川省档案馆藏，《巴县档案》(同治朝)No. 13705。

蚁押银不给,害蚁另佃无银交纳。……今秋歉收,租谷照市酌攃,各团均有义让。伊独借揩。

在这一诉状中,明确指出"今秋歉收,租谷照市酌攃,各团均有义让,伊独借揩"。这样一种"照市纳租"的规定,其实也早就出现在田主所贴附的"租佃契约"之中。不过,佃户在此并没有明确说明"照市纳租"的"市"是多少,而是附加说明"各团均有义让,伊独借揩"。也即,各团虽然都有义让的习俗,但是田主却有可能不遵守这一习俗。对此,知县批示曰:"侯集案质讯。"

此后,同治二年十一月初二日,徐裕泰又以"为抗唤不案恳饬讯结事"提出禀状,具禀佃户抗唤不到案。知县批示"仰原差迅集人证送审,勿延干咎"。此后,档案中还留存有十一月初六日的"验伤票"与"勘察票",其中"验伤票"指出"徐裕泰伤已经平复,无凭开单","勘察票"则指出"无从勘察"。档案就此结束,似乎可以推测出于田主在验伤和勘察之后自知理亏,因此不再具禀。

在这一案件中,涉及了田主、佃户、团、知县。田主控诉佃户骗租不给。佃户则指出,他去年曾给田主垫付了团费,今年各团根据照市纳租,都有义让,因此他才要求让免。最后,在知县发出了差票之后,似乎田主自知理亏或者双方达成和息,所以案件没有继续。这里,佃户同样是以"今年歉收,应该照市纳租,但是田主不愿意减免"这一理由来指责田主。也即,在佃户的心中"今年歉收,应该照市纳租"这样一个习俗是极为正当的理由。从"各团均有义让"一句来看,"减免"的习俗是以各团为单位而独立进行的。不过,各团如何形成不同"义让"的具体过程,尚不清楚。

又例如案件 No. 13692。[①] 在该案件中,同治二年八月十八日,田主张义茂以"为恶佃凶骗抬验究逐事"具禀佃户郑长顺。其中声称自己由于人口多,因此将田取回耕种,而佃户怀愤,欠租不交:

> ……去岁郑长顺等以银二百五十两佃蚁田耕。每岁摱纳租谷五十二石。因蚁人口负重,取回自耕,退去银一百七十七两。长顺怀愤,本月初九,只摱谷三十石。……至十六日,蚁妻孙氏往向摱谷,殊伊横不由理,喝令伊妻王氏媳蓝氏向氏等多人,将蚁妻头颅胸膛两肋等处殴伤。

知县批示:"现据郑长顺控称尔与张开美等估骗凶伤等情,当已验明郑王氏伤痕,批准唤讯在案。兹称张孙氏受伤,亦已验明。侯并唤讯究。"由知县的批可知佃户郑长顺已经在之前提出了一份禀状,不过在档案中未见。其后,档案中收入了八月十八日的"验伤单",指出"张孙氏"有伤。同时,档案中还有八月十八日的另一份"验伤单",其中指出"郑王氏"也有伤。九月初九日,田主张义茂又以"为忿控统搂事"再次具禀佃户,内容大致同前。知县批示:"此案已经准理差唤,侯集讯察究,毋庸率请添唤滋累。"随即,知县于九月十七日发出了"差唤票"。

此后的同治二年九月廿二日,佃户郑长顺以"夺佃霸阻恳添唤究事"提出了一份禀状,其中指出田主随意夺佃,而且不还押佃银。其中称:

[①]　太平坊张义茂因租佃耕纠纷控告佃户郑兴顺一案,同治二年,四川省档案馆藏,《巴县档案》(同治朝)No. 13692。

> 前月十八蚁以估骗凶伤控张义茂欠蚁押银八十两不给。媳等将蚁妻孙氏扭伤。……蚁佃义茂业耕仅只一载,孰愿退佃。祸因张在中陈□同搂食谷,胆串豪恶欧文举夺蚁佃业,耸义茂不还押银,并阻不准入户,不容搬移,害蚁进退为艰。

对此,知县批示:"应否添唤,侯讯察夺。"

在同治二年十月十八日,佃户郑长顺又以"为估骗凶伤叩验唤究事"为由提出一份"告状",其中明确指出:

> 去八月,蚁以银二百五十两押佃张义茂田耕。议租谷五十二石。倘岁歉丰,照市纳租。今秋仅获谷四十余石,凭团理让,搋租三十石,义茂已允。……殊伊不良,揭佃逼蚁搬迁,还蚁银一百七十两,下欠八十两估骗不给。……本月十六,乘蚁出外,义茂子张开美率妻张孙氏男四人来家估搂谷米……

对此,知县批示道:"伤已验明,侯唤讯究。"不过,现存档案就此结束,案件随后的发展无法知晓。

这一案件涉及田主、佃户、团,以及知县。田主控诉佃户欠租不给。而佃户则一方面指出,田主在退佃之后的押租银子未给清,另一方面则是今年已经照市纳租,凭团理获,只需纳租三十石,但田主不答应。其中,佃户明确地指出"倘岁歉丰,照市纳租",但有意思的是,在其后没有声明这一"市"的具体数额。相反,这一案件中其实明确地讲述了"照市纳租"的具体施行办法,这便是"今秋仅获谷四十余石,凭团理让,搋租三十石,义茂已允"。由此来看,"照市纳租"的真正运行过程,其实与"凭团理让"的行为密切相关。与此类似的论述还可见案件 No.13696,其中有诉状中称:"氏请凭众劝让谷三十余石,照市攜纳。"这也明确地展现了"照市攜纳"与"凭众"、"凭团"之间的密切关系。

这一个"团",便是前所引案件 No.13705 之中所论的"今秋歉收,租谷照市酌攜,各团均有义让"中的"各团",以及前引案件 No.13890 中频繁出现的团邻之"调解"和"和息",甚至案件 No.13743 之中的中人调节。但是,如果这样解释的话,那么案例 No.13890 与案件 No.13743 之中出现的田主、佃户等所生成的"市"的具体数额又是什么含义呢?

问题还在于,在这些案件的"凭众""凭团"过程中,似乎并没有纯粹依据某个具体数额的"市"来决定让免额度的迹象,而更倾向于以具体的情况来决定减免的数额。如何来理解这一矛盾的存在呢?对于这一个重要问题,仅仅从诉讼案件中无法得到直接的证据,因此下面将会在讨论"有年欠丰"的问题之后,再进行深入探究。

(二)"减免"习俗中的"有年欠丰"

从上文的分析中能够看到,在"减免"的习俗之中,真正关键的是由团邻等参与的具体调解以及减免数额的确定。正因为如此,只要团邻同意,那么以其他理由也是可以进行"减免"的。在这样一个"市"的形成过程中,虽然人们以"有年欠丰,照市所攜"作为规定的基础来实行让免,但是实际上同样还可以看到在"有年欠丰"之外,还有很多理由可以作为"让免"之理由,纳入这一"让免"习惯之中。

例如案件 No. 13696[①]。同治二年九月初九日，佃户以"为依势诬害事"具禀田主。

> 为依势诬害事，情氏夫钱海清以银佃龚理田耕，约注每年租谷九十二石。去岁欠丰，氏夫请凭熊正幅等面议让谷，撬纳清楚。今六月氏夫故，氏请凭众劝伊让谷三十余石，照市撬纳。殊龚理心怀叵测，升合不给，揭氏搬迁，揣佃不给。颠以凶揣阻公谎控氏子钱四为大忠于分县。……莫主审讯，上年实属让免，今秋照市纳租。讵伊恃势不遵分主面渝，将伊卷宗牒辕。

在这一案件之中，佃户并不是以自然灾害等造成田地歉收为理由，来要求"减免"，而是以"夫故"（即家庭异动）为理由，来要求"减免"。而且可以看到，这一要求是通过"众人"的支持而提出来的。虽然一开始没有得到田主的同意。但是，该案件的最后解决，是由知县判定田主给予一定的"减免"。

在案件 No. 13966[②]之中，知县对于借尸捏控的佃户母子，做出的最后判决是："理应究责，姑念痛父情切，从宽免究。谕小的们念系一家，把谢寅寿弟兄所欠租谷借项一概让免。……把押银算明出收凭外如数楚给，俟他搬迁具结。"可见，在这一案件之中，知

---

① 杨柳坊钱杨氏因佃业欠丰议定让谷遭龚理等倚势诬害等情讯究，同治二年，四川省档案馆藏，《巴县档案》（同治朝）No. 13696。
② 直六甲谢元吉等告佃户谢宗易常借银不还恶佃凶骗一案，同治十一年，四川省档案馆藏，《巴县档案》（同治朝）No. 13966。

县判决"减免"的理由也不是田地的年收欠丰,而是由于"父故世"且"念系一家",因此判决"减免"。

在案件 No. 14032[1] 中,知县于同治六年九月三十日裁断:

> 今蒙审讯,周仁和等该欠监生们租谷七十石,……收过银三十五两四分七卜合谷十二石。因念周仁和们贫苦,断令□兄□缴还监生们租谷四十石。余谷谕令让免。……限十日缴还租谷,并将漕房栈房家俱交出明白搬迁。监生缴还他押银二十两,再行覆讯。

在此,"减免"的理由乃是念在佃户周仁和的经济情况贫苦,知县因此命令"减免"。

我们亦可以看到,虽然"减免"习俗在契约上规定为"如年欠丰,照市纳租"的形式,但是在具体的"减免"的过程中,其范围要远远地超过契约中规定的"如年欠丰"的情况。而在诉讼案件之中,这同样是被当成"照市纳租"的一部分,纳入了"如年欠丰,照市纳租"这一得到公认的"减免"习俗之中。

通过以上数个案件,我们似乎可以将巴县农村地区减免之"市"的运作的整个过程进行具体说明。

第一,从清代巴县地区租佃契约来看,普遍存在着"照市纳租"这样一个对于田租"减免"的习俗规定。可见,在当时的巴县地区的农村社会之中,这样一种习俗的存在是得到广泛认同,并且是天

---

[1]　千厮坊王慎德等控周仁和等屡欠租不交退佃刁狡不容新佃居耕一案,同治六年,四川省档案馆藏,《巴县档案》(同治朝) No. 14032。

经地义的事情。而且,若田主不愿意让免,佃户也可以用"如年欠丰,照市纳租"的理由来指责田主。

对于田主而言,他们同样承认"减免"的规定,并且很清楚该理由的正当性,因此在案件 No. 13743 之中,田主才会在一开始就提出"今岁丰稔,通乡搉租俱无减让"之说。从这个意义上来说,"市"是类似于"行情"一般的东西。重要的是,无论在田主还是在佃户看来,这样一个"照市纳租"的习俗都是理所当然、天经地义的。

此外,不仅田主与佃户都认可"照市纳租"习俗的正当性,而且他们对于"市"这一"减免"的"行情",都有一个具体数额的认识。例如案件 No. 13890 中,佃户认为"去岁租谷大市八搉";在案件 No. 13743 中,佃户认为"今岁大市,均系八搉"。也就是说,这些也类似于其他地方志中所展示的那样,"减免"之"市"似乎有着具体的"减免"额度。不过,这一数额没有这么简单。

第二,正是由于人们会以租佃契约中所言的"如年欠丰,照市纳租"这一规定来理解"减免"习俗,所以在要求田主进行田租"减免"的时候,佃户都会试图寻求一个自己所能认可的"市"的具体数额。例如在案件 No. 13890 之中,佃户便以"八成"来理解"市",而在案件 No. 13743 之中,田主则是以"无让免"来理解今年之"市"。但是,从案件 No. 13743 来看,田主所理解的"市"与佃户所理解的"市"的具体数额并不相同。也即,"市"其实是一个人心中的对于"行情"的理解。但是,这样一种对于行情的看法,其实根据自己内心的倾向以及自己所见的其他类似事件的差异,会有着极大的不同。在此,我们可以认为"市"的含义变成了他所认为的"应该减免的数额"这一含义,即他所认为的"减免"的公正所在。

　　例如对于佃户来说，他可能见到的多是八成的减免，或者说他更加看重八成的减免，因此在他看来，今年的"市"是"八成"。而对于田主来说，也许所见的更多为无让免，或者是更加重视无让免的事例，因此在他看来，今年的"市"为"无让免"。也即，无论是田主还是佃户，虽然大家都承认有一个"市"的存在，并且应该按照"照市纳租"的习俗来进行"减免"，但是由于"市"是一种类似于"行情"的东西，因此其基本是人们对于这一"行情"的主观认同。而且，人们都会按照自己的理解来表述这一"市"。

　　但是，若仅仅如案件 No. 13743 中的田主与佃户那般，二者各自主张自己所相信的"市"的数额，那么整体的"市"（行情）是无法成立的，这一"照市纳租"的习俗也不可能长久地维持下去。而沟通不同行动者对于"市"的主观理解，并将其融汇为真正意义上"减免"习俗的，便是所谓团邻等的调解行为。

　　第三，在前论案件 No. 13692 中，我们已经看到："倘岁歉丰，照市纳租。今秋仅获谷四十余石，凭团理让，携租三十石，义茂已允。"[1]这已经揭示了"照市纳租"的运行过程，即由团邻进行理论而最终确立"减免"的具体数额。而在案件 No. 13705[2] 中称"各团均有义让"，以及案件 No. 13890[3] 团邻等的禀状中称"其佃虽欠租二石，且已经让免。劝息讼不听"，指的都是这一过程。

①　太平坊张义茂因租佃耕谷纠纷控告佃户郑又顺一案，同治二年，四川省档案馆藏，《巴县档案》（同治朝）No. 13692。
②　仁十甲徐裕泰以银佃业租谷议定套佃过手骗租不与转佃不允将业内青杠松柏霸伐阻耕等情具告陶学青一案，同治二年，四川省档案馆藏，《巴县档案》（同治朝）No. 13705。
③　节七甲李荣美为押佃民业任种连年租银未清退佃估踞不搬寻民持刀夺命等告刘长盛一案，同治八年，四川省档案馆藏，《巴县档案》（同治朝）No. 13890。

此外，从其他案件来看，在涉及"让免"习俗之时，团邻等的调解都是必然会出现的行为。例如案件 No. 13950① 之中，田主的诉讼状称："……今乘岁旱，……只攜租五十石。旋说旋翻，嗣收租时，只纳四十石。"而佃户的诉状也称："今岁欠丰，量谷攜纳。八月廿日，蚁凭团众并伊母舅王裕昌从场理让，蚁只攜纳租谷四十四石，谷清，伊允。"又如案件 No. 13949② 之中，在佃户的诉讼状之中有："……今岁干旱，蚁于前七月请伊等说□田谷，凭众公议，照谷均分。伊等已将谷各分去。讫蚁当退佃，伊□另放还银。延至本月，屡讨不给。"另有案件 No. 13696③：同治二年九月初九日，佃户以"为依势诬害事"具禀田主，其中称"为依势诬害事，情氏夫钱海清以银佃龚理田耕，约注每年租谷九十二石。因去岁欠丰，氏夫请凭熊正福等面议让谷，攜纳清楚。今六月氏夫故，氏请凭众劝伊让谷三十余石，照市攜纳"。其中也有凭中人与凭众让谷的情形。

由此，可见"团邻"等在"让免"事件时候的重要作用。虽然契约中的规定是"如年欠丰，照市纳租"，看似好像由田主按照"市"的规定来让免，但是其实正如案件 No. 13743 中所揭示的，由于田主与佃户对于"照市纳租"的"市"之理解都充满着主观性，所以虽然他们都在宣称"市"的存在，但他们之间很难达到合意。在这一冲

---

① 杨柳坊职员张观兰为出押租银拔佃连手租谷不清退佃不准就佃上庄反统多人伤民之情具告赵先培等一案，同治十年，四川省档案馆藏，《巴县档案》(同治朝) No. 13950。
② 智三甲陈肖庆告佃主柯复兴弟兄为将田收回揩骗押银不给反伤人一案，同治十年，四川省档案馆藏，《巴县档案》(同治朝) No. 13949。
③ 杨柳坊钱杨氏因佃业欠丰议案让谷遭龚理等倚势诬害等情讯究，同治十二年，四川省档案馆藏，《巴县档案》(同治期) No. 13696。

突之中,团邻所要做的便是通过具体的调解使田主和佃户达成"减免"的合意。

但是,从以上还能够看出,团邻等所进行的对于"减免"的调解,却并不是某种"照市纳租"(即按照普遍的"行情"而进行)的调解。相反,团邻等进行的调解,可谓是一种基于具体情况的调解。例如案件 No.13890 最后得以和息,案件 No.13692 中"凭团理获纳租三十石",案件 No.13950 中的"凭团众及其母舅王裕昌从理让,只携纳入租谷四十四石",以及案件 No.13696 之中的"今岁干旱,凭众公议,照谷均分"等。可见,都是要根据具体的田主与佃户的情况而达成"减免"的数额。

因此,"凭团理让"或者"凭众理让",其实才是应对田主与佃户对于"照市纳租"之"市"的理解。而且在某个意义上,"照市纳租"的习俗还有可能超出团的层次,而上升到知县。一旦"团"的调解和理论无法成立的时候,往往会上诉到知县,最终由知县来确立"减免"的具体额度。例如在案件 No.13743①之中,最终便是由知县来确定今年"照市纳租"的具体额度——"今蒙审讯。今年租谷以九成携纳"。在这一意义上,政府本身也参与了"减免"之"市"的具体形成。

但是,在以上的这些"凭团理让"或者"凭众理让",以及知县的判定之中,我们所见的都是具体情况的具体处理。那么,这些各自不同的具体处理,是如何形成一个被称作"市"的"减免"的行情呢?

---

① 忠五甲卢志道为欠民租谷估骗不给还霸距不搬以阻新佃上庄耕种支他子扭民行凶等情具告陈联陈麻三一案,同治三年,四川省档案馆藏,《巴县档案》(同治朝)No.13743。

第四,这些团邻所参与调和的"减免"纠纷,以及共同商议确定的具体的"减免"的数额,其整体最终如何形成了一个以各个团或者各个场为范围的"市",或者说田租"减免"的"行情"的呢?由于团邻等被引入具体的田主与佃户的"减免"事件之中,某个个体的"减免"事件便不再是单独的"个体性事件",而是变成了关涉到众多他人的"群体性事件"。而在这个群体性事件之中,团邻等众人与田主、佃户一同商议,试图通过考虑收成等具体情况,达到"减免"的合适点。这样一个群体性的"减免"事件,以及事件中所最终确立的"减免"额度,通过参与事件的团邻等人的扩散而影响到其他类似的事件。这种群体性减免事件的影响力要远远大于单独的田主与佃户之间的减免事件。而且,参与"减免"商议的人,往往是类似于职员、团首等公众性人物,他们更有可能再次被其他人邀请去参与其他"减免"的商议。因此,在不同的"减免"事件之中,正是通过这种最为直接且相互的纽带而发生着影响和勾连,并且最终在不知不觉中形成了该地的"市",即"行情"。

不过,需要注意的是,这样一种最终形成的"市",也并不是一种可以明确规定数额的"市",而是一种潜在地影响着"减免"事件的市。其真正能够得以实施的途径,其实是由"团邻"等参与的"减免"事件之商议。但是,通过团邻等"减免"的具体事件而自然形成的整体性的"市"(行情),却是确实存在的,并且成为了"如年欠丰,照市纳租"的基础。在这个意义上来说,"如年欠丰,照市纳租"这一契约中的规定,并不是对于如何在欠丰时候进行让免的具体方式的规定,而是对于具体某一年的众多"减免"事件最后的综合性总结,即在某地域范围之内的田主与佃户之间的众多"减免"

事件形成的一个"照市纳租"的具体事实状态。

但是,当人们把这一事实状态当成对于"减免"习俗的规定而记入了租佃契约之中后,人们在具体处理"减免"的事件时,便往往会去寻求一个明确规定数额的"市"的存在。在此过程中形成了对于"市"的认识,或者说"期待",他们试图将这一"市"的期待转化为"市"的现实,这也就是他所理解的公正的"市"。但是,田主与佃户所理解的"市"之公正的应该的数额,其实会相互冲突。而在这时候,团邻等人的作用非常重要,必须通过团邻等人的调解与协商来形成最终为双方都接受的数额,通过他们的扩展与影响,在最后共同形成真实存在的"市"(行情)。在这一过程中,若没有人们对于"减免"之应然的"市"的概念,则只会看到一个又一个独立的"减免"个案,这是无法维持田租"减免"习俗的长久存在的。而若没有由团邻所参与的、基于具体的"减免"之事件,则亦不可能最终形成一种作为"行情"的实然的"市"。

因此,"如年欠丰,照市纳租"这一"减免"的习俗,其真正的具体实施,并不是如字面上所规定的那么简单明了,而是一个既包含各人对于减免之普遍的、公正的"市"的理解与期待以及据此而实行的行动,又包括在寻求"市"的过程中所产生的、通过团邻等众人对于"减免"时候具体的、个案性的调和和商议的具体事件。"市"正是在这复杂的社会过程之中产生。

若以一个简单顺序来表示,这个过程可以分为如下四个阶段:阶段一,依据记载在租佃契约中"照市纳租"的规定,人们产生了对于公平之"市"的理解与期待,但各人对于"市"的理解导致了相互间的冲突与矛盾;阶段二,团邻等参与对他们的冲突和矛盾的具体调解,而这些具体调解,又通过同一个团(场)内团邻的影响而逐渐形成了某种联系;阶段三,回顾该地域内当年总体情况,往往便能看出一个"市"之行情的存在;阶段四,基于对当年"市之行情"的理解,人们将此看作一种习俗,并将"照市纳租"载入了租佃契约之中。依据"照市纳租"的规定,人们又再次产生对于公平之"市"的理解与期待(继续循环至阶段一)。在此之中,正是对于"照市纳租"的认同,以及依靠团众等人具体调解的实行过程,相互支持并相互补充,"减租"习俗才能够维持着长久存在。其中任何一阶段的缺失或者损害,都会打破该"习俗"的再生产过程。

四、"减租"习俗与"团"之关系:一个理论探讨

在以上的分析可以看到,"如年欠丰,照市纳租"这一公认的减免习俗的具体运行过程,其实与"团邻"等角色的作用密切相关。在第一节中我们已经注意到,巴县地区"照市纳租"习俗的正式确立时间是在嘉庆初年,正好是在乾隆朝的规定中意识到了"减免"的习俗性质之后。而且,这恰恰更是四川地区开始出现团练的时期。那么,这三者之间有什么联系呢?

首先,乾隆朝的法规对于减租的新认识,恰恰给予了民间的"减免"习俗发展的空间和可能性。试想如果还是如同康熙朝那样由政府直接规定减租的数额,以及强制处罚业主不减租,那么就不会出现由团众和团邻来参与调解减租的具体过程,也便不可能出现"照市纳租"这种"减免"习俗。其所出现的,更可能是百姓借着

减租规定而来的抗租行为、业主对抗租的怨恨和报复，以及由此而来的民风之败坏。

再者，四川地区团练组织的出现，跟"减租"习俗是什么关系呢？迄今为止，学术界已经有了众多对于"团练"的研究成果，但是，这些研究多偏于团练的军事性质[①]，或探讨"团"的出现对于地方权力结构的影响[②]，而对于"团"本身的社会性质，却甚少论及。在此，本文试图从这一点来论述"团"的出现与"减租"习俗间的关系，并在此基础上对"习俗"进行理论探讨。

首先，嘉庆初年出现的团练制度，与之前巴县地区的里甲制与保甲制相比最大的不同是什么呢？巴县的"里甲"制度的设立，是在康熙二十四年。这一时期的"里甲"，延续着明代的"里甲"制度，10户为一甲，110户为一里。由于当时的巴县尚处于地广人稀的阶段，"里甲"只是略备形式而已。但是，随着清代社会生产的发展与人口增多，这一里甲制发生了巨大变化。到道光年间，按照《道光四年巴县保甲烟户男丁女口花名总册》[③]，平均每甲的户数已经增长到600至1000。而在巴县的山地环境下，如此众多的户分布于一个相当广阔的区域之内，户与户之间并没有一个大小合适的社会组织存在。雍正四年，巴县地区开始施行保甲制度，之后也设立了保长与乡约。但是，巴县地区的保长与乡约也都是在甲的范

---

①　其中最有名的，自然是孔飞力在《中华帝国晚期的叛乱及其敌人：1796—1864 年的军事化与社会结构》(中国社会科学出版社 1990 年版)中对于团练的论述。

②　梁勇《清代中期的团练与乡村社会：以巴县为例》(《中国农史》2010 年第 1 期)一文之中，专门以巴县档案来论述了巴县地区团练与社会之关系，以及"团练的设置""团费的筹集""团正的身份""团正的职责"四个方面的内容。

③　四川省档案馆、四川大学历史系编：《清代乾嘉道巴县档案选编》下，四川大学出版社1996 年版，第 340 页。

围之内。也就是说,在嘉庆之前的巴县地区,乡约、保长所要负责的是甲之中 600 户至 1000 户的庞大人群。所以,《巴县志》(乾隆)中才会强调:"傍岩傍峪,星散离居,既少村落聚族,兼之编竹为篱,墙垣不备,狗偷鼠窃,易扰蔀屋。"①这里显示的正是没有纳入较紧密的社会关系时的社会状况。因此,在这种散居状态下,也就无法真正形成某种"减租"习俗。

与此不同,团是与之前的里甲和保甲都不相同的一种全新组织。在嘉庆初年,为了应对乾隆末年的川楚白莲教动乱,四川、重庆等地区首先自发形成了团,随后在清政府的提倡下,迅速扩展成为一种新的社会组织形式"团练"。与此前的里甲、保甲制度相比,嘉庆之后出现的"团",有两个重要特点。其一,从规模上来看,"团"的大小适中。与里、甲不同,团的组织往往户数为 100 左右。从现存的巴县档案中各个团的户籍册来看,都可以看到,团的大小维持在 100 户至 200 户以下,这使得相互之间能够形成紧密的联系。② 其二,团并不是一个形式化的虚架。其不仅造就一批"团首、团正"等新的地方精英,而且形成了一种与所有人的日常生活紧密相关的"团"之关系,出现"团邻""团众"等称呼。在巴县同治年间的诉讼案件之中,"凭团""团众""团邻"等的称呼比比皆是,而

① 王尔鉴等:《巴县志》(乾隆)卷 2《建置》,载于《中国地方志集成:重庆府县志辑》(二),巴蜀书社 2016 年版。
② 例如《嘉庆二十年正月智里六甲金剑团烟册户口自然构成统计表》,总户数 105。(四川大学历史系、四川省档案馆编:《清代乾嘉道巴县档案选编》下,四川大学出版社 1996 年版,第 322 页。)《嘉庆二十年二月初一日直里□甲人和团烟册人口自然构成统计表》,总户数 180。(四川省档案馆、四川大学历史系编:《清代乾嘉道巴县档案选编》下,四川大学出版社 1996 年版,第 324 页。)

且在团规中也有明确体现。①以所有团内成员形成的"团众"与"团邻"关系，可谓是一种全新的社会关系。

在前文的研究中可见，"照市纳租"习俗的形成和再生产过程，"团众"和"团邻"恰恰发挥了关键性的作用。可以说，没有"团众"与"团邻"，便不可能有"照市纳租"习俗的出现以及维持。因此，在清朝巴县地区，"减免"习俗的真正确立，以及对于其运行的实施，正是由于"团"这样一种社会组织的存在而得以实现。

清代中期巴县地区"团"的出现，是当地整个社会开始真正组织化、有序化的一个标志，也是所谓"社会秩序"形成的一个重要开端。而这一社会秩序形成的一个重要表征，便是"照市纳租"的减租习俗出现。在这个意义上，我们需要对"照市纳租"的减租习俗进行更普遍性的理论探索。例如在社会学领域，当韦伯论及习惯与习俗时，他指出："如果并且只要在一定范围的人群内，社会行为的意向有规律地实际出现的机会，仅仅发生在实际的实践中，那么，这种机会便可称之为习惯。如果实际的实践建立在长期习惯的基础之上，习惯就可称之为风俗。"②在法学领域，学者则更多将"习俗"称为"习惯权利"。例如有学者在综合了众多定义之后指出："习惯权利针对法（国家法）定权利而言，它是指一定社区内的

---

① 例如《道光四年巴县仁义团条规》中有："恐失手践害者，即自凭团众理剖量赔，被践者勿得吞索过取。双方不遵理说，团众亦然禀究"；"倘有贼盗入境，即时拿获，务要经团众公议，不可私拷暮磕、私情纵放。必然鸣团。炮声六响，众团齐集，以便公议，听其送究"；"团众问讯，牌首出资盘费，送官禀究。"；"百事必然经团理说，团众言如斧劈，执法不容亲疏，公断理斥"等论述。（四川省档案馆、四川大学历史编：《清代乾嘉道巴县档案选编》下，四川大学出版社1996年版，第286页。）

② 马克斯·韦伯：《社会学的基本概念》，胡景北译，上海人民出版社2000年版，第39页。

社会主体根据包括社会习俗在内的民间规范而享有的自己为或不为；或者对抗(请求)他人为或不为一定行为的社会资格。"①

可见，无论在社会学还是在法学界，虽然二者对于习惯的理解虽然有着"机会"和"权利"的不同，但都是以"一定范围的人群"或者"一定社区"为前提基础。不过，现在的研究所关注的大都是"机会或者"权利"，对于作为前提的"社区"却研究不多。例如：一定范围的人群或者一定的社区，是如何形成的？在这些人群或者社区中，习惯或者习惯权利，又是如何具体运行和维持的呢？这些问题都没有得到足够重视。

在法史学领域，日本学者寺田浩明在对"习惯"的研究中，具体探讨了新习惯的形成过程，指出两种与"习惯"相关的行为：一种被称为"重心"行动，即被周围人认可的习惯行为；另一种被称为"突出"行为，即不被周围人认可的行为。新习惯的形成，即经过人们对于"突出"行为的"效仿"，导致"成风"，最后发展为新的"重心"行为，即成为新的习惯。② 在这里，寺田浩明成功解释了新习惯的形成过程，但是对于一个习惯的维系和再生产过程，却缺少论述。

通过对巴县地区"照市纳租"这一"减租"习俗实际过程的研究，本章发现，社会习俗不仅仅是存在于人们意识之中的规范，更是一套社会的运行机制。只有处在人们的意识与具体的运行机制结合的过程之中，习俗的长期维系才能保证。这也就是所谓的"民风"。同时，也正是在习俗的维系过程中，群体或者社会本身才能

① 谢晖：《民间规范与习惯权利》，《现代法学》2005年第2期。
② 寺田浩明：《清代土地法秩序"惯例"的结构》，载于《权利与冤抑：寺田浩明中国法史论集》，王亚新译，清华大学出版社2012年版，第101—107页。

够得到进一步的维系与加强。在这里,实践减免习俗的过程,恰恰正是加强"团"这一社区之团结力的过程。而"团"这一社会之团结力的加强,又进一步促成减免习俗的维系与再生产过程。因此,作为机会与权利的减免习俗是与作为具体机制的团这一"社会"一体的。只有在理解了习俗与社会之间的这一密切关联,我们才能回答本章开始提出的问题,即清代康熙、雍正时期的"减租"规定,虽然看似好意,却有可能破坏了习俗与社会之间的固有机制。不过,从巴县地区在"减免"过程中出现的少量"主七客三"的减租规定来看,国家法规仍旧会在地方习俗中留下某些难以磨灭的印记。

　　总结而言,一方面,习俗与社会可谓是一体两面,社会依靠习俗而彰显,并在习俗的实施过程中得以增进其聚合力,同时习俗的维系与实施则需要具体的社会参与过程;但是另一方面,国家的法规又在不断地给予习俗和社会某种影响,当这一法规妨碍了社会自身的过程,或者越俎代庖,试图代替社会的习俗过程时,就有可能造成社会与习俗的失序与败坏。可以说,在中国的法律社会史研究之中,透过处于法律与社会之间的"习俗"这一切入点,我们能够更好地理解中国传统社会中法律、习俗与社会之间的复杂关系。

第四章　租佃关系、商品经济与农村社会
——清代巴县农村的"押佃"问题

在巴县档案的租佃类案件中,存在着大量与"押租"(亦称"押佃")相关的诉讼案件。在重庆近郊农村的租佃关系中,"押租"是一个极为重要的构成要素。对于"押租"这个概念,天野元之助的定义是:"在缔结租佃契约时,地主要求租佃人要提交一定的保证金或者说押金。这是在(中国)各省都能看到的习惯。一般被称为押租。"[①]一般认为,这种"押租"习惯起于明代中后期,到清代则慢慢地扩展到全国范围。[②]此外,在不同地区,也可以见到对"押租"的不同称呼,例如"押地钱""顶首""上庄""押脚""稳租银""基脚"等。[③]特别是在民国的四川省,"押租"在川西地区被称为"压租",在川东北称为"稳钱",川南为"稳首",川北为"上庄钱"。[④]而在同治年间的巴县档案中,可以见到一般把"押租"称为"押佃"、"押佃

①　天野元之助『支那農業経済論』上,改造社,1940 年,第 421 页。
②　樊树志:《农佃押租惯例的历史考察》,《学术月刊》1984 年第 4 期;江太新:《清代前期租佃制的发展》,《历史研究》1980 年第 3 期。
③　天野元之助『支那農業経済論』上,改造社,1940 年,第 424—425 页。
④　潘鸿声编:《中国农民银行四川省经济调查报告》,中国国民党中央委员会党史史料委员会 1976 年版,第一号《总报告》第二节《租佃一瞥》。

银"或"押佃钱"。① 因此,本章将统一使用"押佃"来指称"押租"。

在同治年间巴县档案的诉讼案件中,与租佃相关的案件有301件。其中,与押佃纠纷相关的案件达到 107 件。② 当然,这也包含同时涉及租谷纠纷的诉讼案件。③ 此外,在与租佃相关的 301个案件中,明确言及"没有收取押佃"的案件只有两件。④ 在这两件案件中不需要押佃银的理由,在案件 No. 13996 中是田主和佃户有兄弟关系,在案件 No. 14006 中是田主和佃户有姻亲关系。不过,在其他大多数案件中,即使是兄弟关系或者姻亲关系,田主仍旧同样要求支付押佃,例如在 No. 13752 中是兄弟关系,而在No. 13754 中是亲戚关系,也仍旧要求押佃。⑤ 由此可见,在同治年间的巴县地区,普遍存在着要求押佃的习惯。在民国时期的当地社会调查中,也可以见到大量相关记载。⑥

在巴县档案里与押佃相关的 107 件诉讼案件中,诉讼起因可

---

① 此外,虽然"押租"在档案中也偶然被称为"上庄银""顶首"的情况,但是"押佃"与"押佃银"的称呼是更加普遍的。

② 实际上,在巴县档案中言及押佃的案件远远不止 107 件。但是在此,只是限定在押佃的纷争成为诉讼理由的案件,因此一共有 107 件。

③ 以租谷问题为诉讼理由的案件一共有 104 件。当然在其中,同时也存在押佃纠纷的案件也很多。因此在 104 件和 107 件案件之中,是有重合的。

④ 直六甲李文淮控长兄李文江套佃抗租不纳另佃诬索押银案,同治十二年,四川省档案馆藏,《巴县档案》(同治朝)No. 13996;忠一甲卢正清因不识字佃业遭故意百般刁难还行凶打人之情控张明政一案,同治十三年,四川省档案馆藏,《巴县档案》(同治朝)No. 14006。

⑤ 金紫坊民马歧山控告马文山估骗不给租谷又串人来民佃田内抢害物一案,同治三年,四川省档案馆藏,《巴县档案》(同治朝)No. 13752;仁和坊周晴江因堂弟周荣波同他母负债央帮借银将业当他又将业佃转居耕控告周荣波掣银欠租谷支吾理斥反被凶伤一案,同治四年,四川省档案馆藏,《巴县档案》(同治朝)No. 13754。

⑥ 王国栋:《巴县农村经济之研究》,载于《民国二十年代中国大陆土地问题资料》第 54卷,成文出版社 1977 年版,第五章《租佃制度》第四节《押租》;张伯芹:《江巴两县租佃制度之研究》,载于《民国二十年代中国大陆土地问题资料》第 61 卷,成文出版社 1977 年版,第五章《地租之担保——押租》。

以大致分为如下三类。第一类，当租佃田地时，由于佃户没有完全缴纳契约中规定的押佃数额，因此导致纠纷与诉讼。此类案件有两件（No. 13654、No. 13728）。第二类，在租佃期间内，由于田主要求增加押佃数额，因此导致诉讼。此类案件有 7 件（No. 13796、No. 13803、No. 13849、No. 13912、No. 13954、No. 13956、No. 14008）。第三类，当佃户退佃时，由于田主没有归还押佃，或者仅仅归还一部分押佃，因此而产生诉讼。此类案件占绝大部分，达98 件。

可以说，在围绕着押佃的纷争中，由于返还押佃所产生的纠纷，最容易发展成为诉讼案件。如前所述，在这 301 个案件中，因租谷而引发的案件有 104 件，[①]而与押佃相关的案件数量还超过了与租谷相关案件。那么，为何在同治朝的巴县地区，因押租而引起的诉讼案件会如此众多，甚至超过了租谷引发的案件呢？特别是，涉及返还押佃的纷争尤其众多，其原因又是什么呢？[②]

对于这些问题，如果简单地认为是地主不返还押佃，或者是地主阶级压迫佃户阶级，则明显解释太过简单，无法令人信服。因此本文认为，对于这些问题，需要细致把握巴县地方的社会经济具体情况，将租佃关系放置在土地生产力、土地与谷物的价格、借贷的利息率等经济背景下，才能真正得以理解。而且，以这一押佃的问

---

① 参见本书第二章。

② 对于巴县地方的"押佃银"的研究，有曾小萍的《清代中期四川省的佃户之权力：对于巴县档案中土地相关诉讼的研究》一文（"The Rights of Tenants in Mid-Qing Sichuan: A Study of Land-Related Lawsuits in the Baxian Archives", *The Journal of Asian Studies*, Vol. 45, No. 3, May, 1986, pp. 499 - 526）。在本章第五节中将对曾小萍的观点进行讨论。

题为出发点,也可以更加深入地探讨重庆地区的商品经济与农村社会之间的关系。不过,在进入该探讨之前,我们需要先对押佃的先行研究进行梳理,并在此基础上提出后文要探讨的重要问题。

一、问题所在与先行研究

作为"租佃关系"的要素之一,在二十世纪早期的研究中,已经有了对于"押佃"的重视。例如在清末的民事调查报告中,便有着"押租"一项。总体而言,从二十世纪初期直至现在的"押租"研究,可以大致分为两种类型。

(一) 地主-佃户阶级论视角下的"押佃"研究

按照前人的研究,"押佃"是自明代中后期开始出现的押租惯行。而其产生的原因是当时在中国各地出现了广泛的抗租运动,地主阶级由于很难获得田租,因此创设了"押租"这一制度,要求租户事先提交保证金,以防止他们的抗租行为。① 这样,地主阶级利用"押租"制度,在"收取租谷"之外,也可以用其他的方式对佃户实施榨取。白石博男认为,由于"押租惯行"成为了地主榨取佃户的一种方式,更进一步强化了佃户的"抗租倾向"。② 周远廉在《清代

---

① 冯尔康:《清代的押租制与租佃关系的局部变化》,载于《顾真斋文丛》,中华书局 2003 年版;江太新:《清代前期租佃制的发展》,《历史研究》1980 年第 3 期;樊树志:《农佃押租惯例的历史考察》,《学术月刊》1984 年第 4 期。

② 白石博男「清末湖南の農村社会——押租慣行と抗租傾向」,載于東京教育大学文学部東洋史学研究室アジア史研究会・中国近代史部会編「中国近代化の社会構造——辛亥革命の史的位置」,大安出版社,1960 年。

租佃制研究》中指出,地主在对佃户课以高额的佃租之外,还能够向其要求"重租",从而更加残酷地剥削佃户。[①]

此外,当研究"押租"时,也有学者特别重视地主阶层与商品经济关系的研究。例如久保田文次主要利用地方志,研究了清代四川省"大佃户"的存在形态,"押租"与商品货币经济的展开一起,被理解成地主的新的榨取形式。在中国学界,自二十世纪八十年代之后,也出现了许多对于地主经济与商品经济关系的综合研究。[②]这些研究有一个类似倾向,即重在强调地主的榨取,而不太言及"押租"制对于农村社会本身的影响。

事实上,二十世纪七十年代之后的日本学界,以及二十世纪八十年代之后的中国学界,多避开"地主榨取佃户"的观点,而认为"押租制"有着能够积极地维护佃户之权利的一面,通过讨论押租制与田面、田底,以及一田两主制的关系,论述了押佃制的存在使得地主很难对佃户实施"夺佃",佃户阶级反而能够保有土地的使用权。[③]

(二) 市场经济论视角下的"押佃"研究

二十世纪九十年代以后,众多研究者不再将中国传统社会中的"押租"制放置在阶级关系研究的脉络中,而是将其理解为一个市场经济现象。赵冈将租佃关系理解为市场经济的表现,认为据

① 周远廉、谢肇华:《清代租佃制研究》,辽宁人民出版社1986年版,第六章。

② 经君健:《试论地主制经济与商品经济的本质联系》,《中国经济史研究》1987年第2期;方行:《地主制经济容纳商品经济问题》,《中国经济史研究》2008年第3期。

③ 草野靖「旧中国的押租惯行」,『社会经济史学』第43卷第4期,1977年;魏金玉:《清代押租制度新探》,《中国经济史研究》1993年第3期;方行:《清代佃农的中农化》,《中国学术》2000年第2期。

此能够推动打破封建制度的运动,而通过租佃制度,还能够使得所有权与经营权产生分离,从而提高生产效率。[①] 彭波将佃户理解为"企业经营者",将"押佃"理解为市场经济的自然行为。[②] 此外,杨德才与陆蕾等借鉴新制度学派经济学理论,认为中国传统的"押佃"的存在,能够起到降低地主与佃户之间交易费用的作用。[③]

2005年,围绕近代四川省的"押佃制",李德英与刘克祥之间发生了激烈争论。[④] 刘克祥从地主与佃户阶级论的视角出发,主张"押租制"是地主阶级对于佃户的残酷剥削。李德英从市场经济论视角出发来分析四川省的"重押轻租"现象,强调重的"押租"与轻的"租谷"之间的对应关系,从而指出"押佃"制度在经济上的合理性。

以上,回顾了围绕着"押租"的中日学术界的研究动向,可以指出如下几个问题点。第一,地主与佃户的阶级论中,虽然强调了"押租"中地主对于佃户的榨取,但是欠缺"押租"与"租谷"之间关系的详细分析,缺少对这一经济问题的具体研究就直接得出"剥削"的结论,这是不够充分的。第二,市场经济论,虽强调"押租"的经济合理性,但是没有对"押租"和"租谷"之间的具体关系进行细致研究,还将地主和佃户各自理解为位于纯经济关系中的某种"理性经营者",因此市场经济论无法论及租佃关系对于地方社会的具体影响。

---

① 赵冈:《从制度学派的角度看租佃制》,《中国农史》1997年第2期。

② 彭波:《国家、制度、要素市场与发展:中国近世租佃制度研究》,《中国经济史研究》2011年第4期。

③ 杨德才、陆蕾:《论中国历史上的押租制:新制度经济学的视角》,《福建师范大学学报(哲学社会科学版)》2014年第5期。

④ 刘克祥:《近代四川的押租制与地租剥削》,《中国经济史研究》2005年第1期;李德英:《民国时期成都平原的押租与押扣:兼与刘克祥先生商榷》,《近代史研究》2007年第1期。

即是说,虽然阶级论与市场经济论,有着视角与立场的差异,但是两者对于"押租"与"租谷"间的具体数量关系,迄今都没有较精确的研究。此外,虽然学界对于"押租"的性质有众多讨论,但是据此仍然难以明了"押租"的实际情况。因此,今后的研究方向,并不是判断押租制的本质是否剥削,而是在于通过对"押租"与"租谷"之间关系的详细分析,弄清楚巴县地方的商品经济、"押佃"以及与农村社会间的关系。

下文将会尝试利用巴县档案中与"押租"相关的案件,对以上问题进行探究。在第二节中,会对租佃契约中的"押佃"规定进行分析,以探明巴县地方"押佃"习惯的特色。第三节中,为了对"押佃"的数量关系进行说明,将会考据巴县地方与租佃关系相关的各种基本的经济数据,例如土地的生产量、土地价格、谷物价格、借贷的利息等。在第四节中,会以这些经济数据为基础,通过对"重押轻租"与"轻押重租"的分析,来探明在当时巴县地区的"押租"与"租谷"之间的详细关系。而在第五节中,通过对诉讼案件的具体分析,来探究巴县地方的商品经济与当地的租佃关系,以及与农村社会之间的关系。

二、租佃契约中对"押佃"的规定

四川地方的"押佃"习惯,最迟在乾隆三十四年的时候已经存在,①到同治时期,已经成为一个普遍现象。下文,将以同治期巴

---

① 江太新:《清代前期租佃制的发展》,《历史研究》1980 年第 3 期。

县档案中保存的租佃契约为例,将其中与押佃相关的规定抽出来进行整理,据此说明在契约史料中所见的"押佃"之特征。

(1)No. 13705《杨学青立出佃田地房屋文约》(咸丰十年五月初十日)①

"杨姓出备押银一百两整。其银无利。每年能付撙租谷三十二石。……如年丰熟,租谷不清,将押佃银扣除。……日后不种,押佃银照数仍以原平相还。"

(2)No. 13743《陈联立出佃田土房屋文约》(同治元年八月初八)②

"陈联出备押佃市银一百两正,交主人收讫,无利。……租谷不楚,主人将押银照市扣除。……俟后不佃之日,银田两归。"

(3)No. 13782《杨万顺立出佃田土房屋文约》(同治四年八月十二日)③

"万顺出彼押佃时市面银一百二十两正,其银无利。每年租谷三十四石正。……年岁丰稳,租谷不清,将押佃扣出。"

(4)No. 13881《王碧福立佃字文券》(咸丰十一年八月廿日)④

"面议押佃铜钱四十千文整,其钱无利。……日后赎取之时,钱归地还。"

---

① 仁十甲徐裕秦以银佃业租谷议定套佃过手骗租不与转佃不允将业内青杠松柏霸伐阻耕等情具告杨学青一案,同治二年,四川省档案馆藏,《巴县档案》(同治朝)No. 13705。
② 忠五甲卢志道为欠民租谷估骗不给还霸踞不搬凶阻新佃上庄耕种支他子扭民行凶等情告陈联麻三一案,同治三年,四川省档案馆藏,《巴县档案》(同治朝)No. 13743。
③ 节六甲杨桂芳等因押佃纠纷藉事图索勒要谷一事告刘鹤亭一案,同治四年,四川省档案馆藏,《巴县档案》(同治朝)No. 13782。
④ 节十甲王思九以租佃估霸拒租估踞事告王碧福等一案,同治八年,四川省档案馆藏,《巴县档案》(同治朝)No. 13881。

（5）No. 13917《张尚才立出佃田土房屋文约》（同治九年三月二十八日）①

"尚才出备押佃九三色银二百两整，其银无利。……日后不耕之时，将押佃银照色如数退还。"

（6）No. 14022《杨贤杰立出暂佃熟田土房屋文约》②

"即日面议取押佃□□足色银一百两正，其银如数入手，现交主人亲收领足。……若有租谷不清，将押佃银扣除。……主人将押佃银仍照原平原色退还。"

（7）No. 14008《张天祯立出佃田土房屋文约》（同治十二年□月十八日）③

"面议押佃银一百五十两正。……如租谷不（清），押佃扣除。"

根据以上所录与押佃相关规定，可以初步总结出三点特征。

第一，在 No. 13705《杨学青立出佃田地房屋文约》中，规定了押佃的数额后，有"其银无利"一句。同时，在 No. 13743《陈联立出佃田土房屋文约》、No. 13782《杨万顺立出佃田土房屋文约》、No. 13881《王碧福立佃字文券》、No. 13917《张尚才立出佃田土房屋文约》等契约中，都有着"其银无利"或者"无利"规定。而且，这种规定不仅见于同治年间，在乾隆年间的巴县契约文书中便已经

---

① 太平坊张勉齐控张尚才佃业租谷不清又遭恶佃霸骗一案，同治九年，四川省档案馆藏，《巴县档案》（同治朝）No. 13917。
② 直一甲童文和直八甲佃户杨应和等因租谷押银不清纠纷互控案，同治十三年，四川省档案馆藏，《巴县档案》（同治朝）No. 14022。
③ 直九甲文童张东山具告张天祯以乘势估骗霸踞不搬新佃往耕阻毁一案，同治十三年，四川省档案馆藏，《巴县档案》（同治朝）No. 14008。

出现。例如乾隆六十年的《张元才佃约》中，便有"其银无利"。①
其后到了民国时期，也存在相同的规定。②

　　初看起来，"其银无利"的规定意味着"佃户虽然向田主支付
了押佃银，但是却无法得到利息。利息都被地主拿去了"。因此，
从地主与佃户阶级论的立场来看，田主是利用"押佃"制度，在租谷
之外榨取押佃的利息，以此来剥削佃户。③ 不过，在巴县地区的大
量案例中，实际上押佃的数额与租谷的数量构成了明显的反比关
系。这便是所谓的"重押轻租"与"轻押重租"现象。④ 如在道光二
十五年《余朝举佃约》中有"去押佃九七色银五十两整，凭众面议，
□外加租谷五石整"。⑤ 即，在减少押佃的同时，会相应增加租谷
的数额（当然也有相反的情况）。而本章的一个主题便是探讨这二
者的数量变化关系。

　　第二，在 No. 13705《杨学青立出佃田地房屋文约》之中，有

---

①　在乾隆六十年的《张元才佃约》（四川省档案馆、四川大学历史系编：《清代乾嘉道巴
县档案选编》上，四川大学出版社 1989 年版，第 69 页）中有"原日面议押佃九七色银一两
八钱正。其银无利，每年土租银三两。……五年不得图利另借他人。异日张姓不种，押
佃银如数照色交还，不得短少分毫"。此外，在嘉庆二年《唐占整佃约》（同前书，第 70
页）、嘉庆二十三年《刘国华佃约》（同前书，第 72 页）、道光四年《罗世品佃约》（同前书，第
72 页）、道光十七年《李新伦佃约》（同前书，第 79 页）、道光二十五年《余朝举佃约》（同前
书，第 83 页）中，都有同样的规定。
②　李德英：《国家法令与民间习惯：民国时期成都平原租佃制度新探》第四章《押租与押
扣》，中国社会科学出版社 2006 年版，第 85 页。
③　据李德英研究，成都平原的"押租"是有利息的，被称作"租扣"，其额度是固定的。
④　例如 No. 13712、No. 13745、No. 13886 等。对此，民国时代的研究者已经有所言及。
"业主如以为佃户忠诚可靠，自己又不要拿押租作用，押租尽可以少取，是为轻押重租。"
"平原内惯例是'重押轻租'或'轻押重租'，押租对于租率的影响是很重要的。"（陈太先：
《成都平原租佃制度之研究》，载于《民国二十年代中国大陆土地问题资料》第 62 卷，第
32508、32542—32543 页。）
⑤　四川省档案馆、四川大学历史系编：《清代乾嘉道巴县档案选编》上，四川大学出版社
1989 年版，第 83 页。

"如年丰熟、租谷不清、将押佃银扣除"的规定。此外，在 No. 13743《陈联立出佃田土房屋文约》、No. 13782《杨万顺立出佃田土房屋文约》、No. 14022《杨贤杰立出暂佃熟田土房屋文约》、No. 14008《张天祯立出佃田土房屋文约》中也可见到相同的规定。这些规定最迟在嘉庆时期的租佃契约中便已经出现。例如嘉庆二年的《唐占鳌佃约》中，便有"将押佃银准买租谷"一句[①]。道光十七年的《李新伦佃约》中，也有"如有岁熟租谷不清，押佃银扣除"的规定。[②]

从以上来看，押佃制度确实是为了防止佃户的"欠租"（或者抗租）的行为。当缴纳租谷不足的时候，佃户便可以用"押佃"来抵充不足的部分，这一点似乎是对"押佃"制度的常识性理解。然而，如果仅仅是为了保障租谷的话，则押佃似乎只需要取得一年份的租谷数量便足够了（因为第二年可以将佃户换掉）。然而，从同治朝巴县租佃契约中所显示的"押佃"与"租谷"的数额进行比较来看，存在大量押佃远高于田租的例子。如何理解这一现象，也是本章探讨的主要问题之一。

第三，在 No. 13705《杨学青立出佃田地房屋文约》中，有着

---

① 嘉庆二年《唐占鳌佃约》中有："彼即议定每年干搋田租谷子五十二石正。……有占鳌出备押佃九七色银三十两正。其银无利，俟唐姓不耕田之日，如数退还。……嘉庆四年冬月初十面算，除将押佃银准买租谷外，下欠租谷银二十二两，候还银揭约。此批。"（四川省档案馆、四川大学历史系编：《清代乾嘉道巴县档案选编》上，四川大学出版社1989年版，第70页。）

② 道光十七年《李新伦佃约》中有："佃日议定每年租谷六十七石正，其租谷内有糯谷二石。……新伦出备押佃老面银二百两正，其银无利。……如有岁熟租谷不清，押佃银扣除。……日后新伦卸田不种，新玉弟兄仍将押佃银两如数退还，两无异言。"（四川大学档案馆、四川大学历史系编：《清代乾嘉道巴县档案选编》上，四川大学出版社1989年版，第79页。）这一规定在道光二十三年的《周合顺佃约》（同前书，第81页）中也能见到。

"押佃银照数仍以原平相还"的规定。此外,在 No. 13917《张尚才立出佃田土房屋文约》中有"将押佃银照色如数退还",在 No. 14002《杨贤杰立出暂佃熟田土房屋文约》中有"主人将押佃银仍照原平原色退还"的规定。而且这些规定,早在此前就存在,如乾隆六十年《张元才佃约》中有"押佃银如数照色交还,不得短少分毫",道光九年《程思智佃约》中有"照色银如数相还"的规定。

"如数照色交还"这一句话的意思是,在返还押佃的时候,不仅是押佃银的数额相同,而且还要求银的质量也与此前相同。例如原先的押佃银是"九七银"时,返还时候也必须是"九七银",不能用其他的银子、铜钱或者谷物来替代。若探寻这个规定的原因,可以考虑到巴县农村地区商品经济的深入影响,导致各种银钱的兑换率和商品价格在不断地变动,因此需要规定"照色"。这一商品经济还对农村社会本身产生了重大的影响。那么,在同治年间的巴县农村中,商品经济、租佃关系与农村社会之间到底是有着怎样的关系呢?这一问题与此前的两个问题也密切相关,可谓是本章最根本的关注点。

以上几点,是根据巴县档案中的租佃契约总结出来的"押佃"的几个重要特点。不过,列举出这些特点,非但不能彻底说明押佃制度的含义,反而更引出了与押佃相关的数个复杂问题。只有弄清楚这些问题,才能够理解"押佃"制度本身。下文,为了能够回答这几个问题,将会对同治年间巴县农村的诸多经济数据进行推算,以此构成回答问题的基础。

三、同治朝巴县农村的诸经济数据

研究清代巴县地方的押佃银与租谷的数量关系会面临一个重大的困难——巴县的租佃契约通常只记载两个数据,即押佃的数额和租谷的数量,而对于租佃土地的面积,以及生产量的总额等都没有记载。而且,由于存在着"重押轻租"和"轻押重租"两种习惯,押佃、租谷、土地这三者之间的数量关系便难以轻易解明。在本节中,为了解决这个难题,将首先估算同治时期巴县地方的土地生产力、谷物价格,以及借贷的利息等基本的经济数据,为下一节具体分析押佃、租谷和土地间的关系做准备。

(一)谷物的价格

在调查同治年间巴县地区的谷物价格时,有两个系统的数据可以参考。其一是依据中央政府档案中记载的四川总督奏报整理出来的粮价资料。另一个则是巴县档案中所记载的数据。此处先举出巴县档案中论及谷物价格的案件,有如下的记载。

如在同治三年卢登山的供词中称"卢登山供……谕令小的让租谷三石。其余租谷九石着令照市每石合银三两共合银二十七两,并小的应补宗科们押佃银,凭原中廖长发们算给清楚,各结完案"。①

① 智里五甲卢登山以将田业另作招佃被阻告刘义合等殴其嫂叩验唤一案,同治二年,四川省档案馆藏,《巴县档案》(同治朝)No. 13685。

在此,所谓"照市每石合银三两",即指在同治三年之时,谷价大概为一石谷合银三两。而在同治五年的孀妇钱杨氏的诉状(为恃衿害诬事)中有"沐前王主讯断,租谷照市八撮,每石合银三两"。① 在同治七年的卢刘氏的告状(为套骗反凶叩验唤追事)中,有"麻子应补氏谷十四石,值银四十余两。经唐以仁等言明算清,伊限十月楚给"②,据此计算的话,同治七年的谷价是一石合银三两上下。此外,在同治十三年张东山的供词中有"欠小的租谷九石二斗,每石合银三两算明"③一句,也是一石合银三两。

由以上的材料来看,在同治三年、四年、七年、十三年的案件来看,巴县的谷物价格都是"每石合银三两"的价格。可以认为,在同治时期的大部分时间内,巴县地方的谷物价格应该是在一石三两上下。而按照一般规律推算,稻米的价格应该在一石合银六两左右。④

不过,如果我们再对照台湾"中研院近代史研究所"王业键根据督抚奏报而整理成的"清代粮价数据库",就会发现与巴县档案中的记载有着极大的差距。根据王业键整理的"清代粮价资料库"⑤,在同治前期(1862—1864),四川省的"中米、次米、次白米、

---

① 杨柳坊龚理控告佃户钱大忠租谷可(颗)粒不交把田搞串另佃别人一案,同治三年,四川省档案馆藏,《巴县档案》(同治朝)No. 13722。

② 本城卢刘氏因向佃唐麻子等人收租被唐麻子等人殴伤致残一案,同治七年,四川省档案馆藏,《巴县档案》(同治朝)No. 13837。

③ 直九甲文童张东山具告张天桢以乘势估骗霸踞不搬新佃往耕阻毁一案,同治十三年,四川省档案馆藏,《巴县档案》(同治朝)No. 14008。

④ 两石谷子大概能产出一石米。再算上加工费的话,一石米的价格应该是在六两左右。参见黄鸿山:《晚清稻谷出米率与加工费用小考:以苏州丰备义仓为中心》,《古今农业》2012年第3期。

⑤ 参见台湾"中央研究院近代史研究所""清代粮价数据库",http://mhdb. mh. sinica. edu. tw/foodprice/。

中白米"的价格为一石1.2两至2.1两之间。而到了同治三年的五月份,则上涨为一石合银2.6两到3.8两,这样的价格一直持续到同治末年。要特别注意的是,此处的价格不是"谷"而是"米"的价格,若依据米价倒推谷的价格的话,那么谷子一石的价格应该为1.3两到1.9两之间。而比较巴县档案中所出现的谷子一石合银三两的数据,二者之间有着极大的差距。

确实,督抚奏报的数据,可能会出现可信度的问题。但是若调查同一时期其他省份的米价,会发现价格也是大体类似的。[1] 因此,我们可以认为,四川省奏报中的数据出现较大误差的可能性不大。那么如何理解这两组数据之间的巨大差异呢? 在此,我们必须细致探讨巴县档案中谷物单位"石"的具体含义。

(二) 土地的产量与"石"

在巴县档案租佃类的诸多案件中,当言及租谷时,通常会使用"石"这一个单位。同时,在论及田地的大小时,也不是使用"亩"的单位,而是使用指称生产量的"石"作为单位。实际上,"一石田""十石田"这样的称呼,在档案史料中多处可见。那么,此处所谓的"石",到底是指清代官方的"仓石",还是其他不同的"石"单位呢? 在此需要注意的是,四川省各地的"石",通常认为都是比清代官方的"仓石"更大的单位。[2] 但是,具体到巴县地区,这一"石"会是多

---

[1] 例如查询"清代粮价数据库",可知同治时期湖北的"上米、细米、白米、上稻米、上白米"的价格是每石一两五分到每石三两之间的范围。

[2] 四川"斗斛之大,倍于他省";"市斗比仓斗大,有加倍者、有倍半者、有两倍者,各处不同"(《南溪县志》(民国)卷2,转引自周邦君:《清代四川粮食亩产与劳动生产率研究》,《中国农史》2005年第3期)。

大呢?

王国栋在《巴县农村经济之研究》第四章第一节"耕地面积与耕地种类"中,论及"至耕地之等级,普通分为上中下三等……上等田每亩面积能产稻一石二斗,中等田能产稻九斗至一石,下等田能产稻六七斗",以及"一般人民对于亩分之观念甚为薄弱,通常以石计算,每石面积折合约一市亩"。[①] 可见在巴县地区,一亩的田地大体能产出一石谷子。不过,同著的第四章第三节中的"巴县夏季作物每市亩平均收获量"一表,标有"一亩产出的籼稻3.6市石"。[②] 此外,在《支那省别全志》(四川省)第七篇第一章《四川省东部的农业》的第十二节"收获"中,记载有"一亩的面积相当于我国一百八十步多,因此一石的田地相当于我国(日本)七十二步多"[③]。据此计算可知,在四川省东部,一亩田地的产出量为谷2.5(180÷72)石(仓石)。

在此可以知道,同治年间巴县的"石"的大小,应该与清代官方的"仓石"以及民国时期的"市石"有着较大的差距。实际上,张肖梅在《四川经济参考数据》第二十三章《度量衡》的第三节《各地新

---

① 王国栋:《巴县农村经济研究》,载于《民国二十年代中国大陆土地问题资料》,成文出版社1977年版,第27524页,第四章第一节。

② 王国栋:《巴县农村经济之研究》,载于《民国二十年代中国大陆土地问题资料》第54卷,成文出版社1977年版,第27524页,"巴县夏季作物每亩平均收获量"。

籼稻	糯稻	大豆	高粱	甘蔗	饭豆	绿豆
3.6市石	3.6市石	2.1市石	3.7市石	1228.1市斤	3.1市石	3.2市石

③ 東亜同文会編『支那省别全志:四川省』,東亜同文会,1917年,第635页。其中"步"是日本旧用的一种面积单位,约合3.3平方米。

旧制调查量》中,有着"重庆市新旧量器物价折合表"一表。① 此处的"旧器单位"中有"河斗一斗、市斗一斗、门市斗一斗、江北市斗一斗、米粮斗一斗",与此对应的"新器斗数"为"2.7858斗、2.74斗、2.668斗、2.684斗、2.66斗"。即是说,在重庆地区的旧制一斗,大体相当于新制的2.7斗。

在《巴县农村经济之研究》第四章第三节中,有着"巴县各种作物容量表"一表,其中米一斗的重量为45.36市斤。若以一石十斗来计算的话,则巴县地方一石的米为453.6市斤,②这与清代官方"仓石"一石的米大体相当于166市斤的标准相差甚大,亦是其2.73倍。③ 从此来看,巴县地方一石的重量大致相当于"仓石"重量的2.7倍。若从此来看,"巴县夏季作物每市亩平均收获量"中

---

① 张肖梅编著:《四川经济参考资料》,中国国民经济研究所1939年版,第W4页,"重庆市新旧量器物价折合表"。

旧器单位	河斗一斗	市斗一斗	门市斗一斗	江北市斗一斗	米粮斗一斗
合新器斗数	2.7858斗	2.74斗	2.668斗	2.684斗	2.66斗
日器使用行业	斗息局	重庆米亭子市	城内机器局	江北米亭子市	市区普通米粮店

② 王国栋:《巴县农村经济之研究》,载于《民国二十年代中国大陆土地问题资料》第54卷,成文出版社1977年版,第27524页,第四章第三节"巴县各种作物容量表"。

作物种类	容量单位	每单位平均所有市斤数
稻米	斗	45.36
小麦	斗	47.74
大麦	斗	38.20
蚕豆	斗	47.74
油菜	斗	47.74
绿豆	斗	54.91
豌豆	斗	59.68
黄豆	斗	52.52
高粱	斗	54.61

③ 据张肖梅编著:《四川经济参考资料》,中国国民经济研究所1939年版,第W6页,"各种主要商品论价及成交单位表",新制一石米相当于166.9市斤。

所称的一亩 3.6 市石的生产量,可以理解为是优质田地的产量。

根据以上的数据和分析,在此可以得出对此前疑问的解答。即是说,若将谷子"每石合银三两"中的"石"(当地的石)换算为 2.7 仓石的话,则米价一"仓石"的价格可以计算得出为 2.22 两的程度,这一数据与王业键的"清代粮价数据库"中的数据大致吻合。以下,在本章使用"石"作为单位的时候,所指的都是巴县本地的相当于 2.7 仓石数量的"石"。

(三) 借贷的利息

在《大清律例》卷十四的"违禁取利"条中,对于民间的借贷利息有着明确规定,"凡私放钱债及典当财物,每月取利并不得过三分。年月虽多,不过一本一利。违者,笞四十。以余利计赃。重(于笞四十)者,坐赃论,罪止杖一百"。[①]

即,按照大清律例,民间借贷的利息每月不得超过 3%("三分")。虽然不能说民间没有高利贷,但是从巴县档案的诉讼案件来看,在同治时期的巴县农村地区,民间借贷的利息确实大部分要少于"三分"。

例如在嘉庆十三年《李天命佃约》中,记载有"是日议定,折扣干租利银,仍□次借项,每两每月加两分之市"[②],即规定了每月 2%的利息。同治 No. 13921[③] 中所收入的同治八年九月二十日

---

① 田涛、郑秦点校:《大清律例》,法律出版社 1998 年版,第 263 页。

② 四川省档案馆、四川大学历史系编:《清代乾嘉道巴县档案选编》上,四川大学出版社 1989 年版,第 71 页。

③ 直一甲涂骆氏控周炳垣作成押佃牟炳三业收租假套哄撞骗银一案,同治九年,四川省档案馆藏,《巴县档案》(同治朝) No. 13921。

《立出全收押佃文约》中，有"每百银两每月每两以二分行息照算"的规定，每月的利息同样是 2%。而在同治 No. 13665[①] 中，职员吴恒爵提出的诉状（为骗踞颠诬事）中有"去秋朱国均以押银二百两佃业外，借银五十两，岁得谷四石。年租廿五石"。其中，银五十两的一年间的利息是谷四石，以一石三两银计算的话，一年的利息是十二两银，每月的利息是一两，即同样是 2% 的利息。

除此之外的案例，例如在同治 No. 13687[②] 之中，田主石海山的告状中称"去岁蔡开富弟兄以银三十两佃蚁田业居耕。因无银两，每年议认押佃利谷三石，租谷照田均分"。三石谷相当于银九两，以此计算的话，每月的利息是 2.5%。而在 No. 00164 案件中，有同治六年九月初八日的《立出借银文约》，其中称"三面言定，每两每月对年加一分四厘照算"，也即说每月的利息是 1.4%。

由以上的例子，大体可以推测，在同治时期的巴县农村地区，民间借贷的利息一般是 2% 上下。

（四）土地价格

巴县农村的土地，由于大部分区域（特别是长江以南区域）处于山区，因此在地理分布上极为分散。由此，当地住户在进行土地测量时，极难使用通常的"亩"这一面积单位，而多是使用产量单位"石"来计算土地面积。因此，田地的价格也不是"一亩田地"

---

① 慈六甲朱先级押银佃吴恒爵田耕今退佃欠其押银讨还不给反统人搕索银钱案，同治元年，四川省档案馆藏，《巴县档案》（同治朝）No. 13665。
② 廉里二甲石海山控佃户蔡开富估骗不给利谷霸踞一案，同治二年，四川省档案馆藏，《巴县档案》（同治朝）No. 13687。

的价格,而是"一石田地"(在此计算的都是水田,而不是山地)的
价格。

在同治朝巴县档案中属于"地权"分类的诉讼案件中,存在着
数个涉及土地价格的案件。例如在案件 No. 02211[①]之中,同治二
年,节里九甲人陈玉顺购入了陈赵氏的"十余石"的田地,田地的总
价格为一百五十两银。若以此估算的话,则一石田地的价格大概
相当于银十两。在案件 No. 02216[②]之中,同治二年,直里六甲谢世
钟购买了谢朱氏的二十余石田业。最初,买方与谢朱氏的丈夫约定
的价格为三百两银。随后,由于谢朱氏对这一价格不满,因此提出
了诉讼。最终经过判决,谢世钟再添加了银一百两(总四百两),购
入了这二十余石的田地。在这个案例中,一石田地的价格为十余两
至二十两之间的范围。此外,在案件 No. 03175[③]之中,同治十二
年,忠里一甲的李元信购入了孀妇李熊氏的十石田业,其价格为一
百八十两银。按此计算,则一石田地的价格相当于十八两。

由以上来看,在同治年间巴县农村地方的田地(水田)的价格
大致为一石田十余两银。由于田地有着上、中、下的不同品质的区
分,因此无法完全确定田地的所谓正确价格。在此,可以推定,同
治巴县地区一石田地(水田)的价格按照其质量不同,大体在银十
两至二十两之间的范围内。

---

① 本城陈玉顺以踞索唆阻显称蚁膳业价楚契税告陈文科一案,同治二年,四川省档案
馆藏,《巴县档案》(同治朝)No. 02211。
② 本城谢朱氏以私套其田业告谢世钟一案,同治二年,四川省档案馆藏,《巴县档案》
(同治朝)No. 02216。
③ 本城李熊氏告李元信唆勒手银未允过后又要缩价不买一案,同治十二年,四川省档
案馆藏,《巴县档案》(同治朝)No. 03175。

四、押佃、租谷与土地之间的关系

在前论第三节中，已经清楚了如下的几个重要数据，即在同治年间的巴县农村，一"石"谷的数量大体相当于 2.7"仓石"，而一"石"谷价合银 3 两上下，一"石"田土的价格相当于 10 余两（10 至 20 两的范围）。同时，当地民间借贷的利息大致在每月 2％前后。在本节中，将会基于以上这些估算的数据，对押佃、租谷和土地的数量关系进行分析。在分析之前，我们需要注意到在"重押轻租"和"轻押重租"这两种极端状态之间，应当存在着一个中间样态，只有确定了这一中间样态，才能够理解三者之间的联系。

在此首先介绍"平押平租"这一个概念。在《汉源县志》中，"重押轻租"与"轻押重租"之间，还论及了一个"平押平租"的概念。[①] 此处所言的"平"，既有"平常"与"正常"的含义，更有所谓"公平"的含义，即指公平而且正常的租佃关系，李德英将此称为"常押"。[②] 实际上，从各地的地方志来看，各地的"平租"的额度，一般都为普通收获的一半上下，但是与"平租"不同，"平押"的数额却是各地都有不同。[③] 以下，首先将探究同治朝巴县地方的"平押"与"平租"的具体数额，其后以此为基础来探讨"重押轻租"与"轻押重租"的

---

① 《汉源县志》（汉源县志编纂委员会编著，1994 年）第六篇《农业》，转引自刘克祥：《近代四川的押租制与地租剥削》，《中国经济史研究》2005 年第 1 期。

② 李德英：《民国时期成都平原的押租与押扣——兼与刘克祥先生商榷》，《近代史研究》2007 年第 1 期。

③ 刘克祥：《近代四川的押租制与地租剥削》，《中国经济史研究》2005 年第 1 期。

意义。

在此,本章引入一种假设验证的研究方式。如果我们将某一个租佃关系中理想的"平租"的租谷额度设为 x(单位:石),那么将押佃的理想"平押"假设为"3x×α"(单位:两)。其中,3 是指"每石合银三两",α 是指"平押"的数额(单位:两)为平租 x(单位:石)的价格(即 3x 两)的 α 倍。

当在"重押轻租"的情况下,如果我们假定"A"是实际发生的租谷 a(例如在"轻租"的情况下)与理想的"平租"(即前定 x)之间的差。则实际上发生的租谷,应该是"a＝x－A"(单位:石)。同时,我们假定实际发生的押佃 b 为"3x×α＋y"(两),此处的"y"是指实际的押佃与理想的"平押"之间的差(单位:两)。

在此,如果从巴县档案的具体案件来看,则租谷的减少(或者增加)的部分"A"的价值大致相当于押佃银的增加(或者减少)的部分"y"的年利息。例如在案件 No. 13745[①] 之中,押佃银的变化是 80 两→200 两,租谷的变化是 28 石→18 石。在此,租谷的差(30 两)大致相当于押佃银的利息(120×0.02×12＝28.8 两)。而在 No. 13777[②] 之中,押佃银的变化 130 两→50 两,租谷的变化为 5 石→12 石。租谷的差(21 两)也大致相当于押佃银的利息(80×0.02×12＝19.2 两),即 3×A≈y×0.02×12(其中,0.02 是月利息,12 是指 12 个月),则 A≈0.08×y。据此,可知在押佃与租谷之

---

① 廉七甲覃春山为佃民田业居耕租谷推骗违约估骗不还霸踞不搬等情具告佃张兴顺一案,同治三年,四川省档案馆藏,《巴县档案》(同治朝)No. 13745。

② 孝里六甲卢兴发控彭昌森等串骗蚁弟押银租谷一案,同治四年,四川省档案馆藏,《巴县档案》(同治朝)No. 13777。

间,地主和佃户的选择是非常符合经济理性的。[①]

在此,若我们将 A≈0.08×y 代入计算的话,则实际的租谷 a 可表示为"x−0.08×y",而实际的押佃 b 可表示为"3x×α+y",因此便可组成一个联立方程组。

$$\begin{cases}(\text{实际的租谷})a=x-0.08\times y\\(\text{实际的押佃})b=3x\times\alpha+y\end{cases}$$

其中,x:"平租"的租谷数量(单位:石)

y:实际发生的押佃与"平押"之间的金额差(单位:两)

α:"平押"与"平租"之间的倍数(单位:倍)

在诉讼档案中,实际发生的租谷 a 与实际的押佃 b 的具体数值是已知的,而要解开这个联立方程式(即求 x、y 的值),最重要的是 α 的数值。

前面已经论及,押佃制度最初的目的其实是防止佃户的"欠租"行为。因此在理论上,α 的理想数值其实是租谷数值的 1 倍左右。因为有等同于租谷 1 倍的押佃,便可以保证在佃户完全"欠租"的情况下抵充租谷,而下一年便可以将该佃户辞退换佃。[②] 而且,从先行研究来看,在中国各地的 α 的倍数似乎也多是 1 倍上下。不过由于先行研究都是没有仔细区分"重押"、"轻押"和"平押"的情况,所以这种推测都过于粗疏。

实际上,要完全准确地计算出同治朝巴县地区的 α 的数值是

---

① 关于这一点,民国时代的研究者已经有所言及。例如陈正谟就这一层论及湖北枣阳县与四川双流县的惯习,如陈正谟:《中国各省的地租》,商务印书馆 1936 年版,第 19 页。
② 例如"押租合理之意义,在于防止佃户之欠租。则押租之最高额,自应以一年地租之总额为限度"。参见王国栋:《巴县农村经济之研究》,载于《民国二十年代中国大陆土地问题资料》第 54 卷,成文出版社 1977 年版,第 27543 页。

不可能的。不过本章采取另一种假设检验的方式,即首先选定 α 的几个连续的数值,并且代入联立方程式中。同时,利用档案中已有的实际押佃、实际租谷,以及不多的实际土地的数值进行检验,从中找出最可能接近实际 α 的数值。

在此,本章将 α 的数值设定为 1、1.5、2、2.5、3 这五个数值。同时,在同治年间的 301 件租佃相关的案件中,由于各种理由,有 10 个案件在实际的押佃和租谷之外,还意外地记录有土地的总产量、或者总价格的数据,一共有 12 组数据。依据这 12 组数据,同时将 α 的 1、1.5、2、2.5、3 的数值依次代入,便可以对 α 的数据的适切性进行检验了。

即,如果把 α 的数值、实际的租谷和实际的押佃这三个数值代入之后,便可以计算出"平租"的租谷 x 与 y 的数值。由于 x 的数值大致相当于土地产量的 50%,因此便可以由此推算出土地的面积(在此是"多少石"),而这一数值如果再乘以一石土地的大体价格(10 两至 20 两),便可以得出大致土地总价格的范围。① 最后,把由此而推算出来的土地的总产出(或者土地的价格),与实际档

---

① 以 No.13849 为例。根据档案中的记载,押租为 150 两,租谷 60 两,田地的总产量是 95 石。因此有:

$$\begin{cases} 60 = x - 0.08 \times y \\ 150 = 3x \times \alpha + y \end{cases}$$

当 α 为 1 的时候,计算出 x 为 58 石,土地的总产出是 116 石。不过,实际的总产出是 95 石头,相差有 20 石,因此判定为"不适切"。当 α 为 1.5 的时候,计算出 x 为 52.9 石,土地总产出为 105.8 石。实际的总产出为 95 石,相差有 10.8 石,也认作是不适切。当 α 为 2 的时候,计算出 x 为 48.5 石,算出总产出为 97 石,与实际的总产量 95 石只相差 2 石,因此判定为适切。当 α 为 2.5 时,计算出 x 为 45 石,土地总产出为 90 石,与实际的 95 石相差 5 石,也判定为是适切的。而当 α 为 3 时,计算出 x 为 41.9 石,土地总产量为 83.8 石,与实际的 95 石相差 11.2 石,因此也被认为是不适切的。其他的案例的检验方法也与此类似。

案中留存下来的土地的总产出(或者是土地的价格)进行比较,如果其数值互相接近的话(即可谓之"适切"),则可以认为事先设定的 α 的数值是接近真实数值的。而如果这两个数值之间相差较大的话(即可谓"不适切"),则可以认为事先设定的 α 值离真实的数值较远。虽然实际上无法得出准确的 α 值,但是通过这一间接的假设检验方式,还是能够大致地确定真实的 α 值的可能范围。

通过计算,最后得出的结果是:

α 的数值为 1 时,适切的案例有 5,不适切的案例有 7[①]

α 的数值为 1.5 时,适切 7,不适切 5[②]

α 的数值为 2 时,适切 9,不适切 3

α 的数值为 2.5 时,适切 8,不适切 4[③]

α 的数值为 3 时,适切 4,不适切 8[④]

由以上的检验可以明显看出,当设定的 α 数值由 1 向 2 变化时候,在 12 组数据中,适切的例子明显增加(5→9),而不适切的例子明显减少(7→3)。而当 α 的数值由 2 向 3 变动时候,不适切的例子又增加了(3→8),而适切的例子则减少(9→4)。因此可以认为,α 的真实数值应该是在 2 的前后。以下,只列举当设定 α 为 2 的时候的具体检验过程。

1. No. 13657

档案中的记载:田地总价格 1200 两,押佃 660 两,租谷 20 石。

---

① 适切的案件是 No. 13657、No. 13685、No. 13751 第一组、No. 13955、No. 13964。

② 不适切的案件是 No. 13751 第二组、No. 13849、No. 13928、No. 13932 第一组、No. 13948。

③ 不适切的案件是 No. 13928、No. 13932 第一与第二组、No. 13948。

④ 适切的案件是 No. 13657、No. 13751 第二组、No. 13928、No. 13955。

依据公式的推算结果：田地的总产量 98 石、田价为 12.2 两/石
（适切）。

2. No. 13685

档案中的记载：田地的总价格 630 两,押佃 160 两,租谷 12
石。依据公式的推算结果：田地的总产量 34 石,田价为 18.5 两/
石(适切)。

3. No. 13751(2 组)。

(1)档案中的记载：田地的总产量 50 石,押佃 300 两,租谷 15
石。依据公式的推算结果：田地的总产量为 52.8 石(适切)。

(2)档案中的记载：田地的总产量 50 石,押佃 100 两,租谷 35
石。依据公式的推算结果：田地的总产量 58 石(适切)。

4. No. 13849

档案中的记载：田地的总产量 95 石,押佃 150 两,租谷 60 石。
依据公式的推算结果：田地的总产量 97 石(适切)。

5. No. 13881

档案中的记载：田地的总产量 30 石,押佃 40 串(30.8 两),租谷
21 石。依据公式的推算结果：田地的总产量 31.7 石(适切)。

6. No. 13928

档案中的记载：田地的总产量 60 石,押佃 150 两,租谷 43 石。
依据公式的推算结果：田地的总产量 74 石(不适切)。

7. No. 13932(2 组)

(1)档案中的记载：田地的总产量 80 石,押佃 120 两,租谷 29.
7 石。依据公式的推算结果：田地的总产量 13 石(不适切)。

(2)档案中的记载：田地的总产量 80 石,押佃 700 两,租谷 0.2

石。依据公式的推算结果：田地的总产量76石（适切）。

8. No. 13948

档案中的记载：田地的总价格1240两，押佃260两，租谷16石。依据公式的推算结果：田地的总产量49.7石，田价24.9两/石（不适切）。

9. No. 13955

档案中的记载：田地的总价格为1400两，押佃800两，租谷2千文。依据公式的推算结果：田地的总产量为86.5石，田价16.2两/石（适切）。

10. No. 13964

档案中的记载：田地的总价格1100两，押佃800两，租谷26.5石。依据公式的推算结果：田地的总产量62.8石，田价17.5两/石（适切）。

由以上来看，当α的数值为2时，所验证的案件之中，适切的比例是最高的。[1] 因此，当α的数值为2倍的时候，联立方程式变为：

$$\begin{cases}（现实的租谷）a = x - 0.08 \times y \\ （现实的押佃）b = 6x + y\end{cases}$$

其计算结果为：

$$x = a + \frac{b - 6a}{18.5}$$

从以上来看，可以推测出在同治时代巴县农村，理想的"平押

---

[1] 当然，在此只能是一种推算，不可能计算出完全精确的数值。附录中还有一种更为精确的用统计软件R的估算方式，请参考。

平租"的租佃关系中的押佃金额是租谷价格的 2 倍左右。这一倍数不仅仅比理论上的 $\alpha=1$ 的倍数要高,而且若跟先行研究中所见的中国各地的数值相比,也是相当高的。[1]

因此,在同治朝的巴县地区,如果实际的押佃银金额达到了租谷价格的 2 倍以上,则可以称之为"重押轻租"的情况。例如在 No. 13657(土地价格为 1200 两,押佃为 660 两,租谷为 20 石)中,押佃是租谷的 11 倍。在 No. 13955(土地价格为 1400 两,押佃为 800 两,年租为 2000 文)中,更是达到了 680 倍。[2]

如果实际的押佃金额是租谷价格 2 倍以下的话,可以认为这是"轻押重租"的情况。例如 No. 13751(田地的生产量为 50 余石,押佃为 100 两,租谷为 35 石)中押佃是租谷的 0.95 倍。No. 13928(田地的生产量为 60 石左右,押佃为 150 两,租谷为 43 石)中则是 1.16 倍。

不过,如果考虑到现实情况的多样性和复杂性,以及 α 数值的模糊性,本章还是将"平租平押"的范围扩大到"1.5 至 2.5 倍"的范围,将此作为同治朝巴县档案中"平押平租"的定义。从此前的验证结果可以看出,当 α 为 1 或者 3 的时候,不适切的案例已经远远超过了适切的案例。可以认为,若把围绕着 2 的"1—3"作为"平

---

[1] 将 α 的理想值设定为 1,其实只是理论上的考虑。在实际情况中,由于受到各种因素的影响,这个数值仅仅具有参考价值而已。不过从各地的地方志来看,"常押"为 2 倍这一数值毫无疑问是属于较高的。例如李德英对于常押的解释便将其理解为与每年的租额相同,或者是相差一倍以内的情况。在此,特别想提醒的是,巴县地方具体的"常押"额与理论上理想的"常押"额是有区别的。

[2] 该案件时间是同治十年,此时全国各地区的 1 两银大致相当于 1700—1800 文之间,此处按照 1700 文估算。可以参见王宏斌:《清代价值尺度:货币比价研究》,生活·读书·新知三联书店 2015 年版,第 293—296 页。

押平租"的范围,是不太合适的。因此,在本章中,将 α 的数值为"1.5 倍以下"设置为"轻押重租",而把 α 的数值为"2.5 倍以上"设定为"重押轻租"。

以下则利用这一对于"重押轻租"和"轻押重租"的区分,来对巴县档案中的租佃关系进行分类。在 301 件租佃相关的案件中,同时记载有押佃和租谷数据的案例一共有 107 件,通过计算可知,其中属于"重押轻租"的有 56 件,属于"平押平租"的有 19件,属于"轻押重租"的有 32 件。从全体来看,"重押轻租"的例子最多,占 52.3%,"轻押重租"的案例其次,占 29.9%。而"平押平租"的案例最少,只占 17.8%。即是说,在同治年间的巴县,租佃案件中涉及的租佃关系绝大部分都不是"平押平租"的情况。

由以上的分析可知,若概述同治年间巴县农村中押佃习惯的全貌,有两个重要特征。第一,在同治年间的巴县农村,"重押轻租"和"轻押重租"的案例要远远超过"平押平租"的案例。也即是说,在实际的租佃关系中,大部分的租佃关系都处在某种极端的情况下。第二,即使是在"平押平租"的情况下,押佃的金额也高达租谷的 2 倍。这其实已经超过了仅仅为了防止佃户欠租所需要的押佃的数额,也即是说,在巴县地区,押佃的意义并不仅仅是为了防止欠租。

那么,为何同治朝巴县地区的租佃关系,会呈现出这样一种偏于极端的特殊形态呢? 在此,我们必须要考虑到当时巴县地区的都市与商品经济对于农村社会的重要影响。

五、重庆地方的都市-农村经济与押佃

　　曾小萍曾经对巴县档案中的租佃案件进行研究,她在论文中不仅论及押佃的情况,而且还论及了与押佃情况重庆地域经济之间的关系。[①] 曾小萍通过分析自乾隆至同治的 120 件租佃案件,针对押佃提出了三个重要的论点。第一,田主对于押佃数额的要求,自 1820 年(道光以后)之后开始急剧增加。第二,押佃有两个重要的作用:1. 保障佃户能够缴纳租谷;2. 充当田主的货币资本。第三,重庆都市的商品经济对于巴县农村地区的影响很小,押佃银并没有成为商品经济的资本,而是成为了农村高利贷的资本,结果加重了对佃户的榨取。

　　不过,本章对于曾小萍的这几个见解,抱有一定的疑问。例如,正如前节所论,同治时期巴县农村的借贷利息大致是每月 2%,以当时的标准这着实称不上是"高利"。此外,曾小萍认为重庆都市的商品经济没有对农村地区造成大的影响,这一点也是存有疑问的。以下,本章就重庆地区的商品流通经济与农村地区之间的关系,以及对押佃制度所产生的影响进行具体论述。

(一) 重庆的都市经济

　　众所周知,清代中期以后,重庆地方的都市经济得到了极大的

---

①　Madeleine Zelin:"The Rights of Tenants in Mid-Qing Sichuan: A Study of Land-Related Lawsuits in the Baxian Archives", *The Journal of Asian Studies*, Vol. 45, No. 3, pp. 499-526.

发展。特别是在乾隆期以后，长江上流的四川省，长江中游的湖南、湖北，以及长江下游的江南地方之间，发展出了大规模的商业贸易。与此相应地，四川省的经济重心开始由成都逐渐转向重庆。[①]

位于长江与嘉陵江两大水系交叉点上的重庆，是长江上游与中、下游流域之间最为重要的流通节点。经由重庆，由上游运往中下游的商品主要包括有：粮食、药材、染料、食盐、木竹、山货，以及由云南、贵州运来的铜、铅等商品。而从长江中下游经由重庆运往上游四川省等地商品主要有：棉花、棉线、布匹、瓷器、铁锅、烟草、广货等。[②]

作为商业大都市，重庆最大的特色在于，长距离的"流通经济"在重庆地区占有最主导的位置。而对这一长距离"流通经济"中的主要商品而言，其无论是生产地还是消费地，都不是重庆地区，而是位于远方的长江上游或中下游。例如，在运往长江中下游的商品中，粮食的产地主要在成都平原，药材和木材的主要产地在四川省的西部和北部，食盐的主要产地是在宜昌府、施南府、鹤峰厅。另一方面，这些商品的主要消费地是长江中游的湖南、湖北以及下游的江南地方。运往四川的商品，棉花、棉线与布匹的主要产地是在江南地方；而瓷器的主要产地是江西省，铁锅、烟草以及广货的主要产地是广东和福建，其消费地则主要是四川省全域以及云南、

---

① 林成西：《清代乾嘉之际四川商业重心的东移》，《清史研究》1994 年第 3 期。

② 参见许檀：《乾隆至道光年间的重庆商业》，《清史研究》1998 年第 3 期；王笛：《跨出封闭的世界：长江上游区域社会研究(1644—1911)》，中华书局 1993 年版，第四章《区域贸易，城市系统与市场网络》；周勇编：《重庆通史》，重庆出版社 2014 年版，第九章《明清时期的重庆》。

贵州等地。此外,运输商品的路径,也主要是长江及其支流,除去由重庆到成都、陕西,以及贵州的陆路稍有例外,其他由陆路运输的商品数量都很小。[①]

此外,在重庆市内,最重要的商业组织是著名的"八省会馆",其由各地因贸易迁徙而来的移民组成。由于移民能够将相隔甚远的生产地和消费地紧密联系起来,所以非常有利于流通经济的发展[②]。简要而言,长距离流通经济这一点,正是重庆地区都市经济最大的特色。因此,对于重庆的研究,主要也集中在都市经济以及长江流域中的长距离流通经济。[③] 但是,对于重庆都市周边的广大的农村地域,研究者们长期以来都没有足够的关心。那么,重庆都市的流通经济对于其近郊的农村地带,到底产生了怎样的影响呢?

(二) 重庆的农村经济

巴县地区的农村地域有着相当广阔的区域,特别是长江以南。而这一农村地区有着三个重要特征:第一,面积广阔。由巴县的四境到县城的距离是 100 公里的山道。若要从四境地区抵达巴县县城,以当时人的速度,至少需要花上两日时间。第二,农村地区的地形大都是山地,而道路则是狭窄的山道。巴县地方重要的陆路

---

① 周勇主编:《重庆通史》,重庆出版社 2014 年版,第九章《明清时期的重庆》。

② 梁勇:《清代重庆八省会馆初探》,《重庆社会科学》2006 年第 10 期;谯珊:《专制下的自治:清代城市管理中的民间自治:以重庆八省会馆为研究中心》,《史林》2012 年第 1 期。

③ 例如隗瀛涛编《近代重庆城市史》第二章第六节"城乡经济"(四川大学出版社 1991 年版)中所探讨的,并不是重庆与周边农村地域的关系,而是重庆与长江上、下游之间的关系。

有五条古道（巴綦古道、巴蓉古道、巴南古道、巴璧古道、巴合古道），其中有三条古道（巴蓉古道、巴璧古道、巴合古道）处在长江以北。而在广阔的巴南地域，则只有两条（巴綦古道、巴南古道）。而且，这两条古道还是经过整个地域的外延，没有通过中心部。[①] 第三，由于山地的关系，在长江以南地区的山地中，用于稻作的田地比较少。不过，巴县地区由于并不属于深山地区，因此与四川省西部和北部的山脉不同，不是木材和药材的主要产地。

据《巴县志》（乾隆），巴县地区的物产有谷属、麦属、菽属、麻属、蔬属、瓜属等十三类，数十种。[②] 不过，在这些物产之中，没有一样可以称之为巴县地方的重要经济作物。[③] 在《巴县志》（民国）中有"农家副业"一节，其中记载有树艺类（橘、蔗、薑、桐、草、竹、樱、菜蔬、果实），畜养类（猪、羊、鸡、鱼、蜂），工业类（酿酒、磨粉、榨油、制纸、织布、编织、纺织、织蒲）等。[④] 其中绝大部分产业，都只是用以供给当地百姓的生活，而没有参与到重庆的长距离流通经

---

① 王嘉丽：《巴县历史上的五大陆路古道》，载于政协重庆市巴南区委员会、重庆市巴南区交通局编《巴南文史》2009年版；王文君：《清代长江三峡地区陆路交通网络研究》，西南大学硕士论文，2010年。

② 王尔鉴等：《巴县志》（乾隆）卷10《风土》，载于《中国地方志集成：重庆府县志辑》（二），巴蜀书社2016年版。

③ 在此，需要稍微言及的是鸦片与桐油这两种商品。鸦片是在第一次鸦片战争之后的道光年间，在四川各地开始公开栽培，不过当时其产量与商品化程度都较低，没有成为重要的经济作物。只有在光绪十六年重庆开埠之后，四川地区的鸦片生产开始大幅增加，鸦片成为四川（特别是川东地区）的重要商品。（参见鲁子健：《近代四川的土药经营》，《社会科学研究》1987年第2期。）在同治朝的巴县档案中，与鸦片相关的案件还不多见。而关于桐油，虽然其生产从宋元时代便已经开始，但是在清代，重庆地区有名的桐油产地为綦江、南川和江津，并不包括巴县。伴随着重庆开埠，桐油成为重要的出口商品，桐油在巴县农村的重要性才逐渐上升。参见唐春生、丁双胜：《清代重庆地区的桐油业》，《重庆师范大学学报》2013年第3期。

④ 向楚等：《巴县志》（民国）卷11《农桑》，台湾学生书局1967年版。

济之中。对于重庆的都市经济与农村经济之间的关系,在《巴县志》(乾隆)卷十中有如下记载:"按渝州物产与全蜀同,物之供渝州用者则与全蜀异。三江总汇,水陆通衢,商贾云屯,百物萃聚,不取给于土产而无不给者。"①

重庆都市作为长江流域商品流通的重要节点,因此聚集了大量各地商品。由于这一原因,重庆都市反而对于周边农村地域的依存度较低。② 而在长江以南的农村地区,由于田地不足,生产的粮食也不足,反而需要自外输入粮食。例如在 No. 13443③ 之中,同治十三年,忠里十甲太平场的监正以及职员何辅臣提出的禀状中有"蚁等思境内山险场远,平民苦力多外,妇女幼稚难以采买济食。目击心伤,集齐八团众,议设立太平场以济赶急买食"。由此可见,在清代巴县的农村与都市之间的关系,不是一般所认为的商品生产地(农村)与商品消费地(都市)之间的关系,特别是广大的长江以南的农村地区,既不是流通商品的主要生产地,也不是商品的主要消费地,甚至也不是商品流通的主要经由地。虽然在重庆市内,流通经济极度繁华,但是在巴县的广大农村地区,则与这一流通经济并无直接关系。就这一点而言,似乎确实类似于曾小萍所言的"无影响"。

然而,巴县的都市与农村之间,虽然不是通过商品的生产与消费直接关联,却是通过别的因素而联系在一起。

---

① 王尔鉴等:《巴县志》(乾隆)卷 10《风土》,载于《中国地方志集成:重庆府县志辑》(二),巴蜀书社 2016 年版。
② 巴县的农村向都市提供的主要物产,只有日常用的蔬菜、煤炭以及铁制品等。
③ 忠里十甲何辅臣告万义顺等窃花线布正请还不还,同治十三年,四川省档案馆藏,《巴县档案》(同治朝)No. 13443。

（三）"重押轻租"

在巴县的农村地区，并非通过商品生产的媒介而与重庆市内的流通经济相联系，而是通过货币与人口的移动而产生了重要的关联。

例如在前述 No.13443 的职员何辅臣的禀状中，有着"蚁等思境内山险场远，平民苦力多外"的记载。此处所指的太平场，其位置在忠里十甲，距离重庆市有 120 里的山路。在这一区域的住户中，有很多是外出挣钱者。即是说，在巴县的农村人口中，虽然无法在当地进行商品的生产，但是可以前往重庆市内甚至外省，或者参与商业，或者在都市中从事体力劳动。在这种情况下，他们在农村所有的土地，则往往需要出佃给他人。例如在 No.13725[①] 之中，正里八甲的熊郝氏诉讼佃户张开丰。从案件的内容来看，由于熊郝氏的丈夫在外经商，所以故乡的田地便出租给张开丰。在熊郝氏丈夫亡故之后，其子继承丈夫的生意，同样在外经商。这时，由于佃户清楚在田主家中没有男子，他便滞纳租谷，因此引发纠纷。此外，在案件 No.13835[②] 之中，田主石金梁由于前往楚地经商，所以将自己的田地一分为二，其中一部分租佃给贺子显，押佃是钱一百一十五串，租谷是三石，另一半则典当给唐三阳，其"当银"为一百二十两。田主在外地的经营结束后，回到巴县，打算回收自己的田地。这时，佃户和当主都不愿意交出田地，因此导致纠

---

① 正八甲熊郝氏以他押其佃耕种催讨租谷不给另佃把阻新佃不上庄告张开丰案，同治三年，四川省档案馆，《巴县档案》（同治朝）No.13725。
② 东水坊石金梁因租佃纠纷控贺之显一案，同治六年，四川省档案馆藏，《巴县档案》（同治朝）No.13835。

纷。此外,在 No. 13784[①]之中,田主李正干的田地(膳田)在此前一直由次男李春亭耕种。一年之前,由于李春亭前往重庆经商,无法耕作田地,田主李正干便将田地租佃给了其他的佃户,由此引起纠纷。在巴县档案中,与这些类似的案件还有很多。

由这些可见,巴县农村的人们出外挣钱的情况很常见。例如在同治朝巴县档案的贸易类诉讼案件中,涉及巴县农村地区当事人的案件大量可见。事实上,在与租佃关系相关的档案中,由于不必专门言及是否外出营生,因此直接言及外出贸易的案件只有 10件。[②] 其中,明确地言及了押佃和租谷数额的案件有 5 件,5 件中 4件是"重押轻租",一件是"平押平租"。[③]

正如第四节所述,在同治年间与租佃相关的诉讼案件中,"重押轻租"的案例是最多的,占全体的 52.3%。以更少的租谷作为代价,从而获得更多押佃银,其理由自然多种多样,但是在巴县农村中,由于出外经商而造成"重押轻租"的可能性是最高的。而且,外出经商的人,如果通过商业挣得了钱的话,往往都会将钱带回巴县农村的家中,用这些钱来购置田地,继续向外出租,或者租借大量的田地,然后再向其他的佃户"转租"这些田地。[④] 这些大量租佃田地并再次转手租给他人的人,正是久保田文次所研究的四川

---

① 节七甲李正干告李春亭等欠租谷持恶夯骗朋凶抢银,同治四年,四川省档案馆藏,《巴县档案》(同治朝)No. 13784。

② No. 13725、No. 13734、No. 13759、No. 13784、No. 13788、No. 13792、No. 13819、No. 13835、No. 13879、No. 13971。

③ "重押轻租"的案件有 No. 13925、No. 13788、No. 13835、No. 13971,而"平押平租"的案件是 No. 13879。

④ 实际上,租佃是比购买更加有利的方式,因为租佃不需要承担国家的田赋,而且在退佃之后,还能取回资本(押佃)。

的"大佃户"。① 在巴县档案中，也存在着类似于这种"大佃户"的人物。即，大佃户以较高的押佃从田主手中租借田地（重押轻租），再以较轻的押佃转租给其他的佃户（轻押重租），由此便可以获得大量的租谷。

例如在案件 No. 13701② 中，同治二年，正里七甲的宋洪发用自己的三百四十两膳银，租佃了蒋廷培兄弟的田地，随后又将这一田地转佃给了佃户宾长生，这时的押佃只需要四十两。在这个案件中，虽然没有明确地言及租谷的多少，但是从三百四十两和四十两的不同押佃来看，可以推测前者是"重押轻租"，而后者是"轻押重租"。

在案件 No. 13983③ 之中，同治十二年，正里三甲的冯玉春用银一千六百两租佃了田主吴允中的田地，租谷是每年三石。其后，他又将这个田地转佃给了佃户万远林，这时的押佃银是三百二十两，租谷是每年四十四石。由此，冯玉春每年能够得到四十一石的租谷。在这个案件中，虽然对冯玉春的资金源没有说明，但是一千六百两的巨额银两，如单纯依靠农业生产应该是较难入手的，所以这很有可能是冯玉春从商贸中获得的。田主之所以采取的"重押轻租"的方式，正因为他此前刚经历严重的商业失败。

由以上例子，可以推测"重押轻租"的原因及其背景。当巴县

---

① 久保田文次『清末四川の大佃戸：中国寄生地主制展開の一面』，载于東京教育大学文学部東洋史学研究室アジア史研究会・中国近代史部会編『近代中国農村社会史研究』，大安出版社，1967 年。

② 正七甲宋洪发以诱子洪费私收佃银控他在案讯断交还银藐抗赇差将他纵放告蒋廷培一案，同治二年，四川省档案馆藏，《巴县档案》（同治朝）No. 13701。

③ 正三甲冯玉春与万远林等以押银租谷不清纠纷互控一案，同治十二年，四川省档案馆藏，《巴县档案》（同治朝）No. 13983。

农村的人外出经营商业时，为了获得更多的资金，或者为了填补商业失败的亏空，他们往往会寻求更高的押佃。而且，若经商挣钱之后，若以此为资本在农村继续租入土地的话，往往也会以"重押"的方式来租入土地，同时以"轻押"的方式将土地租给其他人。这两点，正是巴县农村"重押轻租"现象大量出现的主要原因。

(四)"轻押重租"

与"重押轻租"现象相对的"轻押重租"现象，占有"重押轻租"现象之后的次要位置，占全体的 29.9%。对于这一点，应该如何来理解呢？

如前所述，巴县的农村地区面积广阔，且道路都是山路。特别是当长江南岸的人要前往巴县城内时，还需要渡过长江。此外，若再考虑到同治时期巴县地方的治安状况的话，[1]则从农村地区前往重庆城区的路程并非那么简单。可以说，要由巴县的农村地方到重庆城区去营生，同样需要承担相当高的成本和风险。

若考虑到这个状况，则自然可以理解，巴县农村的人不会全都外出挣钱，同样大量存在着留在农村地区，选择继续传统的农业生

---

① 在同治朝巴县档案之中，存留有很多报告旅客在山路上被盗贼、啯匪等袭击的案例。例如重庆府札饬巴县督宪通饬各属会差督练严密巡查缉捕抢窃诈搕及一切不法匪徒卷，同治六年，四川省档案馆藏，《巴县档案》(同治朝) No. 00663；巴县奉宪札示谕禁止匪徒盘踞踞滩上拦江扰害行旅并饬差拿卷，同治四至七年，四川省档案馆藏，《巴县档案》(同治朝) No. 00994；为禀明土匪沿途估奸抢财恳求作主一案，同治元年，四川省档案馆藏，《巴县档案》(同治朝) No. 04244。由于在同治时期受到"太平天国运动"的影响，巴县地方的治安状况明显恶化。

产、维持安定生活的人群。[1] 不过问题在于，希望外出营生的人，会希望获得重押佃，而在外经营商业成功的人，也会以"重押轻租"租佃农村的土地。再加上人口的自然增长以及外来人口的增加，这些都使得田地押佃的整体水准逐渐上升。到了同治时期，其"平押"的数额也已经达到了租谷的两倍。对于留在巴县农村从事农业的人而言，如果有足够资金的话，自然是"重押轻租"的方式更为有利，然而，仅仅依靠农业生产，实际上很难一次性支付如此高额的押佃。结果，众多农户只能以与"重押轻租"相反的"轻押重租"的形式租佃土地。

例如在 No. 13899[2] 中，佃户蒋益浩以押佃银五十两"佃入"了田主尹杨氏的田地，其租谷是二十石。如果依据第四节的计算公式，那么可以计算出这个案件中的田地面积大概是三十二石，押佃银相当于租谷的 0.8 倍，是典型的"轻押重租"案例。而在案件 No. 13777[3] 中，原告卢兴发的弟弟是"一佃户"，同治三年的时候，用押佃银一百三十两租借了田主彭昌森的田地，每年只需要缴纳五石的租谷。其后，由于弟弟患病，因此将该田地转佃给了"二佃户"刘德顺，押佃银是五十两。与此相对应的，租谷则从五石增加至十二石。依据第四节得出的计算公式，这里可推算出这个案件涉及的田地面积大致为二十一石至二十二石。第一次租佃时，押

---

①　可参见《巴县农村地方的户籍册》，载于四川大学历史系、四川省档案馆编《清代乾嘉道巴县档案选编》，四川大学出版社 1996 年版，第 305～344 页。

②　太平坊尹杨氏控佃户蒋益浩欺骗租谷不交一案，同治九年，四川省档案馆藏，《巴县档案》（同治朝）No. 13899。

③　孝里六甲卢兴发控彭昌森等串骗蚁弟押银租谷一案，同治四年，四川省档案馆藏，《巴县档案》（同治朝）No. 13777。

佃银是租谷的 8.67 倍,属"重押轻租",而第二次租佃时押佃银是租谷的 1.39 倍,则属于"轻押重租"的范围。

　　而在案件 No.13915① 中,同治九年,佃户陈儒英以押佃银三百两租借了田主李文英的田地,租谷是十二石。这毫无疑问是属于"重押轻租"。然而在其后,田主李文英又反过来,以押佃银一百两向佃户陈儒英将自己的田地再次"佃回"。此时的租谷是二十三石,因此由开始的"重押轻租"转变为了"轻押重租"。若以前节的公式推算,可知该田地的总产量为四十二石至四十九石的范围内。田主李文英大概是由于临时需要大量货币,因此以"重押轻租"的方式将自己的土地租出,但为了维持生活,又以"轻押重租"的方式将土地佃回。在这过程中,田主李文英获得了二百两的货币,而佃户陈儒英则每年获得了十一石的谷子。

　　由以上来看,在巴县地方的租佃关系中,无论是"重押轻租"现象,还是"轻押重租"现象,都与重庆地方的流通经济以及具体的都市—农村关系深刻地联系在一起。巴县地方的押佃,不仅仅意味着佃户的租谷保障金,更意味着投入到重庆流通经济中的货币资本。而且最重要的是,由于租佃习惯成为了获得货币资本的手段,因此造成了较高的"平押"的标准。而与此相应,当地也就出现了大量的"重押轻租"和"轻押重租"现象。

　　简单而言,在清代重庆地区的商品经济以及都市—农村的经济结构下,一方面,租佃关系确实遵循着传统市场经济的规律在运行,其中并没有看到田主对于佃户单方面的阶级压迫和强制榨

────────────────

① 　正八甲熊大光控米尚福等二人租佃田业骗租借银不给朋凶伤一案,同治十年,四川省档案馆藏,《巴县档案》(同治朝)No.13951。

取。但是另一方面,这种市场经济与都市-农村的经济结构所带来的影响,却绝不能称之为健全的租佃关系。其带来的租佃关系,一方面是高不可及的"平押"标准,另一方面则并存着大量的"重押轻租"和"轻押重租"的极端情况。由于这些极端情况的存在,因此租佃纠纷与诉讼容易引发。这些案件至今仍保留在巴县档案之中。

六、商品经济与租佃关系

本章的研究对象是同治时期的重庆巴县地区。正在此时,中国东南沿海的地域已经被卷入了近代的世界市场中,并且间接地对内地产生影响。不过,在四川地域,只是自光绪十六年(1890年)重庆开埠以后,西方世界以及近代的市场经济,才对四川的广大区域产生实质性的影响。

因此,同治时期的重庆地方,可以说代表了中国的商品经济或曰传统市场经济的最终阶段。此处所言的"最终",不是指某事物自然发展到的最终阶段,而是由于其自然的发展过程受到外力中断之前的最后状态。这一阶段的传统市场经济,到底对于中国的农村社会产生了怎么样的影响,是在研究中国社会由传统向近代变迁过程中的一个重要问题。

当然,本章并不是对于中国传统市场经济的一个全面研究,而仅仅是处理了一个小问题,即巴县地区的市场经济对于租佃关系具体产生了怎么样的影响。而且即使本章是对于租佃关系研究,也仅仅讨论了押佃与租谷之间的关联问题。不过，即使研究的是这么一个小问题，也能够从中看出市场经济的巨大影响。巴县地方作为长江流域的重要节点，在商品流通上占有极为重要的地位。这一特殊的地理条件，使得市场经济对于巴县农村的影响不是体现在商品的生产与消费过程中（当然不是绝对没有），而是主要通过货币与人员的移动而产生影响。正是在这些众多因素的复合影响下，巴县地方的"重押轻租"与"轻押重租"现象大量出现，由此也引发了众多与押佃相关的案件。

在本章的开头提出了一个问题："在同治时期的巴县，为何与押佃相关的案件会如此众多呢?"在探讨了巴县地方与押佃相关的诸多问题之后，对这一问题有何回答呢?

如前所言，一方面，在巴县地方，押佃不仅是租佃的保证金，而且也是获得参与商品经济的必需资本的重要方法。通过"重押轻租"方式获得的押佃，大部分成为了田主外出挣钱的资本，投入到商品经济中。不过，与农业生产不同，由于商品经济的周期不定，风险较高。因此，即使在租佃关系结束之后，田主也很可能无法即刻将大量的押佃全部返还给佃户。这时，便会导致佃户向田主提起诉讼。

另一方面，由于巴县地方"平押"的标准达到了租谷的 2 倍。对于继续留在巴县农村从事农业的人口而言，要一次性拿出相当于租谷 2 倍的押佃，并不是那么容易。因此，很多佃户不得已而采取"轻押重租"的形式，才能够租佃到足够耕种的土地。不过，"轻押重租"也会引发两个问题：第一，由于重租，佃户能够获得的农产品等的数量减少，他们能够通过出卖粮食而获得的货币也同时减少。第二,由于必须缴纳的租谷数量增加,佃户经常会遇到无法全额交付租谷的情况(特别是在灾害时)。此时,田主和佃户之间也容易因租谷产生纠纷。同时,也正因为租谷不足,田主在佃户退佃时候也就以此为理由克扣押佃。简单而言,"重押轻租"与"轻押重租"两个现象其实是同一个关系中的两面,无论是佃户,还是田主,他们对于租谷和货币的态度都要比通常的租佃关系更加严格,更加斤斤计较。这可以说是商品经济对于农村社会中租佃关系的一个重要影响。

这一点,在巴县地方的租佃关系中,集中表现为田主、佃户双方的一种两难困境。一方面,在退佃时,由于田主担心"如果自己先将押佃都返还给佃户后,佃户却不缴纳最后的租谷,还霸踞田地",所以往往只返还一部分押佃,而要求佃户在全部缴纳租谷之后再返还其余。另一方面,佃户则担心"如果自己缴纳了租谷退还土地之后,田主不返还自己的押佃",因此往往只缴纳一部分租谷,不退还土地,要求田主将押佃全部返还之后才退还。这样一个互不信任的困境,仅仅依靠田主和佃户是无法得到解决的,最后只能被提交到知县那里,成为正式的诉讼案件。

由以上来看,市场经济对于同治朝巴县农村所造成的影响,与以往的各种理解都有不同。第一,这并不是一个地主阶级剥削佃户的方法,而是地主与佃户共同面临的新的挑战与风险时产生的后果。第二,与市场经济论的理解不同,这一具体影响实际上超出了经济的范围,而影响到了巴县农村地方的田主—佃户的社会关系,甚至间接地影响到农村社会整体的社会关系。

附：用统计软件 R 进行平租系数的检验[①]

在本文给出的方程中有一个未知的参数 α，也就是平租系数。根据数据中的变量 a 和 b，再加上参数 α，每一组数据都能计算一个假想的 x 出来。前面已经说过，x 大致相当于土地产量的一半，所以所得结果乘以 2，就得到一个模拟的土地产量。如果将这一产量与档案中记载的土地产量进行比较，误差在一个合理的范围内，就可以说对于这个案例而言这个 α 的取值是可取的。

但是，这面临两个困难。一是并不是所有的数据都有土地产量的记录，有的数据只有土地产出总价格的记载。二是如果土地产量与产出价格之间有一个确定的关系，这也就不成问题，但是前面我们已经说过土地单价的范围大体在 10 两到 20 两之间，波动较大。所以，我们要得到对 12 个案例都适用的标准，就需要考虑到这个单价的误差。

为此，本文是这样操作的。假如我们把土地单价的范围确定为 10—20 两的区间，而因为土地总价除以土地单价得到土地产量，那么就知道按照这个区间计算能够得到一个土地产量的区间。这个区间的上界，也就是最大值，是土地总价除以 10；而下界，也就是最小值，是土地总价除以 20。据此我们也能计算出这一范围

---

①　感谢师弟李代在统计方面的重要帮助。以下分析过程使用的是社会科学界通行的统计软件包 R 3.2.5：R Core Team (2016). R：A language and environment for statistical computing. R Foundation for Statistical Computing, Vienna, Austria. URL https://www. R-project. org/。

的均值正好为土地总价的 3/40，而上界是均值的 4/3，下界是均值的 2/3。对于这些案例，假如计算得到的 x 值落在这个土地产量的区间里，我们就可以说 α 的设定是合理的。

对于那些没有土地总价而有土地产量的案例而言，要构建一个类似的标准。本文假设档案中记载的土地产量就是土地产量区间的均值，那么根据前面的计算我们知道，如果按照同样的标准来建立区间，应该得到的上界是土地产量的 4/3，而下界是其 2/3。根据这一标准，如果计算得到的土地产量落在这个范围内，就认为 α 设置合理。

这样，对于记载了土地产量的案例和土地总价的案例，我们都有了思路一致的判断 α 是否合理的标准。下面本文希望通过不断尝试，找到一个 α，使得通过这参数设定而计算得到的土地总产量或者总价格比较合理。对此，可以从 0.01 开始，每次增加 0.01，直至达到 10。在这一过程里，对 12 组数据的每一组都计算 1000 次，并且判断计算得到的土地产量是否落在相应案例的区间中。

可以看见，一旦给定一个 α，对 12 个案例而言就有 12 个结果，这可能无法让所有的案例计算得到的结果都合理。所以，在理想情况下找到的 α 是使得 12 个案例都合理的数值，或者是能得到最多合理结果的取值。对每一个 α 的取值，需要观察有多少个案例落在范围以内，并加总。计算结果如下图。

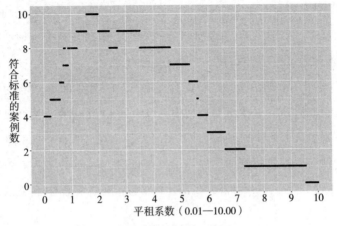

图 19　模拟计算的结果

可以看到,这个分布虽然有两个峰值,但是基本趋势是先增后减的,比较合理。如果仔细观察,会发现在所有 α 的取值当中,最多能让 10 个案例计算得到的结果比较合理,而相应的 α 的范围是 1.57—1.97。可见,粗略地说 α 取值在 1.5—2 左右是一个比较可靠的推测。

通过对数据进行编码,并按照前面的论述重复进行计算,得到了目前的结果。

第五章 情理的"单一维度"与"综合维度"
——从诬告案件看中国传统社会中的
多层情理结构

一、问题的提出

"情理"是中国社会中构成人们行为逻辑的关键因素。民国时期,早有林语堂讨论"情理的精神"[①],冯友兰论"调情理"[②],而在中国传统法律研究中,有滋贺秀三对于"情理"和法律之间关系的探讨[③]。即是说,"情理"不仅是在法律研究中的重要概念,更是中国人日常生活中的重要概念。直至今日,我们还经常在日常生活中听到"不合情理",或者"情理之中"的说法。

在中国社会学界,费孝通在《江村经济》中便谈到过"人情"。[④]而二十世纪七十年代之后,对于"人情"与"面子"的研究更是出现

---

① 林语堂:《吾国与吾民》,黄嘉德译,湖南文艺出版社 2016 版,第 76—77 页。
② 冯友兰:《新世训》,载于《三松堂全集》第 4 卷,河南人民出版社 2001 年版,第 411—423 页。
③ 滋贺秀三等:《明清时期的民事审判与民间契约》,王亚新等编译,法律出版社 1998 年版,第 36 页。
④ 费孝通:《乡土中国 生育制度》,北京大学出版社 1998 年版,第 72—73 页。

众多成果。金耀基指出中国的人情是指人与人的相处之道，并从"人情"来看个人与社会的关系[①]。黄光国则认为，"人情"是一种规范社会交易的准则，也是个体在社会环境中用来争取资源的一种社会机制。而中国人的"脸面"，被认为是个人在社会上有所成就而获得的社会地位或声望。[②] 翟学伟则指出，中国的"人情"是经过"天理"规范了的中国人的交往方式，人情之中含有了理和义的成分，具有义务和伦理的意涵。[③] 这些研究，一直存在一个问题："人情"都是指的人与人的相处之道，以及相处中所出现的规范；但人与人之间相处总是围绕着某些具体事情的。所谓欠人情、给面子，也都是在涉及具体事情时候的人情与面子。但先行研究，其实都没能真正触及事情具体的情理，而只是在人与人的交往中讨论"人情"和"面子"。[④] 那么，这些具体的事情本身与"人情"和"情理"之间的关系是什么呢？

　　同时，应星在对中国人的行为逻辑进行分析时，在"情理"之外还指出另一个重要概念，即"气"。他认为，传统的人情与面子研究，似乎都在强调人与人之间维持相安无事，不愿产生冲突。这一

---

① 金耀基：《人际关系中人情之分析》，载于《中国人的心理》，江苏教育出版社 2006 年版，第 60—81 页。
② 黄光国：《人情与面子：中国人的权力游戏》，中国人民大学出版社 2010 年版，第 1—44 页。
③ 翟学伟：《中国人的日常呈现：面子与人情的社会学研究》，南京大学出版社 2016 年版，第 162—178 页。
④ 王思斌在《多元嵌套结构下的情理行动：中国人社会行动模式研究》（《学海》2009 年第 1 期）中指出中国人的行动是情理取向的"多元嵌套结构模型"，包括关系、问题、责任、经验四个要素，"人"与"事"是分析中国人社会行动模式的主要变量。此外，王思斌，在理论上提到了"问题"与"事情"作为一个重要因素。不过，这一研究将人、事、责任、经验作了理论区分，而没有触及到实际问题。在实际事件中，人的关系，责任与经验，都是在围绕着事的多层情理结构中呈现出来的。

点与中国的现实并不吻合,所以他提出"气"作为一个重要解释。西方社会的法律中"为权利而斗争",中国社会中则是"为气而斗争"。[1] 气"是中国人在人情社会中摆脱生活困境、追求社会尊严和实现道德人格的社会行动的根本促动力,是融汇了本能与理性、道义与利益的激情"。气还构成了一个谱系,"以忍御气是主流,以气立人是补充,任气行侠是特例"。[2] 这一研究开辟了一个重要线索,但是对"气"的这一理解,一方面和"情理"的讨论分隔开来了;另一方面,"气"本身其实也与"人情"类似,并没有涉及具体的事件。现实中,人们往往都是由某个原因而产生"气",背后都有具体的事与理。如何将气背后的"理"解释出来,与"情理"的研究构成关联,也是需要进一步推进的重要问题。

此外,近年来也有一个对于中国历史与"情理"研究的重要转向。例如周飞舟在《论社会学研究的历史维度》一文中,便以中国社会学研究中经典的"非正式"研究为引,指出所谓"正式权力的非正式运作",受到行动伦理的约束。该文更指出,需要从中国历史中来探寻其意义脉络,才能真正深刻理解这些行动伦理。[3] 这也是本章着重探讨的中国传统社会中"情理"问题的社会学意义。

本文选择以中国传统社会的法律案例为研究对象,希望切实地推进对于"情理"和对于"气"的研究。恰恰从这些充满冲突与张力的诉讼案件中,本文可以进一步探查"情理"在社会现实中的真

---

① 应星:《"气"与中国乡村集体行动的再生产》,《开放时代》2007 年第 6 期。

② 应星:《"气"与中国乡土本色的社会行动:一项基于民间谚语与传统戏曲的社会学探索》,《社会学研究》2010 年第 5 期。

③ 周飞舟:《论社会学究的历史维度:以政府行为研究为例》,《江海学刊》2016 第 1 期。

正运行过程。马克斯·韦伯在其法律社会学研究中,有着"实质理性"和"形式理性"的重要区分,他对中国的传统法律的判断是"实质理性"的"卡地裁判"[①]。而滋贺秀三等人对于中国法律的进一步研究则指出,"情理"是中国法律与社会中的根本逻辑,可以说是韦伯所说的"实质理性"。从这一角度来看,对于传统案件中"情理"的研究,不仅是法律史的研究,更是对中国社会中的"实质理性"的进一步探究。

前辈学者们很早便利用地方官的公牍、批语等材料,从词义来分析情理的不同层次,但很少将"情理"放置于具体的事件之中进行细致分析。若从社会学的"过程—事件"角度来看,则不能单单分析不同层次的静态"情理",更要将这些看似不同的"情理"放在同一个事件过程中相互联系起来,才能构成对"情理"的整体理解。而要达到这一分析的深度,恰恰需要新的更加具体的史料。

近些年来,随着地方诉讼档案的大量发掘与研究,学者们终于可以从最为具体的事件出发来分析传统社会中普通民众的思维与行动。这便成为深入探讨"情理"问题的新起点。同时,中国明清社会中"诉讼"的重要性也得到重新认识。特别是对于清代的一些地域而言,诉讼已经成为普通人日常生活中的重要部分,甚至有"诉讼社会"之说[②]。而在诉讼社会中,特别值得注意的便是"诬告"现象。例如明清时期流行的"十状九诬"、"十词九谎"或"无谎

---

① 马克斯·韦伯:《中国的宗教:儒教与道教》,康乐、简惠美译,广西师范大学出版社2010年版,第153—154页;林端:《韦伯论中国传统法律:韦伯比较社会学的批判》,中国政法大学出版社2014年版,第25—27页。
② 夫马进:《中国诉讼社会史概论》,范愉译,《中国古代法律文献研究》第6辑,社会科学文献出版社2012年版。

不成状"等俗语,都是用来表示大量出现的"诬告"。就"诬告"本身而言,它作为一种冲突性社会现实,对社会秩序是一种伤害,但也恰恰是在这样一个撕裂的伤口中,可以看到社会最内在的情理逻辑——社会为何一方面是以"情理"为原则,但另一方面,却充斥着大量看似"非情理"的诬告行为呢?

因此,地方档案中的"诬告"案件正可以成为深入解读"情理"的切入口。这不仅对于理解明清时期的中国,甚至对于理解当代中国社会,都有着重要的理论意义。本研究认为,只有更深入理解传统"诬告"背后的逻辑,才可能真正理解中国传统社会中的"实质理性"——"情理"原则的真正意义。

从这一角度出发,诬告涉及的一个最重要的问题便是:当时人们为何要普遍使用"诬告"方式进行诉讼?除已有研究提及的一些制度与理念原因外,还有没有社会意义上的深层原因?要回答这一问题,首先需要从当时人们对于"诬告"的具体认识入手。

二、"诬告"概念与已有研究状况

在中国的现行法律中,对"诬告"罪有着明确规定。其罪名可分为两类,一种是针对刑事案件的"诬告陷害罪"①,另一种是针对

---

① 《中华人民共和国刑法》(2015)第二百四十三条"诬告陷害罪":"捏造事实诬告陷害他人,意图使他人受刑事追究,情节严重的,处三年以下有期徒刑、拘役或者管制;造成严重后果的,处三年以上十年以下有期徒刑。"此处,现代法律中虽然有按照情节而进行不同处罚的规定,但这一点与"反坐"的性质完全不同,反坐是基于诬告人所诬告的罪行进行处罚,而现代法律则没有此点。

民事诉讼的"虚假诉讼罪"①。无论是哪种,罪名的适用范围与处罚规定都很明确;在定罪时,还要考察是否满足多种要件。而在《大清律例》中,也有对于"诬告罪"的规定,但表现出一种微妙的模糊感。其规定如下:

> 凡诬告人笞罪者,加所诬罪二等。流、徒、杖罪,(不论已决配、未决配),加所诬罪三等。各罪止杖一百、流三千里。(不加入于绞)……至死罪,所诬之人,已决者,(依本绞斩)。反坐(诬告人)以死。(虽坐死罪,仍令备偿取赎,断付养赡)。未决者,杖一百、流三千里,(就于配所)加徒役三年。②

与现代法律不同,《大清律例》中并没有对"诬告"罪的明确定义,而且从诬告笞罪到诬告死罪的多种情形都适用于此条,在此既没有像现代法律那样进行明确的定义,也没有将"诬告陷害罪"和"虚假诉讼罪"区分开来。同时,《大清律例》对于"诬告"的惩处也没有固定的刑罚,而是带有"报"意味的"反坐"。

可以认为,《大清律例》中对"诬告"的规定带有某种泛指含义。而且,此种含义在明清律学中也有体现。例如明代应㮓的释义是"告人不以其实,曰诬"③,沈之奇的释义为"捏造虚无事情,告言人罪

---

① 《中华人民共和国刑法》(2015)第三百零七条之一"虚假诉讼罪":"以捏造的事实提起民事诉讼,妨害司法秩序或者严重侵害他人合法权益的,处三年以下有期徒刑、拘役或者管制,并处或者单处罚金;情节严重的,处三年以上七年以下有期徒刑,并处罚金。"

② 田涛、郑秦点校:《大清律例》卷三十,法律出版社1998年版,第481页。

③ 应㮓:《大明律释义30卷》卷二十二,明嘉靖三十一年广东布政使司刻本。《续修四库全书》第0863册,上海古籍出版社2002年版,第175页。

者,曰诬告"①。这些释义都从表面描述了"诬告"行为,既没有区分所告的是重罪还是轻罪,也没有指明其动机为何。可见,在明清时代中,律例中"诬告"的含义大致等同于一般民众理解的"诬",是指"捏造事实诬告他人"行为,可称之为广义的"诬告",或简称为"诬"。②

一直以来,研究者基本以广义的"诬告"为研究对象,而且主要在法制史领域中进行,其中包括探讨官员对诬告的裁断问题。例如中村茂夫通过分析多种判词中出现的案例,将审转案件③中的"诬告"与自理案件中的"诬告"进行区分,指出《大清律例》中"诬告罪"的实际适用仅局限在审转案件的部分范围内。在自理案件中,即便是较为严重的"诬告"行为(比如诬告强盗、杀人等),也并不适用《大清律例》,而是依据情理予以处理。④ 此外,五味知子在对"诬奸"行为进行研究时,亦发现地方官在裁决自理的"诬奸"案件时,同样不遵循《大清律例》,而是根据地方官的平衡感觉进行裁断。⑤ 由此可见,在实际案件中,《大清律例》的适用范围非常狭窄,仅限于"诬告"案件的一小部分(审转案件的一部分)。而在自理案件中,即使是严重"诬告"行为,也往往按"情理"而非按律例处理。这一点已基本得到学界公认。

---

① 沈之奇:《大清律辑注》卷二十二,法律出版社 2000 年版,第 810 页。
② 有学者对宋代的"诬告"罪进行了较为细致的分析,例如李华:《试论宋代诬告罪的犯罪构成及量刑原则》,《宋史研究论丛》(第 13 辑)。该文据具体案例针对宋代的诬告罪提出四个解释要件,不过这是对具体案件处理中的理解,而不是对诬告的释义。
③ 日本的中国法制史学者一般称"上申案件",而国内的法制史学界一般称之为"审转案件"。中村茂夫使用的是"上申",本文使用国内学界较为通行的"审转"。
④ 中村茂夫『清代の判語に見られる法の適用:特に誣告,威逼人致死をめぐって』,『法政理論』第 9 卷第 1 号,1976 年。
⑤ 五味知子『誣姦の意味するもの:明清時代の判牘・官箴書の記述から』,『東洋史研究』第 70 卷第 4 号,2012 年。

　　在官员的裁决研究外,最主要的研究则集中于探讨"诬告"案件产生的原因。已有研究主要从具体制度与特定人群出发。这些分析有三个主要的解释取向:第一,地方官及其态度。受"无讼"这一儒家理念的影响以及制度和资源层面的限制,地方官往往倾向于"抓大放小",对被称作"细事"的户婚田土等案件不够重视。所以,为了能够得到地方官的重视和"准状",当事人往往采取"诬告"的方式,夸大案件的严重性。另外,地方官对于诬告行为,通常仅给予轻微处罚或者不给予处罚,此点也导致民众毫无顾忌地进行"诬告"。① 第二,讼师、代书与胥吏的唆讼。这类研究指出,在诉讼的过程中,讼师、代书以及胥吏都能够获得额外的利益,所以他们倾向于唆使当事人不断通过诬告提起诉讼,以从中获取更多的利益。② 第三,民众的诉讼策略。民众之所以会采用诬告手段,除为了在诉讼中获得官员的"准状"外,民众们还可能主动利用"诬告"来实现对他人的报复,或谋取自身利益等。诬告其实构成了民众的一种诉讼策略。③ 在这三种解释外,还有学者从地域的社会

① 徐忠明:《明清诉讼:官方的态度与民间的策略》,《社会科学论坛》2004 年第 10 期;高峰雁:《清代地方社会中的官、民与法:清代地方官判读中的"诬告"案》,华中师范大学博士论文,2007 年;尤陈俊:《厌讼幻象之下的健讼实相?:重思明清中国的诉讼与社会》,《中外法学》2012 年第 4 期;姚志伟:《十告九诬:清代诬告盛行之原因剖析》,《北方法学》2014 年第 1 期。
② 林乾:《讼师对法秩序的冲击与清朝严治讼师立法》,《清史研究》2005 年第 3 期;霍存福:《唆讼、吓财、挠法:清代官府眼中的讼师》,《吉林大学社会科学学报》第 2005 年 6 期;尤陈俊:《清代讼师贪利形象的多重建构》,《法学研究》2015 年第 5 期;川胜守『明末清初の訟師について:旧中国社会における無頼知識人の一形態』,『九州大学東洋史論集』1981 年第 9 号。
③ 徐忠明:《关于明清时期司法档案中的虚构与真实:以〈天启崇祯年间潘氏不平鸣稿〉为中心的考察》,《法学家》2005 年第 5 期;姚志伟:《十告九诬:清代诬告盛行之原因剖析》,《北方法学》2014 年第 1 期。

经济状况出发来直接探讨"健讼"与"诬告"问题,例如有研究者探讨徽州、皖北、江西等地的健讼风俗与地区社会经济间的关系。①

以上这些研究涉及"诬告"问题的各个侧面,特别是在直接的因果关系上对于"诬告"产生做出重要解释。但是,在这些解释中,还缺少一个重要前提,即对于"诬告"在当时人们心中的意义的理解。已有研究往往并不尝试理解中国传统社会中的"诬告"行为本身,而是事先将"诬告"设定为应当被否定的现象,随后探讨导致这种现象泛滥的直接原因。但是,如果没有对"诬告"行为本身的理解,这些因果解释就会缺失某些重要的环节。② 在这一问题上,徐忠明的《诉诸情感:明清中国司法的心态模式》,在前人的研究基础上有了较大推进。他指出传统中国具有"情感本体"的文化特征,只有在情感语境下才能理解小民的诉讼心态和修辞技巧。而诉讼中的诬告,很大程度上是因为小民有着一种"冤情",希望以虚构方式来激发司法官员的"爱民"和"哀矜"之情。③ 这一理解,揭示了"诬告"行为中"情"的一面,但未能阐明"冤情"是如何产生的,即缺

---

① 卞利:《明清徽州民俗健讼初探》,《江淮论坛》1993 年第 5 期;陈业新:《明清时期皖北地区健讼风习探析》,《安徽史学》2008 年第 3 期;小川快之『宋代信州の鉱業と〈健讼〉問題』,『史學雜誌』第 110 卷第 10 号,2001 年;小川快之『宋代饒州の農業・陶瓷器業と〈健讼〉問題』,『上智史学』第 46 号,2001 年;熊遠報『清代徽州地域社会史研究:境界・集団・ネットワークと社会秩序』,汲古書院,2003 年。

② 例如对于地方官而言,将对于"诬告"的轻微处罚仅归因于制度是不够的,地方官其实可以在自理范围内实行很多其他处罚。在讼师与胥吏方面,也很难解释为何民众会被他们不断唆使"诬告"。就民众的"诬告"行为而言,为求"准状"的话只需在其中加入"殴伤"情节便可,但真实的"诬告"内容却远比"殴伤"复杂。在地域性的社会经济解释中,逻辑过于跳跃,很难搭建出一条具体的因果链条。

③ 徐忠明:《关于明清时期司法档案中的虚构与真实:以〈天启崇祯年间潘氏不平鸣稿〉为中心的考察》,《法学家》2005 年第 5 期。

少对于"情理"之"理"的详细论述。①

　　本章特别关注对于"诬告"的理解,并非试图对"诬告"行为提出某种新的直接性因果解释,而是希望探究这些因果解释的前提与基础,这也是"冤情"产生基础的"理解"问题。只有在理解"诬告"行为的基础上,直接的因果解释才能成立,"冤情"的来源也才能明了。而且,这种"理解"并非个别人的理解,而是带有普遍性的社会整体对于"诬告"的理解。

　　在进入细致的案件讨论前,本章将首先探寻当时人对"诬告"的分类,总结出在他们看来的两种重要类型。随后利用这一类型区分,对巴县档案中租佃类的"诬告"案件进行分析,进一步探究"诬告"背后的"情理"问题。

三、诬告的两种类型:"有心诬告"与"非有心诬告"

　　如前所述,地方官在处理具体案件时,经常并不遵守《大清律例》中的"诬告"规定。那么,在处理具体"诬告"案件时,他们以什么方式来看待"诬告"的呢? 首先,本章从刑案汇览类、官箴书类以及判词等史料来寻找线索。

---

① "情理"中的"人情",并不是一个具体指某一个含义的内容,而是一个类的含义,包含着各种具体的人情,其中,"冤情"是指"被冤枉的情状",其中包含两个层面的意思,一个是被冤枉的事情,另一个则是被冤枉之人所感觉的"被冤枉"的"情感"。所以,冤情其实是"人情"的一部分,人情可谓是更大的一类含义,"情有可原"的情,也是属于"人情"的一部分。而我们在通常意义上所说的"我欠你一个人情"的这个人情,其实是在普遍意义"人情"的基础上扩展出来的社会上的一种固定用法,是因为接受了别人帮助而带来的感情上的不安,而想到的要"还回去"的一种责任。

（一）"有心"与"无心"

"有心"与"无心"这一组词，在《大清律例》中是一对重要的区分。例如律例中常见的"有心"为"有心容隐""有心庇纵""有心贻误"等，而"无心"则包括"无心戏杀""无心适伤""无心误犯"等。从具体规定看，"有心"的含义主要是指"故意"，而"无心"的含义则是指"非故意"。对于"有心"与"无心"两种情况，具体的处罚也有较大差异。

不过，在清代历朝的《大清律例》中，却几乎不存在对"诬告"的"有心"与"无心"区分。从前文提及的"有心""无心"行为来看，比如"杀伤人""容隐"这类以行为结果来规定的罪名，确实可以用"有心"和"无心"来区分，无心即是指并非故意造成了某种结果。但与这些罪名不同，"诬告"罪并不是由行为结果来规定，而是由"行为"本身来规定的。也就是说，"诬告"本身就是指故意"捏造事实告言人罪"的行为。所以，"诬告"行为本身即是有心，没有"无心"诬告的存在。"无心"的诬告，其实是错告而非诬告。在道光四年的《大清律例》修订中，曾在诬告律"诬窃各例"中出现了"无心"的规定，不过很快被删除了。①

由此可见，"诬告"行为确实只有一种，即"有心诬告"。所有的"诬告"都应该属于有心诬告，可以按照《大清律例》中对于诬告的

---

① 具体参见如下内容："凡诬窃致毙人命之案，如死者实系良民，不问是否有心诬窃，及死虽旧匪，而诬窃出于有心，拷打伤重致死者，俱拟斩监候。如诬窃出于无心……或无心诬指旧匪为窃，拷打致死者，俱拟绞监候……"（郭成伟主编：《大清律例根原》卷九十二，上海辞书出版社 2012 年版，第 1482 页）在道光九年的修订中，这一区分被取消。

规定进行处理。但实际上，如果阅读刑案汇览、官箴书、判词等史料中对"诬告"的处理，则会发现存在另一种重要的类型，即"非有心诬告"。

(二)"有心诬告"与"非有心诬告"

"非有心诬告"的例子广泛见于刑案汇览类史料与各种地方官的公牍中。例如在许梿《刑部比照加减成案续编》卷二十三"河南司道光九年"条中有："查仇万全之疯发无知，捏情妄告，供证确凿，似非捏饰。与平空有心诬告者不同，未便遽坐以诬告之罪。仇万全应照申诉不实律杖一百。"①在一这案件中，仇万全毫无疑问是在"故意"诬告，因此有"捏情妄告，供证确凿，似非捏饰"。但同时，却又将其划定为"与平空有心诬告者不同，未便遽坐以诬告之罪"，而原因则是"疯发无知"。基于该理由，刑部将这一案件定为"与平空有心诬告者不同"，所以没有适用"诬告罪"，而是断为"申诉不实"。与此类似的案子，还有不少。②不过，这里所说的"与平空有心诬告者不同"，并不是一种明确的分类，而是指"非有心诬告"的情况。③

① 许梿：《刑部比照加减成案续编》卷二十三，道光二十三年刻本，载于《续修四库全书》0866 册，上海古籍出版社 2002 年版，第 451 页。
② 例如《刑部比照加减成案续编》卷九的"山西司道光八年"条中有"查该犯因任金成砍取高姓坟内柏枝，疑系将伊坟树窃伐，主令伊子告究，尚属疑出有因，并非有心诬捏，自未便科以诬告之罪"，载于《续修四库全书》0866 册，上海古籍出版社 2002 年版，第 195 页。
③ "有心诬告"与"非有心诬告"的区分并不是明确的法律概念，而是官员在处理案件时的理解框架。当然，这一理解框架，并不是完全区别于法律框架，而是面对具体生活时候的重要补充。在此，还需阐述一下"妄诉"与"诬告"间的差别。妄诉与诬告不同，是特指在已经审断的案件中再次提出不同诉状，这与泛指的诬告不同。同时，"妄诉"作为一个罪名，只出现在要要明确定罪的审转案件中，而极少出现在自理案件中的户婚田土案件，这一点也与泛指的"诬告"不同。

除特别指明的"非有心诬告"外,被认定为有心诬告的案件也数量众多。例如祝庆祺编《刑案汇览》卷四十六中"有心诬陷致子尸遭蒸检"条:"核其所控谋命情节,已属有心诬告,因致伊子尸身惨遭蒸检,即应照例全科。"①不过,由于"有心诬告"本身不需要特别说明,在档案中留下的痕迹没有那么多。从史料所记审转案件中"有心诬告"与"非有心诬告"的例子来看,在审转案件中若被认定为"有心诬告",则往往会按照《大清律例》的诬告律进行惩处,若被认为是"非有心诬告",则常常不会采取诬告罪的规定,而是依据情理给予适当处罚。②

审转案件之外,在一般的地方官自理案件中,同样有着重要的"有心"与"非有心"区分。例如戴杰《敬简堂学治杂录》卷四"堂判摘附"中"杜花亭与张常仔互控一案"中有"惟讯因情虚畏罪,意图抵饰所致,并非有心诬告,情尚可原"。③ 与此类似的案例还有不少。④ 此外,同样也存在自理案件中的"有心诬告"例子。不过,由于自理案件不必特意引用律例,所以也不必写上"有心诬告"字样,只是更倾向于薄惩。⑤

---

① 祝庆祺等编:《刑案汇览三编》(三),北京古籍出版社 2004 年版,第 1695 页。

② 胡震在对于京控案件的研究中,也指出在承审官对于诬告者多不以诬告罪处理,其原因在于他们大概判定这种诬告是一种诉讼策略。从本文来看,也即并不是真正"有心诬告"。参见胡震:《清代京控中当事人的诉讼策略和官方的结案技术:以光绪朝为例的一个分析》,《法学》2008 年第 1 期。

③ 官箴书集成编委员会编:《官箴书集成》第 9 册,黄山书社 1997 年版,第 98 页。

④ 例如庄纶裔《卢乡公牍》卷二:"详县民孙兰馨府控张尚谟案详文"有:"姑念一经讯,该原告理屈词穷,亦即据实供明'委系饰词图准、添砌贿串'等字样,并非有心诬告,情同自首,与始终狡执者有间。"官箴书集成纂委员会编:《官箴书集成》第 9 册,黄山书社 1997 年版,第 565 页。

⑤ 例如刘衡《州县须知》"理讼十条"中有:"其有理不甚足者,逐层批驳,文不厌烦,当时即行榜示。其情节支离,有心播弄者,即时取结立案,立予薄惩。"官箴书集成纂委员会编:《官箴书集成》第 6 册,黄山书社 1997 年版,第 109 页。

通过以上整理,可以看到,无论是在"审转案件"还是在"自理案件"中,"有心诬告"与"非有心诬告"都是官员们处理"诬告"时的重要区分。这里可以简单概括出这两类"诬告"的大致含义。首先,无论是"有心诬告"还是"非有心诬告",都是"故意"捏造事实控告别人的行为,在这一点上并无差别。然而从案例中可以看出,"非有心诬告"行为虽然是"故意",却是有类似"疯发无知"或"情虚畏罪"等非有心诬告害人的原因。与此相反,"有心诬告"或是"有心播弄",或是"指命吓财",都意味着主动利用"诬告"来危害他人或者谋求不当利益。因此,对于"非有心诬告",地方官往往不予惩罚或者只给予较轻惩罚,而对于"有心诬告",则多按照诬告罪处理(审转案件)或者是给予适当薄惩(自理案件)。

其实,"心"的含义在中国传统法律中非常重要。例如有在《汉书》"薛宣朱博传"中便有"春秋之义,原心定罪"①一句。而《春秋繁露》中亦指出:"春秋之听狱也,必本其事而原其志。志邪者不待成,首恶者罪特重,本直者其论轻。"②这里所提到的"心",是指行事时候的"志",所谓"志邪者",便与此处所说的"有心诬告"的"有心"类似。③ 从"志邪"更可以看出,"有心"不仅是单纯的"故意",更是指其背后有着恶的主观动机。与此相对的,则是虽然同属于"故意",但背后并无邪恶的主观动机,而仅仅是由于"无知"等原因而造成的"故意"。这种故意,更接近《春秋繁露》中所说的"本直

① 班固:《汉书》第 10 册,中华书局 1964 年版,第 3395 页。
② 董仲舒著,苏舆义证:《春秋繁露义证》,中华书局 2015 年版,第 89 页。
③ 柳正权:《"原心定罪"与"原情定罪"之异同分析》,《中国政法大学学报》2012 年第 2 期。

者"，与"志邪"相区别。

概括而言，"有心诬告"是指故意并有着恶的动机的诬告，"无心诬告"是指非故意的诬告，实际上是"错告"而非"诬告"，因此在法律中并不存在。而"非有心诬告"，是指虽然故意，但是没有真正恶的动机，而是"情有可原"的诬告行为，即存在着可以得到一定理解与原谅的某层情理。而这种情理，不在现代法律的考量之中。在当代中国法律中，只是存在"故意犯罪"与"过失犯罪"的区分[1]，"故意犯罪"虽然又可分为"直接故意"与"间接故意"，但都无法涵括"非有心诬告"的含义。如上所述，区分"有心"与"非有心"的，不是现代法律上动机的逻辑，而是传统的情理逻辑。

(三)"冤抑"与"诬告"

正式进入档案材料前，有必要对"非有心诬告"中的"冤抑"问题做探讨。在上述"非有心诬告"诸案例中，除明显的理由，如"情虚畏罪""饰词图准"等外，还有一个经常出现但又较含糊的表述："事出有因"或"情有可原"。这样一种描述揭示了"饰词图准"等"非有心诬告"背后的重要原因，涉及当事人在提出诬告时的某种心理状态，经常被称作"冤"或"气"，在《官箴书》中也多有提及。例如觉罗乌尔通阿《居官日省录》中有："若代书而不肖，怂恿架词，装点情节，愚民当负气之时，一心求胜，不知诬捏之罪，于是情伪百出

---

[1]　参考《中华人民共和国刑法》(1997)第十四条"故意犯罪"、第十五条"过失犯罪"，在此不赘述。而且，"非有心诬告"与"虚假诉讼罪"所指"以捏造的事实提起民事诉讼"也不同，传统法律中没有民刑区分，"非有心"并不意味着对等的两个民事当事人存在。

矣。息讼兴讼,全在代书为人邪正。"①

从中可见,讼师等成功唆使的前提条件在于:当事人已经有着某种不满之"冤"或者"气"。只有在这种前提下,代书的唆使行为才能成功。那么,这里出现的当事人之"冤"与"气",应该如何理解呢?对于此种"冤情",寺田浩明将其理解为某种"冤抑"的精神状态。在寺田浩明看来,中国传统的诉讼乃是源自相互挤压的社会,当事人由于受到过度挤压,感受到对方的"欺压"及自己的"冤抑",由此在词状中向地方官提起诉讼,希望自己的"冤抑"得到伸张。②

基于此种"冤情"理解来考察"诬告"的话,便会产生如下问题:当事人在表达自身"冤抑"时,为何会采取"诬告"形式呢?同时,从此种"冤抑"之情到具体的"诬告"行为之间,又需要经历怎样的过程呢?要探究这一问题,同样必须进入到对"诬告案件"的具体研究中。不过,由于本章主要运用的是巴县档案中的租佃类案件档案,因此还局限于自理类的户婚田土案件中。

四、同治时期巴县档案中的"诬告"案件

本节将首先通过"有心诬告"与"非有心诬告"的区分,来分析巴县档案中与田地租佃相关的诬告案件;然后基于巴县档案中具体案件的内容,深入探讨"有心诬告"与"非有心诬告"背后所隐含

---

① 觉罗乌尔通阿:《居官日省录》卷一,咸丰二年刊本,载于《官箴书集成》第8册,黄山书社1997年版,第36页。

② 寺田浩明『権利と冤抑:清代聴訟世界の全体像』,『法学』第61卷第5号,1997年。

的中国传统社会的行为逻辑。所谓巴县档案,是指现藏于四川省档案馆的《清代巴县衙门档案》,收有清代自康熙年间至宣统年间与巴县衙门相关的大量文书档案。其中的档案主要有两类,一类是官府间的往来文书,另一类则是与百姓相关的诉讼文书。本文所使用的主要是同治年间与田地租佃相关的诉讼文书。①

(一) 租佃类档案中的"诬告"案件

如前所述,广义的"诬告"是官僚与庶民之间共通的对于"诬"的理解,可以称为"诬告"、"诬"、"捏告"或"捏诬"等。在巴县档案的词状②中,将对手的词状指责为"诬告""捏告"等的例子极多。此外,根据同一案中不同词状以及最终的审断结果,可以判断词状是经过捏造、歪曲,或者夸张的案例数量也不少。例如在现存的同治时期巴县档案中,据前统计,与田地租佃相关的案件至少有 301件。其中,当事人或者地方官明确将某个词状称为"诬告"或"捏造"的案件,约有 120 件。此外,虽然词状中没有"捏""诬"字样,但通过案件审断或不同词状对比,可以推测有明显"捏诬"内容的案

---

① 关于巴县档案的详细介绍,参见夫马进:《中国诉讼社会史概论》,范愉译,《中国古代法律文献研究》第 6 辑,社会科学文献出版社 2012 年版;马小彬:《清代巴县衙门司法档案评介》,载于《四川清代档案研究》,西南交通大学出版社 2004 年版,第 39—50 页。

② "词状"是对传统诉讼中当事人提出的各种文书的统称。具体名称可有多种,例如告状、诉状、禀状、首状等。不同的名称对于理解档案有着重要意义。但是在巴县档案中,经常因字迹模糊或者状纸残缺,导致无法确认名称。在本文中,能够确认的进行确认,而对于难以确认的,则称之为"词状"。有关明清时期诉讼状的称呼,可参考滋贺秀三:《诉讼案件所再现的文书类型:以"淡新档案"为中心》,林乾译,《松辽学刊》(人文社会科学版)2001 年第 1 期;夫马进:《中国诉讼社会史概论》,范愉译,《中国古代法律文献研究》第 6 辑,社会科学文献出版社 2012 年版;阿风:《明清徽州诉讼文书的分类》,《徽学》第 5卷,安徽大学出版社 2008 年版。在此不赘述。

件,约有 20 余件。其他的案件,则由于档案模糊或内容不全无法确认。虽然由于案件本身的含混性无法保证绝对准确,但由以上统计可知,在同治时期租佃类案件中存在着普遍的"诬告"行为。实际上,不仅是租佃类案件,在巴县档案的各类案件中,都普遍存在"诬告"行为。这便是前述所谓"十状九诬"的具体表现。

此外,如果按"有心"与"非有心"的区别来看,可以断言,整体上,在同治时期巴县的租佃类诉讼案件中,"非有心诬告"占据绝大多数,"有心诬告"只是极少部分。不过,由于在自理案件中不需要地方官明确写出该案件是属于"有心诬告"或"非有心诬告",因此,对于两类诬告的数量只能大略估计。前述论及对于自理案件中的"有心诬告",地方官往往会给予薄惩,而对于"非有心诬告",则多不予处罚(如果"非有心诬告"导致了某些后果,亦有可能会给予惩处)。因此,只能根据地方官对"诬告"的惩罚情况,从侧面推测同治时期租佃类案件中"非有心诬告"与"有心诬告"的数量比例。

在前述约 120 个明确有"诬告"字词的租佃类案件中,对于相关人给予某种程度处罚(例如掌责、锁押等)的案件有约 16 件。从内容看,其中由于"有心诬告"行为而处罚的约有 6 件,而在其余的 10 个案件中,可以推测有 5 件的惩罚原因部分来自"有心诬告"。[1]此外,由于当事人"当堂狡赖"行为而给予掌责的案件有 4 件。[2]"当堂狡赖"的行为,也可以理解为是当事人在公堂上坚持"有心诬

---

[1]　明确提到"捏控"的有《巴县档案》(同治朝)No. 13664、No. 13690、No. 13755、No. 13781、No. 13991、No. 13995。从案件内容能够推测是由于诬告而致惩罚的有 No. 13694、No. 13760、No. 13837、No. 13965、No. 13994。

[2]　《巴县档案》(同治朝)No. 13762、No. 13810、No. 13877、No. 13950。

告"。可见,同治时期巴县档案中 100 余个有"诬告"记载的租佃类案件中,只有十余个案件可能是因"有心诬告"而被地方官惩罚。据此,可以大致推测在同治时期租佃类案件中,"非有心诬告"的情况占绝大部分。其实,从《官箴书》来看,这样一个判断不仅是巴县的情况,在其他地方也如此。①

(二) 租佃类"非有心诬告"的具体分类及其意义

清朝巴县地区的租佃,可以看作是中国传统租佃关系的一个代表。明清之交,巴蜀人口大量减少,伴随着湖广填四川,大量人口的迁入带来多种外来的租佃类型。因此,巴县地区的租佃关系与两湖、江西等地非常类似。不过,在经济史研究中格外受到关注的田面田底和一田二主制度,直至民国时期也没有在当地出现。

在此,可以将巴县地区的租佃关系理解为三层关系的结合体。第一层是最基础的田主与佃户间的关系,档案中称为"主客"关系。简而言之,"主客关系"是指双方以"主"和"客"的关系来看待对方,重视二者在伦理意义上的"主客之情"。第二层是由田主与佃户关系往外扩展一圈,涉及基层社会中由团首等人主持的"减免习俗",档案中将此称为"大市"。"减免习俗"是指针对租谷的减免,由地方基层社会("团")来商议每年的具体"减免"数额。第三层是再往外扩展的"市场原则"。因为租佃的押租银涉及货币关系,而重庆

---

① 例如周际华《海陵从政录》中便对诬告有如下论述,"第思民既含冤,自应呈告。而告必有辞,辞不尽实。或捏造事由,或装点情节,或多为支节以行其朦蔽之私,或胪列多人以肆其拖累之毒"。(官箴书集成纂委员会编:《官箴书集成》第 6 册,黄山书社 1997 年版,第 243 页)可见他所看到的海城地方的诬告,绝大部分也是含冤的"非有心诬告"。

又是商业大都市,市场与货币对租佃关系影响巨大,因此"市场原则"在租佃关系中非常重要。在档案中则表现为按契约缴纳定额租谷、按契约归还押佃银以及押佃与租谷之间的对应关系等。[①]

在研究租佃关系的专门论文中,为详尽分析租佃关系的某一侧面,通常会采取独立的研究视角。然而在实际的租佃关系中,这些不同的侧面并非相互独立,而是恰恰相反,处在相互关联与冲突的复杂关系中。本章将按照这些不同侧面间的复杂关系,分析"非有心诬告"行为的内在逻辑。

1."主客关系"与"市场原则"的冲突

从租佃类案件的总体看,"主客关系"与"市场原则"之间的关系,是构成租佃类案件的一大类型。

例如,在案例 No. 13685[②] 中,同治二年八月十六日,田主卢登山提出告状指控佃户刘瑞堂。田主指出三点:第一,佃户没有按时按量缴纳租谷;第二,在契约到期后,佃户却不愿退还土地,还阻碍新佃;第三,佃户殴打田主嫂子。其中,田主最重视的理由是前两个(第三个则更多是为了求"准")。而这两个理由,恰恰都是以租佃关系中的"市场原则"来指控佃户,指责他没有缴纳租谷,又不照契约按时退佃。对此,知县的批语是:"据呈有无镠辖,候验伤唤讯究逐。"

八月十七日,被告佃户刘瑞堂亦提出告状指控田主。佃户指出:第一,在正式照契约退佃前,田主便蛮横无理地强迫自己退佃;

---

① 对于第一层清代巴县租佃关系中的主客关系,参见本书第二章。
② 智里五甲卢登山以将田业另行招佃被阻告刘义合等殴其嫂叩验唤一案,同治二年,四川省档案馆藏,《巴县档案》(同治朝)No. 13685。

第二,田主不仅要求提前退佃,还令妻子率人来家将佃户家具等强行扔出。在此,佃户想塑造的是一个蛮横无理、不顾"主客之情"的田主形象。而对于租谷滞纳等相关情节,则没有提及。对此,知县的批词是:"昨据卢登山控称尔与刘义合图索凶阻等情,批准验唤在案。尔呈是否实情,候并唤讯。"其后,佃户又提出禀状,指控田主的另一件"恶事"——由于今年歉收,佃户曾向田主请求减免租谷三石,田主当时应允;但到了退佃当日,田主却反悔不肯减免,还支使妻子凶闹。在此,佃户主要强调的是田主违背了租佃关系中的"减免习俗"。

十一月十八日,知县进行审讯。根据供词,事件的真相其实是田主词状与佃户词状的综合体。该年八月,佃户在退佃时曾向田主请求减免租谷三石,但被田主拒绝。因此,佃户便采取滞纳租谷、霸踞不搬的行为。其后,田主支使妻子率领亲戚等到佃户家中,要将佃户赶出。结果双方发生冲突,佃户将田主嫂子打伤。最后地方官判决,由于佃户将人打伤,因此对佃户给予掌责,同时命令田主减免租谷三石。

在这个案件中,无论是田主还是佃户,其实都没有在词状中陈述案件的全部事实。毋宁说,二者都仅仅将事件的某一侧面夸大,同时将不利于自己的另一面加以隐瞒和扭曲。通过这种处理,诉讼当事人制造出"非有心诬告"的词状,以此展开自己持有的某一侧面的"道理",并强调对方严重地违背了这一"道理"。此案中,田主的词状片面强调佃户滞纳租谷、阻碍新佃、殴打田主嫂子的暴行,同时隐瞒了佃户曾要求减免,以及妻子率人强行驱逐的情节,由此塑造佃户横不纳租的形象。而在佃户词状中,则是强调田主暴力驱赶，捏造田主应允减租后又反悔的行为。可见，田主是通过诬告来强调自己秉持的"市场原则"，而佃户则通过诬告来强调自己主张的"主客之情"。当然在此案件中，也包含"减免习俗"的要素，但此处的分类不是要区分案件类型，而是为了揭示事件中"情理逻辑"的不同层次。而在此案件中，"主客关系"与"市场原则"的冲突占主导，所以以此来说明这一层次的影响。

这一案件的产生，是由于租佃关系中的佃户所持"主客之情"和田主所持"市场原则"间的冲突而生。最终，地方官的处理是一方面惩罚佃户殴人的行为，另一方面命令田主减免租谷，而佃户则要缴纳租谷。

与此类似的案例还有很多，例如在案例 No. 13731[①] 中，田主反过来控诉佃户的行为违背了"主客之情"，指责佃户在租谷平分的情况下荒废田地，导致收获逐年下降，危及田主生活。而佃户方面，则强调自己没有违背契约规定，是田主故意在契约期限内单方面退佃。在此，佃户强调的是遵守契约的"市场原则"。虽然在最终审讯前，当事人双方通过乡约调解达成了和息，但从田主与佃户的词状看，可以明确各自都有着"捏诬"情节。其中，田主强调"主客之情"，而佃户则强调"市场原则"。

以上两个案件中，田主与佃户的词状都是通过隐藏一部分事实、夸张另一部分事实，来强调自己主张的某一层面的道理。而诉讼案件所展现出来的矛盾，恰恰是背后"主客之情"与"市场原则"间的冲突。此处所说冲突，并不是客观规律上两个原则间的冲突，

---

① 仁和坊卢商氏控李荣贵押民业还恶欺霸踞等情，同治三年，四川省档案馆藏，《巴县档案》（同治朝）No. 13731。

而是指人们在面对这一事件时候,他们心中所能够想到的不同层次的人情道理。在人们行动时,恰恰会把这二者看成是相互冲突的,通过强调一层道理来对抗另一层道理。

2."减免习俗"与"市场原则"的冲突

在"主客之情"与"市场原则"的冲突外,另一类较多的冲突则发生在"减免习俗"与"市场原则"之间。

案例 No. 13890[①] 中,同治八年十二月廿九日,田主李荣美首先提出告状控告佃户刘大廷。其中指出三点:第一,佃户不缴纳足额租谷;第二,退佃之后盘踞不搬;第三,田主讨要田租时,佃户反而凶殴。值得注意的是,此案是典型的"轻押重租"[②],田主只获得较少押佃银,因此相应地对租谷要求较高,对于佃户的"租谷不清"十分不满。可知,田主在此案中所主张的是"市场原则"。对此,知县的批词是"候差唤查讯"。其后在同治九年二月十八日,当地的职员与团首一同提出晰状,声称田主是地方"豪恶",指出当地方的团首、文生等共同要求田主减免租谷(即"减免习俗")时,田主拒绝听从。不过,知县对此的批词是"该生等事不关己,不得联名旁渎"。

其后,佃户刘大廷提出了自己的诉状,指责田主是"诬诉"。其中指出:第一,田主在购买田土时,佃户充当中间人,当时田主约定

①　节七甲李荣美为押佃民业住种连年租银未清退佃估踞不搬寻民持刀夺命等告刘长盛一案,同治八年,四川省档案馆藏,《巴县档案》(同治朝)No. 13890。

②　该案例中押租银三十两,每年租谷二十五石。同治时期的巴县,一石谷价值约三两银子,租谷合有七十五两。租谷是押租的 2.5 倍,在巴县地区,这属于"轻押重租"情况。关于四川地区的"轻押重租",可参见李德英:《民国时期成都平原的押租和押扣:兼与刘克祥先生商榷》,《近代史研究》2007 年第 1 期。

给佃户三十两报酬,之后一直未给;第二,地方有"减免习俗"("大市八撬",即按八成缴纳),但田主不同意这一减免习俗,要求九成缴纳;第三,在众人协调下,要求田主将租谷的不足部分给予减免,但是田主不遵从这一决议。在此,佃户强调的是由地方基层社会来决定的"减免习俗",并特别指责田主不遵守减免习俗。同时,佃户在词状中隐瞒自己长时间"租谷不清"的情况。对此,知县的批词是"候讯"。

最后在正式审讯前,田主与佃户在衙门口接受了中人调解达成和息。因此,在"供词"部分只有"今蒙审讯,小的们业已经在外为他们说息,具结完案"。通过比较田主和佃户的词状,可知无论是田主还是佃户,都有着明显的"诬捏"行为,都是通过对某一部分事实的隐藏、歪曲、捏造或夸张,强调自身所主张的"减免习俗"与"市场原则"。最后的和息很可能也是当事人在部分考虑到"诬告"后果后,才达成的。

与此类似的案例有很多。例如在案件 No. 13692[①] 中,田主主张"市场原则",而佃户则主张"减免习俗",双方都是单方面地强调某一个侧面的事实,并据此来主张自己的"道理",同时指责对方是"捏诬"。通过对一部分事实的隐藏、歪曲和捏造来进行"捏诬",似乎成为主张各自"道理"、表达各自"冤情"必不可少的方法,而诉讼的发生,便是源于不同"道理"与"冤情"之间的冲突。[②]

---

① 太平坊义茂因租佃耕纠纷控告佃户郑兴顺一案,同治二年,四川省档案馆藏,《巴县档案》(同治朝) No. 13692。

② 不过,在现存的同治时期巴县档案与田土相关的租佃类案件中,"主客之情"—"减免习俗"之间的冲突极为少见。究其原因,可能是此两者更多属于协助而非冲突关系。

3."非有心诬告"的意义

如何理解以上事例中的"非有心诬告"呢？特别是对不同道理间的冲突与"非有心诬告"的关系,应该如何理解？

夫马进在其关于"讼师秘本"的研究中,探讨了"讼师秘本"中"词状"的两个理想特征:其一,讼师写作词状,目的是帮助没有文化的庶民,使庶民的"冤情"与"不平之气"得以表达;其二,讼师在写作词状时一定要遵循必要的"理",不能胡乱捏造事理。[①] 基于这一研究,可以提出进一步的问题:如果理想中的词状是为了表达庶民的"冤情",那么此种词状是否也充满着"诬捏"情节呢？如果理想的词状是根据某种"理"写作的,那么这种"理"是怎样的"理"呢？或者说,通过讼师词状表达出来的庶民之"情"与"理",与事件本身的真相有着怎样的关系？

从以上巴县档案中租佃类"非有心诬告"例子来看,无论是田主还是佃户,在其词状中毫无疑问都主张着某种"理"。例如在租佃关系中,最重要的是"主客之情""减免习俗",以及"市场原则"这三层道理。而在道理上,则是当事人真实的"冤情"与"不平之气"。此处的"冤抑"绝不仅是因利益受到挤压或者受到损害而产生的情感,更是由于自己主张的某一层道理被无视或否定而产生的情感。在某种意义上,巴县档案租佃类案件中的词状,与"讼师秘本"中的理想词状有着类似之处,既包含着庶民的"冤情"与"气",同时也包含有着重要的"理"。

毫无疑问,巴县档案中的词状绝大部分都是由讼师(或代书)

---

① 夫馬進「訟師秘本の世界」,載于小野和子編『明末清初の社会と文化』,京都大学人文科学研究所,1996年。

写出来的。这也意味着，当讼师在为不懂文字的庶民代言时，要将其"冤情"和"不平之气"明确表达为某种"理"时，所使用的便是"诬告"这一手段。在"非有心诬告"的过程中，可以推测当事人在一开始时所体会到的是某种暧昧含混的"不平之气"，但如果仅仅将这种暧昧含混的"冤情"如实记录并作为词状提交的话，则必定被知县以"事实不清"为理由驳回。因此，讼师对于含混"冤情"的整理过程，便是通过对事实的某一部分进行夸张或强调，同时对另一部分进行歪曲或隐藏，捏造一些可有可无的情节，由此达到专门强调某些事实与某一道理的目的。可以看出，中国传统词状的根本目的便是要明确地提出自己主张的"理"，指责对方行为违背了该"理"，同时表达自己的"冤抑"之情。所以最为重要的，便是如何通过对事实的加工，给予地方官一个鲜明的"理"与"情"的印象。此时，以"非有心诬告"的方式来写词状便成为必然选择。例如在与诉讼相关的京剧《四进士》中，就连身为司法官员的八府巡按毛朋，在为民女杨素贞写状纸时，竟然也捏造了案情，同时还说道"一字入公廨，无赖不成词"。① 京剧是艺术创作，但艺术创作的根本恰恰是对生活的高度凝练。所以，理想型的中国传统词状，其实质便是"非有心诬告"，二者是同一个过程。

那么，又该如何理解"有心诬告"呢？在案件 No. 13994② 中，田主指控佃户不缴纳租谷，向他讨要还被殴打，佃户则指责田主不

① 中国戏剧研究院编：《京剧丛刊》第 19 集，新文艺出版社 1954 年版，第 65 页。

② 直六甲何元发以套当估骗租谷不给将当明之田蓦卖并凶伤情告龚洪顺一案，同治十二年，四川省档案馆藏，《巴县档案》（同治朝）No. 13994。

遵从"减免习俗"。最终审讯发现佃户大量欠租,同时前一年并未有"减免习俗",因此判定佃户只是利用"减免习俗"来有心诬告而已。所以,知县没有认可减免,而是命令佃户限期缴纳全额租谷,还处以掌责。简而言之,在"有心诬告"的情况下,词状所表述的"事实"以及"道理"都是捏造出来的,背后没有真实的"冤情"及"不平之气"。但有趣的是,"有心诬告"采取的形式却是对"非有心诬告"的模仿,即捏造出自己主张的某一个事实与道理,以此来对抗对方的另一个道理。因此,虽然"非有心诬告"与"有心诬告"是关于"诬告"的重要区分,但二者其实采取了相同的诉讼形式。进一步说,"非有心诬告"与"有心诬告"虽然都是故意诬告,但"非有心诬告"不是故意要通过诬告去害别人,而是要通过诬告来强调自己的冤情与道理。相反,"有心诬告"的背后则没有此种冤情和道理,只是假装自己有而已,但所假装的模式与"有心诬告"一致,即把自身伪装成"非有心诬告"。这样一种"非有心诬告"与"有心诬告"所共通的"道理"间的冲突模式,正反映了中国传统社会处理纠纷时的普遍样态。

对此,滋贺秀三曾基于对判词等史料的分析提出"情理"概念。滋贺秀三在《清代诉讼制度之民事法源的概括性考察——情、理、法》中指出:"无论口头上说与不说,情理经常在法官心中起作用。在这个意义上,应该说判语都是充满这种情理的文章。国家的法律或许可以比喻为是情理的大海上时而可见的漂浮的冰山。"[①]这

---

① 滋贺秀三等:《明清时期的民事审判与民间契约》,王亚新等译,法律出版社1998年版,第36页。

一概念对中国法制史和社会史学界产生重要影响。①

　　本章"诬告"案件中揭示的"情"与"理",与滋贺秀三所说的"情理"之间有着怎样的关系呢?本章能否对滋贺的"情理"理论有所修正与推进呢?下文将通过具体案件进一步探讨。

五、地方官对"诬告"的应对:"情理"概念再检讨

　　在滋贺秀三看来,"情理"概念有着两层重要含义:第一,"情理"是中国传统地方官进行民事裁决时持有的某种正义-衡平感觉;第二,"情理"在中国传统社会普遍存在,不是人为设定,而是由人心自然赋予的中国式的正义-衡平感觉。② 第一层含义是滋贺对各种官箴书和判词等进行分析后提取出来的内容,第二层含义则将此概念扩展到中国社会的整体。他将情理形容为"大海",法律则是漂浮在"情理大海"上的冰山。

　　在滋贺秀三提出的"情理"概念基础上,可以提出两个问题:第一,滋贺的史料来源大都是地方官写作的官箴书、判词或文集等,

①　参见何勤华:《清代法律渊源考》,《中国社会科学》2001年第2期;霍存福:《中国传统法文化的文化性状与文化追寻:情理法的发生、发展与命运》,《法制与社会发展》2001年第3期;林端:《中西法律文化的对比:韦伯与滋贺秀三的比较》,《法制与社会发展》2004年第6期;姚旸:《清代刑案审理的法源探究》,《南京大学法律评论》春季卷,法律出版社2010年版;汪雄涛:《"情法两尽"抑或是"利益平衡"》,《法制与社会发展》2011年第1期;杜军强:《法律原则、修辞论证与情理:对清代司法判决中"情理"的一种解释》,《华东政法大学学报》2014年第6期。在2006年,清华大学召开"传统中国法制"座谈会,核心议题是传统中国的司法裁判依据是法律还是情理的问题。
②　滋贺秀三『清代の民事裁判について』,载于『続清代中国の法と裁判』,创文社,2009年。

因此"情理"主要是指地方官理解的情理。那么地方官之外的人如何理解"情理"呢？第二，滋贺将"情理"定义为一种抽象的正义-衡平感觉，然而在具体的纠纷案例中，此种"情理"又具有怎样的内容呢？

（一）"不合情理"：一个理解的悖论

若根据滋贺秀三的"情理"概念，"不合情理"的行为便是违背了整个社会的正义-衡平感觉的不当行为，理当遭人斥责。在具体的档案词状中，也经常见到以"不合情理"或"违背情理"等词来指责对方的情况。例如在案件 No. 13689[①] 的田主告状里，便有"生载册善良，素不染非。遭此抗佃蔑法，捏痞妄诬，情理奚容。恳赏提讯严究"，田主在此指控佃户的"抗佃"及"诬告"行为。在此，"情理奚容"的含义丰富，一方面是指佃户"抗佃"即不交租谷，违背了租佃的市场原则，另一方面也指以诬告的手段欺压田主。

而在案件 No. 13734[②] 的田主告状中，则有"且买文和田业，价清契税，今已两载，兹复瞒串翻控，情理安在"，这里的"情理安在"，在事实层面是指买田已经两载，对方却又来滋事翻控。但是再往下来理解，为何买了两载之后再来滋事，是"情理安在"呢？这背后恰恰潜藏着一个具体的"情理"，即买卖的市场原则，它要求人们在买了田业后要遵守契约。这既是人情，也是道理。所

① 正八甲周元喜陈敬廷以私提匿掭及霸耕买业抗不投佃业等情互控案，同治二年，四川省档案馆藏，《巴县档案》（同治朝）No. 13689。
② 忠九甲周正斌以骗蚁租谷不担估踞理斥触怒将蚁凶伤等情控卢文和等一案，同治三年，四川省档案馆藏，《巴县档案》（同治朝）No. 13734。

以,此处的"情理安在",并不是一个含糊的表述,而是有着具体的含义。

正如上述两个案例所示,当诉讼当事人在词状中指责对手"不合情理"时,其实背后存在着他自己认为应该遵循的某个"情理",否则便不会有"奚容"和"安在"这样的表述。当然,"情理"本身是一个综合的呈现,本章在强调某一个情理的时候,是特意将其中的一层拆分出来进行阐明。

在当事人看来,词状中必然要强调对方"违背情理",这既是传达自己的"冤情",也是主张自己的"道理"。但悖论的是,在实际案件中,如果词状太过夸大对方"违背情理",反而会引起地方官的反感,招致对这一词状本身"不合情理"的指斥。

例如在案件 No. 13965①中,同治九年四月十八日,川主会②首事刘载衡等提出告状起诉李有芳。其中称:豪恶李有芳曾申请进入川主会管理仓谷,但在请求被拒绝后,李有芳于四月十三日率人扭开门锁进入川主会仓库(位于寺庙中),抢去十一石谷子并殴打寺庙住持。按照这一陈述,李有芳毫无疑问是"情理奚容"之人,但知县对于该词状的批词却是:"李有芳既非施主又未经管庙务,何至平空率领众人将庙内谷石搂去。所呈殊不近理,其中显有别故,候验伤唤讯察究。"

---

① 直八甲刘载衡控告李有芳经管租谷估搂谷吞反颠凶一案,同治十一年,四川省档案馆藏,《巴县档案》(同治朝)No. 13965。

② 川主信仰是流行于巴蜀地区的一种民间信仰,祭祀的主要神祇是"川主"李冰。"川主会"则是每年负责组织祭祀川主的民间组织,在清代巴县档案中经常出现。参见蓝勇:《老四川区域的文化特征及其形成原因》,《成都大学学报》(社会科学版)1999年第2期。

　　知县没有轻信词状,反而认为内容不近情理。[①] 从此后堂讯看来,知县的怀疑是有道理的。审讯后得知:道光年间,李有芳的祖父与他人一起创立川主会,其祖父与父亲都曾管理过仓谷。但到了李有芳时,由于经管不善且侵吞仓谷,被川主会免职了。免职后,李有芳试图再次恢复职位,仍被众人拒绝,因此他率人抢去仓谷十一石。最初的原告词状对李有芳的背景没有做任何说明。这样一种对事实的隐藏,显然是为了强调李有芳的"豪恶"形象而采取"非有心诬告"。但对知县而言,这样一种对于"恶行"的过度强调,反倒属于"殊不近理"。与此类似的案件还有很多,例如在案件No. 13935[②] 中,首先是佃户控告田主串骗凶押。对此,知县的批词是:"起衅事甚细微,何致串骗凶殴。词出一面,殊难凭信。惟据称尔妻徐氏被殴伤沉,姑候验伤照察夺。"也是怀疑词状不可信。结果发现,佃户确实是有心诬告。在这一案件中,由于佃户过度夸大田主违背情理的"恶行",反而被地方官识破。

　　由以上两个案例可以看出,诉讼当事人词状中的"情理"概念,与地方官所理解的"情理"概念有着很大不同。词状中的"情理",强调的是关于某一事件的某个具体"道理"(例如租佃中的"主客之情"或"市场原则"等)与"冤情",可称之为"情理"的"单一维度"。当事人指责对方"不合情理"时,恰恰就是指责对方的行为违背了

———————————

① 　在案件中是"殊不近理",此处的"理"可以理解为"常理"。但是,此处的"常理"并不是类似于物理规则那样的不变的自然规律,而是指的对于日常中人们的情感以及行为逻辑的推测,其实质便是"情理",也即是一般人们会有何种感情,会如何行动。在传统的理解中,"事实"一定是包含着对于在这一情景中人的情感的推测。

② 　仁十甲张应才以银押他佃耕种遭他人包买包骗捏弟凶殴打伤其妻具告廖春亭等一案,同治十年,四川省档案馆藏,《巴县档案》(同治朝)No. 13935。

自己主张的某个"单一维度"的"情理"。而地方官对于"情理"的理解却不仅如此,地方官的"情理"中自然包容当事人提出的某个"单一维度"的情理,但更重要的是认识到与事件相关的"道理"的多样性,同时不局限于某一方的冤情,也要体会多方当事人的冤情。对他来说,"情理"的重要性恰恰在于要全面地看到围绕事件的多个侧面的事实、道理以及情感,因此可以称之为情理的"综合维度"。可以说,地方官的"综合维度"的情理正是滋贺所说的正义-衡平感觉,但本章还涉及关键的具体内容,只有认识到同一事件中各种不同的道理与情感并存,才能在其间寻找到正义-衡平感觉。以租佃关系为例,不能仅遵循"主客关系"、"减免习俗"与"市场原则"中的某一个单独道理,还要看到这三种"道理"的共同存在,同时也要体会在这三种道理中的人的不同情感。如果一个词状太过强调某一个"道理"与"冤情",在知县看来,反而是"不合情理"。

(二) 租佃类"诬告"案件的"情理裁决"

前文论及,租佃类的"诬告"案件("非有心诬告")的本质,是"租佃关系"各方面"情理"间的冲突。前述案件中涉及的都是某一个情理与另一个情理相冲突的情况。但实际中,更多的则是两个以上的多重"情理"相互纠缠在一起,而裁决这类案件,最考验地方官依据情理的"综合维度"来处理问题的能力。

例如案件 No. 13696① 中,同治二年九月初九日,佃户钱杨氏提出禀状(为依势诬害事)起诉田主龚理。其中指出:第一,去年收

---

① 杨柳坊钱杨氏因佃业欠议定让谷遭龚理等倚势诬害等情讯究,同治二年,四川省档案馆藏,《巴县档案》(同治朝)No. 13696。

成不好，因此佃户依据习俗提出减免租谷的申请；第二，今年佃户的丈夫突然去世，因此又提出减免租谷的请求。在这两个理由中，第一个更多属于"减免习俗"，第二个更多属于"主客之情"。不过，田主却不认可这两个理由，反而蛮横地单方面退佃。对此，知县的批词是："候集案讯夺。"

同治二年九月初十日，田主龚理也提出了自己的禀状，指出两点：第一，前一年佃户滞纳了四十九石租谷，折银一百七十两；第二，佃户的租谷滞纳问题不仅是主佃间的问题，还影响到田主的捐输和政府军饷等。在这两个理由中，第一个属于"市场原则"，第二个则是田主企图将租佃问题与国家捐输关联，增强其严重性。对于田主的词状，地方官的批词是："钱大忠所欠该员租谷无偿，既经控案，自应□□（缴纳）。候讯追，毋得借此搪塞捐输。此饬。"在此，对于佃户的欠租行为，地方官要求其交租，但是对于将租谷与国家之间进行关联的行为，则明确加以批评。

其后在十一月初九日进行了审讯。根据现存供词可知：同治元年，由于歉收佃户确实向田主申请了减免三十石租谷，但田主拒绝了这一请求，只同意减免四石。因此，佃户便欠租不缴。同治二年，由于丈夫突然去世，佃户又以此为理由，不但要求田主将去年的欠租一概减免，还要求今年再减免三十石。同时，又申请今年剩余的租谷再按"照市纳租"的减免习俗进行减免。但田主对于佃户的这些请求全部拒绝，导致诉讼发生。

对于这一纠纷，地方官的裁决是：命令田主将去年的租谷全部让免，今年的租谷则按照减免习俗以"八成"缴纳。对于这个裁决，可以做如下理解：第一，考虑到去年歉收以及今年田主丈夫突然去世,知县于是裁断去年的租谷全部给予让免,这可谓是对"主客之情"的照顾;第二,今年的租谷以"八成"缴纳,则是考虑到具体的"减免习俗";第三,否定了佃户过分的减免要求,要求切实按"八成"缴纳租谷,则是对租佃中"市场原则"的承认。由此来看,对于在该诉讼案件中相互冲突的各层情理,地方官最后的裁断并不是简单裁定谁对谁错,而是协调冲突的各种情理,使这些情理都能得到适当实现。然而,对于与该事件并无真正联系的某些不恰当"道理"(例如租谷与捐输的关联等),知县则明确予以排除。类似的还有案件 No. 13950[①],田主主张的是"市场原则",佃户主张的是"减免习俗"。最终地方官的裁决是:第一,命令减免一部分租谷,这是对于"减免习俗"的支持;第二,限定期限命令佃户必须退佃搬离,这是对"市场原则"的支持;第三,知县特意命令田主专门支付十二千文的"搬家费"给佃户,这一点体现了对"主客之情"的重视。同时,佃户由于在公堂上"当堂狡赖",被给予惩罚。在这个案例中,知县对于案件的判决也是在各个相互冲突的"情理"间探寻平衡点,以至于各个道理的适度实现。更重要的是,知县还主动引入"主客之情"这一道理,使得事件中的田主与佃户间的"情理"关系更加丰富。

由上可知,同治时期巴县地方官在处理租佃类诉讼案件时,一方面确实如滋贺所言,以一种正义-衡平的"情理"感觉进行处理,但另一方面,这种正义-衡平的感觉并不是凭空出现的,而是有着重要的现实基础。这一基础,便是通过诉讼当事人的各种"诬告"

---

① 杨柳坊职员江观兰为出押租银拨佃连年租谷不清退佃不准新佃上庄反德多人伤民之情具告赵光培等一案,同治十年,四川省档案馆藏,《巴县档案》(同治朝)No. 13950。

词状所展现出来的同一个事件的不同层面以及各层"情理"。此处"情理"之"综合维度"的真正意义,便是在这些相互冲突的道理间达成某一个正义-衡平。这种正义-衡平并不是简单抽象的,而是一种在综合认识到各层情理之后抵达的平衡状态。在理想情形中,这能使得同一事件中各个道理都得以适当实现,同时也能使各个当事人所感受到的"冤情"和"不平之气"都得以伸张和化解。

更重要的是,对于当事人而言,地方官依据情理"综合维度"的裁断,在使得原告与被告感觉到自己的"不平之气"得到伸张的同时,也能让他们不再局限于自己词状中主张的某个"单一维度"的"情理",而是跟随知县的裁断,从事件的各个层面及其道理来看待事件本身,同时体会对方的感情,从而既超越最初含混的"冤情"感觉,又超越诉讼词状中"情理"的"单一维度",进入到对于整体事件"情理"的"综合维度"(包含各种道理与情感在内)认识中。在这一意义上,地方官对于案件的"情理"裁判,其实也是对庶民的"教化"过程。这一教化,不仅是简单地告知庶民什么是对什么是错,更是要教导他们从各方面来看到"情理"的"综合维度"。

六、传统社会中的多层情理

本章的目的不是探寻"十状九诬"的直接原因,而是希望通过中国明清时期"十状九诬"的社会现象,探讨中国传统社会对纠纷与诉讼的普遍理解。"十状九诬"以及"诬告成风"毫无疑问是中国传统社会中的一个重要社会现象,而造成这一社会现象的原因包含制度、人事等方面的影响因素。然而，在这些具体的直接原因背后，还存在着某一种普遍性的民情。不过，这种民情不是指人们对于某件事情的具体态度，而是指一般人在面对事件时采取的具体的理解与处理的方式，也就是本章最关注的"情理"问题。"情理"问题包括两层内容，第一层是对待具体事件时候的态度，例如本章所列举的与租佃相关的各层具体"情理"，第二层是形式层面的内容，如本章所说的从"情理"的"单一维度"到"综合维度"的结构。"情理"的形式结构对于中国传统社会的意义，类似于韦伯所言的"形式理性"对于西方社会的意义，"情理"亦是"实质理性"在中国的具体呈现形态。而"诬告"现象，正是探讨中国社会"情理"这一实质理性之结构的重要切口。

　　本章以同治时期巴县档案中租佃关系类的"诬告案件"为例，其中"非有心诬告"占绝大多数。"非有心诬告"是指虽然通过对于事实的隐瞒、夸张或捏造，以"诬告"的方式提起诉讼，但背后的确存在着当事人真实的冤情以及道理。通过对诉讼案件的进一步分析，本研究发现当事人一开始抱有的含混"冤情"，只有通过讼师等对于事实的夸张、扭曲与虚构，才能以"诬告"的方式明确地形成某种"情理"的"单一维度"，如租佃关系中的"主客之情""减免习俗""市场原则"等。因此在中国传统的诉讼中，诉讼的本质便是不同当事人所主张的各种"单一维度""情理"间的冲突。最终，也只有在这一"情理"间冲突的平台上，地方官才能够真正以"情理"的"综合维度"来处理租佃关系中各个"单一维度""情理"间的矛盾，在主客之情、减免习俗与市场原则之间达成具体的正义-衡平。通过对具体案件的分析，本章进一步推进了对滋贺秀三的"情理"概念的理解:第一,将"情理"概念由地方官的理解扩展到了词状当事人以及讼师等的理解,发现当事人词状中的"情理"强调的是某方面的"单一维度",地方官在进行裁断时所遵行的则是"综合维度"。其中,情理的"综合维度"更接近滋贺秀三的"情理"概念。第二,本章将"情理"概念置于一个具体的过程中进行理解。当事人在状词的写作过程时,才逐渐从含混的"冤情"中形成比较清晰的"单一维度"的情理。但当事人对"单一维度"强调太多,反而会被地方官判断为"不合情理"。地方官正是通过理解情理的各个"单一维度"而形成"综合维度",并通过裁断的方式教化参与诉讼的当事人。诉讼以及裁决的整个过程,也就是情理教化的具体过程。

再回到本文开初的问题,还可以看到,社会学研究中对于"人情""面子"的分析,其实与此处所说的具体的事件之多层情理,有着密切关系。例如在地主与佃户的关系中,如果地主与佃户考虑到双方的"主客关系"这一层情理而给予某些减免或照顾,那么双方其实是给了对方某个人情和面子,而如果是在"减免习俗"的情况下,在团邻等人的调节下达成了某些减免,那么在给对方"人情"的同时,还给了团邻的"人情"和"面子"。相反,如果不遵循"主客关系"或者"减免习俗",其实便是不给对方和团邻"人情"与"面子"。可以说,先行研究中大量探讨的"人情""面子"等概念,并不是凭空出现和抽象作用的,而是要基于围绕着某一具体事件而来的复杂的"情理",才能在其基础上出现。也可以说,这里的欠某人"人情"与卖某人"面子",都是要基于某个具体的事情本身的多层的"情理结构"。很多时候,只有在与具体事情本身相关的多层情理中有某一层的"情理"适合于这个"人情",才会出现送别人"人情"或者"卖面子"的行为。也可以说,围绕着具体事情而来的复杂且切实的"多层情理结构",才是先行研究中大量讨论的"人情"与"面子"的基础。

另一方面,在诉讼中,当事人双方特别强调的"冤抑",便是"气"的体现。而"冤抑之气"的出现,恰恰是因为当事人持有情理的某一层"单一维度"。正因为当事人心中持有某种他认为是正确的道理,才会产生充沛的"气"。当然,"气"一方面是来源于"情理",另一方面如果过度,则形成仅仅基于某一维度的情理便开始"盛气凌人"的情况。而很多时候,诉讼当事人双方都有"冤抑之气",这种"气"与"气"之间的斗争,其根源便是围绕着某个具体事件的多个情理"单一维度"之间的张力和冲突。可以说,中国人深层行为逻辑的核心部分,是围绕着具体事件的"情理结构"而展开的过程。在静态上,可以称之为"多层的情理结构",而在动态上,则可以称之为"单一到综合的情理教化"。"人情"与"面子"是人们在依循这一"情理结构"进行交往时出现的人际关系表现,"气"则是在这一情理结构运行中所产生的情感动力。

事实上,不仅在传统诉讼的过程中,在一般的民间纠纷中,甚至在最普遍的街坊邻里的争吵之中,都有着与本文所论的类似"情理结构",都是一个由含混的"不平"之"气"逐渐夸张为某一个单一道理,导致互不相让。最后的解决,也多是使双方道理都得到调和,或再加入更高一层道理来教育当事人。在这一意义上,民间的纠纷解决与官方的诉讼解决非常类似,其实都是遵循着"情理"的结构性形态。对于中国人来说,情与理是结合在一起的,其中的理是非常具体且现实,而且关涉到事情的各种层面。比如本文讨论的"租佃关系",便不仅仅是一个单纯的经济关系,而是首先用一个主客关系来理解自己与对方的关系,其次与"团"这一组织以及"减免习俗"有关,再者则与市场和货币有着关系,最后还需要考虑知县对于租佃关系所可能的考虑。中国人在面对一个事情时,其实并不是只有一层的情理,而是一个多层的"情理结构"。正是在这个多层"情理结构"的基础上,才生长出人与人之间的"人情""面子""气"等概念。

在现代西方社会中,"租佃关系"意指的是明确由法律所保障的作为经济关系的租佃关系。这一点与中国传统的"多层的情理结构"相差甚远。若与邻国日本进行比较的话,则差异更显微妙。在中国"多层情理结构"中,理想状态是围绕着某事各层情理,从情理的"单一维度"走向"综合维度"。这一点其实与中国式"情理"中对于"理"的侧重有关。而不同的是,日本传统更偏于"情"的一侧。① 因此在日本传统社会中的行为逻辑,不是"多层情理结构",而是更倾向于走向某一种"情"的纯粹化行为。

如果以"多层情理逻辑"这一中国人的行为逻辑来反观当代的中国社会,则会发现:一方面,现代西方的法律逻辑对于中国社会的影响越来越重。例如对于"租佃关系"的理解,越来越倾向于法律上的租佃权利与义务的关系。另一方面,在很多时候,法律规定之外的各层"情理"同样深刻地影响当事人对于租佃关系的理

---

① 凌鹏:《近世日本社会中的义理与超越兼论与中国"情理"的对比》,《社会》2021年第6期。

解。最典型的案例便是外来资本如何真正能扎根乡村社会的研究。[①] 外来资本与村庄之间的土地租佃，并不仅仅是单纯的经济关系，更涉及与出租土地的农民的个人关系（类似于传统的主客关系）、与这个村庄集体的关系（类似于传统的与团的关系）等。由此可见，"多层的情理结构"这一中国人传统的行为逻辑，依然对于当今中国社会具有重要影响。

---

① 徐宗阳：《资本下乡的社会基础：基于华北地区一个公司型农场的经验研究》，《社会学研究》2016 年第 5 期。

第六章　清代中后期巴县地区
"团"之社会性特征
——以咸丰朝巴县档案相关案件为史料

在对同治年间巴县的租佃关系进行研究的过程中,有一个非常有趣的现象,即在减免租谷的过程中,往往是由与团相关的人员进行协商,例如团首、团众、团邻等。例如在同治朝的案件 No. 13692[①] 中有:"倘岁歉丰,照市纳租。今秋仅获谷四十余石,凭团理让,撬租三十石,义茂已允。"而且在研究中发现,租谷减免的具体数额和习惯,也是以各个团作为单位而形成的。例如在同治朝的案件 No. 13705[②] 中有:"今秋歉收,租谷照市酌撬,各团均有义让。伊独借揩。"也即是说,在同治时的巴县地区,以团为单位形成了一种具体的社会习惯——即减免租谷的习惯。在这里,我们可以看到,所谓的团,并不仅仅是一种军事或者防卫性的组织,而是和社会的其他方面密切相关。但是,问题在于,团是如何与社会密切相关的呢,具有何种社会性呢?

---

① 太平坊张义茂因租佃耕纠纷控告佃户郑兴顺一案,同治二年,四川省档案馆藏,《巴县档案》(同治朝)No. 13692。

② 仁十甲徐裕秦以银佃业租谷议定套佃过手骗租不与转佃不允将业内青杠松柏霸伐阻耕等情告杨学青一案,同治二年,四川省档案馆藏,《巴县档案》(同治朝)No. 13705。

与此同时,在夫马进的重要研究中,他特别关注一个问题,即"凭团理剖"。他注意到,在巴县地区,各种各样的事情都是必须依靠"凭团理剖"来处理的,而且对于一般民众的处罚也往往要通过"凭团理剖"。夫马进将其理解为一种"裁判式调解"。此外,夫马进认为,团并不仅仅具有为了治安和防卫而设置的功能,同时还有着广泛的社会性功能。[①] 而本书在第三章对于"减免"的讨论中,也论及团在其中的作用。

那么,现在的问题就是,我们如何来理解团的这种"社会性功能"呢? 众所周知,四川地方的团练是在白莲教反乱之时,为了军事性的目的而设立,并且一直延续至其后。那么,团练由军事性转变为社会性,其具体过程如何,又有着怎样的社会条件和社会关联呢? 这便是本章要着重探讨的问题。

一、问题的提出

对于中国近代团练的经典研究,自然要数孔飞力的《中华帝国晚期的叛乱及其敌人》。[②] 在该书中,孔飞力对中国晚清时期的团练、地方武装以及由此引起的社会政治结构的变化进行了深入研究。不过,他主要考察了华南与华中地区的社会基层组织,偏重分析湘军与团练之间的关系,特别是由此而引发的地方军事化的趋

---

① 夫马进:《清末巴县"健讼棍徒"何辉山与裁判式调解"凭团理剖"》,瞿艳丹译,《中国古代法律文献研究》第 10 辑,社会科学文献出版社 2016 年版。
② 孔飞力:《中华帝国晚期的叛乱及其敌人:1796—1864 年的军事化与社会结构》,谢亮生等译,中国社会科学出版社 1990 年版。

势。他指出,地方军事化的趋势打破了清代长期以来稳定的统治格局,使得中央上层政权与地方基层社会组织关系发生错位,对以后的中国历史发展产生了深刻的影响,甚至可认为这是"中国近代史开端"的标志。在孔飞力的经典研究之后,关于团练的研究大都是以此为开端进行研究和讨论。[1] 这些讨论,与孔飞力的经典研究类似,都有着以下几个重要特征:其一,重点关注团练的军事化特征;其二,主要以咸丰之后,为了应对太平天国等危机而兴起的团练局为对象;其三:较忽视团的社会性特征,即使有所触及,也是将其放置在军事性的背景之中进行讨论。

近些年来,伴随着地方档案的大量公开与应用,关于团的研究也开始出现新趋势,即利用地方档案中的细致史料进行研究。以巴县档案为例,梁勇的《清代中期的团练与乡村社会:以巴县为例》[2],具体地论及巴县地区团练运作的细节问题,比如团练设置的因素、团费征集的渠道等;而在其后出版的《移民、国家与地方权势》[3]第五章中,他也详细地论述了作为基层组织的团练。王妍的《从异态到常态:清中期巴县团练的角色转变与乡村社会》[4]指出了巴县地区的团练由一个从战时防范自卫的"异态"组织,转变为平时基层管理的"常态"组织。而在夫马进关于巴县之团的研究中,特别关注"凭团理剖"的问题,他注意到各种各样的事情都是必须通过"凭团理剖"来处理。对此,他将其理解为一种"裁判式调

---

① 宋桂英:《清代团练问题研究述评》,《文史哲》2003 年第 5 期。
② 梁勇:《清代中期的团练与乡村社会:以巴县为例》,《中国农史》2010 年第 1 期。
③ 梁勇:《移民、国家与地方权势:以清代巴县为例》,中华书局 2014 年版,第 179—220 页。
④ 王妍:《从异态到常态:清中期巴县团练的角色转变与乡村社会》,《天府新论》2012 年第 1 期。

解",重点关注地方精英所起的作用。①

近年来的这些研究讨论了团与乡村社会的日常关系,揭示了团的社会性特征,不仅关注其军事性的特征,还开启了一种新的研究方向。例如孙明在《乡场与晚清四川团练运行机制》②一文中探讨了乡场如何在晚清成为政府认可的实际行政层级的问题,认为这问题背后暗含着"团"这一社会性的存在。不过如上研究,都倾向于将团作为里甲和保甲之后的另一种基层组织,而没有注意到三者之间的差别。这一差别,即是"社会性"的含义。而对于"团"的社会性特征何时以及如何出现,目前的探究仍然还不够深入。这一点,正是本章希望能够深入的。

下面,本章将首先在前人研究的基础上介绍团的演变,随后对团的人口状况和地理环境进行分析,找出社会性可能成立的必要条件。最后,以咸丰朝的档案为例,通过探讨团与官、团与团、团与民的不同关系,来探究团的社会性的特征是如何可能成立的。

二、历代团规之演变

对于四川地区"团练"的兴起,已经有了不少研究涉及。而对于重庆地区的团练的缘起,也已经有学者论及。就笔者目前所知,至少在嘉庆二年,已经有档案中提到地方官要求他们兴办团练。

① 夫马进:《清末巴县"健讼棍徒"何辉山与裁判式调解"凭团理剖"》,瞿艳丹译,《中国古代法律文献研究》第 10 辑,社会科学文献出版社 2016 年版。
② 孙明:《乡场与晚清四川团练运行机制》,《近代史研究》2020 年第 3 期。

例如在巴县嘉庆朝档案 No.00104① 中，便有嘉庆二年十一月巴县知县给各乡场团练首人的札谕稿。其中称："正堂李谕各乡场团练首人知悉。照得□□□□堵，必须实力奉行。切勿有名无实。现在各齐集团练，业已造具名册，过朱给发在案。"可见至少在此时，当地已经正式地开始兴办团练了。不过，由于嘉庆二年时候团练的团规档案没有留存下来。我们目前无法对此进行分析。现在所能见到的保存最早的团规文件，是嘉庆十八年的团规。

（一）嘉庆十八年团规

在嘉庆朝的巴县档案 No.00041②《巴县为团练牌甲等事出示晓谕编联保甲卷》中，保存有嘉庆十八年的巴县团规章程。该章程是由巴县衙门通过告示下发至县内各处的。在这份团规之中，有几条规定值得我们特别注意：

> 十家联为一牌，设一牌头。其牌头必须素无过犯，才过九家者，方可充当。……十牌联为一甲，或五六牌为一甲，每甲设立团首一二名。其团首不拘绅士粮户，务须选择品行端方，为人公道，素为一方敬服者，公举承充，督率牌头查拿前项为匪各情弊。甲内各牌头、居民、皆应听其约束。如果认真办理，勤慎公正，始终不息，本县定从优加礼貌，或给匾额，或禀

---

① 巴县告示禁止贼匪骚扰及操办团练等事卷，嘉庆二年，四川省档案馆藏，《巴县档案》（嘉庆朝）No.00104。

② 巴县为团练牌甲等事出示晓谕编联保甲卷，嘉庆十八年，四川省档案馆藏，《巴县档案》（嘉庆朝）No.00041。

请上宪赏给匾额优奖。

在这两条团规之中，可以看到团与保甲之间的密切关联。某种意义上说，最初的巴县团练似乎相当于保甲制。从该团规的其他条款来看，都能明确地发现团练的功能是在于治安与防卫。而且，正因为相当于保甲，所以其章程也完全是由官府制定并且下发的。该团规的最后一条是：

> 编联团保，原为洗除盗贼、娼赌、凶恶棍徒，绥靖地方而设。各团首等务须洁己奉公，认真实心办理。如果地方宁静，定当从优奖赏。其余田土、婚姻、债账口角，及一切寻常事件，均勿干预。更不得受贿徇庇，仗恃人众，借事生端，或任意勒索，妄拿扰累，反为民害。如一有犯，定行严究。各宜凛遵自爱。毋违！干咎！

从中可以看出两点。首先是"编连团保，原为洗除盗贼、娼赌、凶恶棍徒，绥靖地方而设"，这明示了团练的功能。而后一句更为重要——"其余田土、婚姻、债账口角，及一切寻常事件，均勿干预"，这里明确规定"团"不能干涉民事的寻常事件，最后还特意强调"毋违干咎"，这说明在团练设立的初期，治安功能与民事功能，是严格区分的。

(二) 道光十三年巴县编查保甲条规

到了道光年间，虽然白莲教反乱已经被平息。但是团练并没有立刻丧失其功能,而是继续保留了下来。

例如在道光朝档案《道光十三年正月三十日巴县编查保甲条规》[①]中,知县首先在团规章程之前的说明中称:

> 川省之民惟识团练而不识保甲,不知保甲即团练也。聚则为团练,散则为保甲,用保甲所以察奸,用团练所以御寇,名虽二而其实一也。今本县因地制宜,特为订立章程,胪列于后。

根据这一说明,可知在巴县地区有团练而无保甲,或者说二者乃是同一物。而在具体的"保甲条规"之中,除掉与嘉庆时的团练规章类似的对于治安功能的强调之外,有一个规定特别值得注意。

> 牌甲内遇有户婚、田土、钱债、口角等项细故,保正甲长妥为排解,以息忿争。但不得稍有武断,自干咎戾。倘有奸徒教唆词讼,从中播异是非,希图渔利者,许保正甲长密行禀闻,查拿究治。

若联系嘉庆的团规以及前面知县所做的说明,我们可以知道此处所谓的"甲长",其实就是团首。而若与嘉庆时的团规进行比较,则可以发现,团首的职能已经不仅仅局限在治安和团练了,更要对于"牌甲内遇有户婚、田土、钱债、口角等项细故"加以调解,以息忿争。在此,可以注意到知县对于团首的认识,与嘉庆年间的已

---

① 四川省档案馆、四川大学历史系主编:《清代乾嘉道巴县档案选编》下,四川大学出版社1996年版,第290页。

经有所不同,最重要的便是在处理户婚田土等细事上,给予了甲长
(团首)以调解的权力与责任。

(三) 咸丰四年廉里各甲拟议团规

到了咸丰年间,由于太平天国的兴起,军事局势重新又紧张起
来。在这种背景下,官府再次强调团练及其治安和军事功能,也是
理所当然的事情。当时,由官府所发下的团练章程也不少,在此不
详细论述。其中,在咸丰时期的团练章程中,出现了一份特别有意
思的团规,即咸丰朝案件 No. 00650① 中所收的咸丰四年"廉里二、
三、四甲各场监正等为防匪拟议团规十五条禀请赏示各团遵照卷"。

根据档案,咸丰四年十一月二十五日,廉里各场的监正等提出
了一份禀状。其中称:

> 我贤宰更劳劈画,胥吏屡报端期,并力以团练。文告频
> 颁,总嘱同心而御侮。……然时地各有所宜,刍荛可采。经权
> 遗适,其用胶柱须融。生等世处渝南,壤连綦北,切身之利害,
> 罔不周知。保障之权衡,终难自定。爰集众议,陈利弊者十五
> 条。协恳仁慈……粘呈斧劈,赏示各团,阖邑均沾。

在此,廉里各场的监正提出,虽然官府发出了很多团练的文
告,但是由于时地各有所宜,因此他们自己众议了十五条团规,希
望知县能够在此基础上进行修改之后赏示各团。也即是说,这一份

---

① 廉里二、三、四甲各场监正等为防匪拟议团规十五条禀请赏示各团递照卷,咸丰四
年,四川省档案馆藏,《巴县档案》(咸丰朝) No. 00650。

团规和此前的都不相同，乃是由基层的团首、监正等主动商议之后提出的。细读这份团规的内容，可以注意到以下几条有趣的规定：

> 经费宜均也。练团堵御，必需经费，但团有大小，人有贫富。筹费不均，势必不和不安。今将各团田谷佃银较量多寡，登记总簿，一切公费酌议均派。……凡派一公费，该各牌首将各花户钱收齐交甲长，甲长交团总转交总管账如数注总团簿，以听支销。

在这一条中，涉及咸丰时期的一个问题，即为了更好地防御太平军以及其他反乱，而采取的"联团"措施。其中明确指出，联团为了军事协防，在原有的"团"组织之上还设立一个"总团"。

由于局势紧张，团规中自然有很多涉及治安和防卫的条款。不过此外，还有很多较为特别的规定。例如："讼事宜息也。……讼棍宜除也。……周恤宜兴也。"在这几条规定中，我们都可以看到类似于道光年间团规中的关注点，即团练的职能不仅仅局限在治安和军事，更要处理民间的户婚田土的纠纷，平息诉讼，防范讼棍，甚至还需要周恤贫苦等。简单而言，此处的团规，已经是由基层的团首等人提出的一份有关团练的全面性章程，不仅仅是治安和练团等军事事务，更涉及具体的民事纠纷等社会性事务。

不过，这样一份团练规章，最终没有得到知县的认可。知县对禀状的批语是："查团练一事，前经发给团规，迭次示谕在案。应即遵照认真举行。毋庸再行示谕。"从知县的批语中，我们可以看出他对于民间提出的规章所抱有一种不信任感。

(四) 同治九年土主场练团条规

在咸丰年间的档案中,只看到这一份由民间提起的团规章程,而且还被知县否决了,但是到了同治年间,档案中却多次出现由民间提出的团规章程,例如夫马进曾经分析过的同治五年由何辉山等人提出的团规文件。在那份文件中,知县对于团规进行了一些重要修改后,便将团规认可开示了。

在此,我选择了另一份团规,即同治朝 No. 00383① 中的《同治九年土主场练团条规》进行分析。其中,知县在说明中称:

> 缘此秋节已逾,四乡粮户农民,正值换佃之期。此际若无示谕告诫,不惟宵小易生,即粮田阔亩,小民无知,仍种生姜甘蔗无益之物,希图利厚,有碍民食。地主亦贪租倍于平常,肆意放佃,不能栽种田谷,民食为之暗夺。

从这里可以看出,知县愿意修改并发放这份团规的直接原因,并不仅仅在于治安和军事,更是在于租佃和民食的问题。

如果我们仔细阅读这份条规,便会发现其中除治安事务外,更多的是其他方面的条规。例如其中规定:

> 团内业主招佃,务要清查来历。倘敢招留盗贼,维招主是问。……团内不许宰杀耕牛,倘敢不遵,一经查□,凭团禀究。

---

① 巴县据西里土主场绅米良团首等禀恳示谕遵照练团条规办理团练卷,同治九年,四川省档案馆藏,《巴县档案》(同治朝) No. 00383。

团内种谷之田,只许栽种冬种。不得栽种生姜,甘蔗等物。有妨民食。已种者以今岁秋收为止,明年不得再种。如有讼棍刁唆使,□讼捏情妄告。及店家串同价差白役。私锁私押,并棍徒假冒盐丁妄拿讯讼等事,许受害人指名具禀。[1]

可以看出,正如知县在说明中强调的那样,这一份团规特别关注租佃关系,以及耕种的作物、诉讼等问题,而这已经远远地超出了团练等军事性的事务范围,是特别明确而全面的社会事务。

从以上由嘉庆到同治的数份团练规章中,我们可以看出如下重要变化:第一,团规中的规定由单纯的察奸御寇,扩展到各种户婚田土、诉讼以及栽种作物等的细事。团所涉及的事务范围延展到社会生活的各个方面。第二,制定团规的主体由官府逐渐转移到民间。不过,知县对于民间自主制定的团规,会加以一定的修订。第三,一开始时,团练与保甲密切关联,后来则不再提及保甲,而专论团练。第四,咸丰时期,由于军事任务加强,团内开始征收团费。同时,在基层的团之上,更出现了地域性的总团和联团。

这些都是通过团规的分析可以看出的,但是在团规之外,我们还需要再考虑团的另一个重要的标准,即户数规模与平均面积。因为这都涉及团作为一个社会性组织的具体影响方式与范围。只有明了这些,才能更清楚团的社会性意涵。

---

[1]　在这里,知县是有一些修订的。而且看修订的倾向,也是与夫马进老师所说的类似,即在文字上要削弱团的一些权威,比如删掉"凭团禀究"等内容。

三、团的户数规模与面积

在正式讨论嘉庆以后的团之规模与面积之前,我们需要首先看一下在此之前巴县地区的基层组织。正如前述道光时期知县所说,在嘉庆设立团之前,清代巴县地区一直都没有确立一套保甲系统,而只有"里甲"制度。只是到了嘉庆时期,当地才第一次明确地在保甲的基础上编联团练。

不过,在从清初到乾隆时期,巴县地区的里甲系统,经历了两次变化。第一阶段,清初时期,由于明末四川的战乱,巴县地区的人口数量大减,如《四川总志》(康熙)卷十《贡赋》中称:"(成都)为督抚驻节之地,哀鸿稍集,然不过数百家;此外州县,或数十家,或十数家,更有止一二家者。"①据此推测,清初的巴县地区,人口亦当为数百户而已。这一点,从当时里甲制度的设定中也可以看出。当时,为了与人口的数量相配合,巴县农村的里甲组织由明代的七十二个里缩减为四个里,即西城、居义、怀石和江北。每个里的人户大致为一百户左右。

第二阶段,随着清初安定之后人口的增加,以及外来移民的进入,巴县地区的人口,进入了一个快速增长的阶段,原初所设立的四里制度已经无法满足行政的需求了。因此在康熙二十四年,巴县的里甲体系进行了一次大的改革:由四里变为十二里,每里十甲。这十二里即忠里、孝里、廉里、节里、仁里、义里、礼里、智里、慈

---

① 蔡毓荣修,龚懋熙纂:《四川总志》(康熙),清康熙年间刻本。

里、祥里、正里、直里。

虽然现在没有留存康熙二十四年时候的人户数据,但是从里甲制改革的具体情况来看,十二里中,每里各设十甲,即使我们认为巴县地区的甲中的人户要比传统的里甲(即一甲 11 户,一里 110 户)中更多,那么十二里的总人户数也仅仅只有数千户到一万户而已。虽然在此时,人口户数已经比清初时候有了较大的增长,但是由于巴县地方的广阔,当地却仍旧是地广人稀。

但是,经过了乾隆、嘉庆时候的人口大量流入与自然生长,到了道光初年,巴县地区的人口已经有了爆发性的增长。例如在嘉庆朝的《四川通志》(卷六十五)中称,嘉庆中期的巴县地方户数是 75,743 户,男女一共是 218,079 人。而到了道光时期,我们便能看到更详细的数据。以下是根据《道光四年巴县保甲烟户男丁女口花名册》[①]统计出来的各个里甲的户数和丁口。

表 4　道光四年巴县各里甲户数丁口表

里甲	户数	丁口数
忠里十甲	5774 户	25,722 丁口
孝里十甲	6669 户	31,546 丁口
廉里十甲	9683 户	46,905 丁口
节里十甲	10,997 户	48,416 丁口
智里十甲	6035 户	39,030 丁口
仁里四甲	6465 户	27,474 丁口
慈里十甲	6033 户	40,578 丁口
正里十甲	5879 户	26,751 丁口
直里十甲	6656 户	34,754 丁口

① 四川省档案馆、四川大学历史系主编:《清代乾嘉道巴县档案选编》下,四川大学出版社 1996 年版,第 340—341 页。

在道光四年，列表中只是列出了九个里的人户，这是因为在乾隆年间，有三个里被分割进了江北厅和璧山县（义里、礼里、祥里），所以只剩下九个里。而仁里的江北六甲，也被划分给了江北厅，仅剩四甲。但是，若仔细看这九个里的人户，会发现这时的人户已经远远超过了清初以及康熙时候。

在这些里甲之中，我们可以看到，每甲户口最多的是仁里四甲，一共有 6465 户，27,474 丁口。平均一甲户数有 1616 户，人口有 6868 人。户口最少的是忠里十甲，一共有 5774 户，总 25,722 丁口，平均一甲的人户有 570 户，人口 2500 余人。如果我们对照传统的里甲制，则可见在道光时期，巴县地区的里甲的人户数量是传统里甲的 50—160 倍。而相应地，与里甲相关的事务也可以认为是同样增长了数十至一百余倍。

但是，若我们再看与里甲制相关的基层行政人员，却会发现在一个甲之内，大概只有着三四名"乡约"、三四名"保正"的设置。此外，在甲之内的集镇（即场，道光年间一甲中大概有 1—2 场），还有数名"客长"存在。综合起来，在道光时期的巴县农村一甲之中，合起来应在 10 余人。以 10 余人的乡约、保正、客长，却要负责 600—1000 户的庞大人群的公务，其难度可想而知。

同时，还可以再简单地估算一下巴县地区里甲的平均面积。在此，以长江以南的里甲为例进行计算。清代巴县的长江以南部分的面积，大致正相当于今天的重庆南岸区以及巴南区的总和。通过现有的地理统计可知，南岸区的面积约为 263.09km²，巴南区的面积为 1834.23 km²。而这一部分所对应的是节里十甲、廉里十甲、忠里十甲、孝里十甲，以及仁里四甲（即仁里的七、八、九、十甲）。平均计算，一个甲的面积为 48.8 平方公里，若以理想的方形计算的话，则长宽为 7km。这一距离，只能够形成施坚雅所谓的市场体系，即在这个市场范围内，人与人之间只能是集市上的"点头之交"，而不能形成类似村庄的紧密社区。[①] 而且，如果我们考虑到巴县地区都是山地，而且里甲的形状并非标准方形，而是沿着山间道路延展成的长条形的话，同时，居民也不是像平原地区那般集中居住，而是散居在山间。那么要在巴县的一个甲之中执行公务，其难度更是可想而知。正因为如此，《巴县志》（乾隆）中才会强调巴县农村的情况是"傍岩傍峪，星散离居，既少村落聚族，兼之编竹为篱，墙垣不备，狗偷鼠窃，易扰蔀屋"，[②]所描述的正是这样一副图景之中的社会形态。其中可以明确地看出，村户与村户之间没有形成一种类似于其他地方的村庄或者里甲那样的较为紧密的社会关系。

但是，如果我们看嘉庆之后所设立的团的组织的话，就会发现很不相同的情况。例如嘉庆二十年智里六甲金剑团便有 105 户，总人口 394 人。[③]

---

① 施坚雅：《中国农村的市场与社会结构》，史建云等译中国社会科学出版社 1998 年版，第 43—45 页。

② 王尔鉴等：《巴县志》（乾隆）卷 2《建置·乡里》，载于《中国地方志集成·重庆府县志辑》（二），巴蜀书社 2016 年版。

③ 四川省档案馆、四川大学历史系主编：《清代乾嘉道巴县档案选编》下，四川大学出版社 1996 年版，第 322 页。

表5　嘉庆二十年智里六甲金剑团的人口统计表

（团首2人　乡约1人）
总户数　105
总人口　394
男丁　337
女口　157
1至3口户数　41
4至6口户数　63
7口以上户数　1

其他的例子,例如:嘉庆二十年直里□甲人和团的总户数是180;①嘉庆二十年仁里十甲林家墙团总户数为120户;②嘉庆二十年慈里六甲石柱团总户数是160,团首4人,乡约1人;③嘉庆二十年节里十甲凉水井团总户数77户,团首2人,约客2人;④而道光四年仁里九甲冻青团的户数为149户。⑤

可以看出,在团练成立之后,团的系统与此前的里甲系统之间有着巨大不同。道光时期一个甲的大小,至少是600多户,甚至有1000多户。但是设立团练之后,一个团的大小一般而言都是100余户,大些的团则近200户。毫无疑问,团的户数要远远小于曾经的甲的户数。而且,在团之中,负责团内事务的职位如团首和监正,一个团中一般至少有4人(两人团首,两人监正,或者更多),以3—4人来负责100—200户的团,其难度自然要远远

①　四川省档案馆、四川大学历史系主编:《清代乾嘉道巴县档案选编》下,四川大学出版社1996年版,第324页。

②　同上。

③　同上书,第325页。

④　同上书,第326页。

⑤　同上书,第342页。

小于里甲的情况。下面,我们来估算一下团的平均面积。一般而言,在一个甲之中,一般有 8—10 个团的数量。[①] 以一甲平均有 8 团来计算的话,那么一个团的平均地理范围大概为 6 km²,若方形的话则是为边长 2.5 km 左右。比之里甲,这一长度更为适合团首、监正等处理团中的事务,而且也方便团邻间的相互来往和交流。自然,由于材料所限,这只是一个估算,但仍旧可以看出团的合适范围。

由以上的分析来看,在设立团练之前,巴县的农村地区只有一套"里甲"体系。不过,在这一套里甲之中,由于人户的数量太多,而且范围广阔,使得即使在甲之中,也无法真正形成一种有效的社会联系。即是说,即便是同一个甲中,由于人户太多,范围太广,人们也无法有效地交流和形成社会组织。因此,里甲仅仅是行政单位,而无法形成一种社会团体。但是,嘉庆之后所形成的"团练",在人户的数量和面积都大大小于甲的规模,只有在这个人户和地理范围的条件下,团才有可能形成一个内部有真正社会联系的团体。

以上两节介绍了巴县地区团规的演变,以及团的人口和地理背景,下面将主要以咸丰时期的档案为例,来说明当时的团与官、团与团、团与民之间的具体关系,以此来进一步深入对于团之社会性以及社会性功能之所以可能的理解。之所以选择咸丰时期,是

---

① 在同治朝 No. 00130 的"木洞镇巡检申复仁字团周荣廷抗拒点团并查点乡场各团监保甲约名花户清册卷"中,记载了同治时期仁里九甲木洞镇附近的团,其中有"永安团、巴木团、显应团、仰山团、水口团、中山团、升平团、太平团、东岳团、长延团、玉皇团。"不过,仁里九甲在巴县农村属于人户数和面积都较大的甲,可参考本书第七章。

因为太平天国的影响,巴县地区的团练出现了较多的新变化。在这些变动中,恰恰能够看出团的性质。

最后要回答的问题是,团练的"社会性"特征到底是什么,如何来理解其社会性? 而且,这一社会性的特征,对于理解中国传统社会,具有何种重要的意义?

四、咸丰时期团练的各侧面

这一部分将主要利用咸丰时期的档案,从团与官、团与团、团与民这三个角度出发,来论述团练各方面的情况,以此来继续深入回答本章开首所提出的问题——团练的"社会性"特征究竟如何,以及这一特征是如何形成的?

(一) 团与官

1. 执照问题

一般而言,在清代,对于农村基层的乡约与里长,知县都会发给他们某种特定的证明,并且他们定期还需要到衙门来点卯,接受知县的质询。在巴县地区,乡约、里长、客长等都是有执照的。例如,档案中存留着道光二十九年四月二十日巴县签充乡约的执照。

为发给执照事。

卷查道光二十九年四月□日,经前县任内,案据慈里七、八甲绅粮戚庭献等公举戚德着承充该处乡约一案。据此合行给照,为此照仰该乡约收执。嗣后凡遇甲内大小公事,务须勤慎办理。一切鼠牙雀角钱债细故,允当善为排解,毋使滋讼。……至尔该甲现管花户□百□十名,原额正粮银□百□十□两□钱□分,核与接充典史之条相符。扣至五年役满,自行赴案呈明,另行招募接充。……倘有限满,延不禀报,任意朦充,扰害善良者,定即差拘,照例究办,决不姑宽,各宜凛遵。须至执照者。

　　　　　　右照给慈里七八甲乡约戚德著准此①

　　在这张执照中,我们可以看到明确地看到"据此合行给照,为此照仰该乡约收执"。而且执照明确地要求乡约"一切鼠牙雀角钱债细故,允当善为排解,毋使滋讼"。从"至尔该甲现管花户□百□十名,原额正粮银□百□十□两□钱□分"一句来看,乡约除了处理甲内的公务之外,还要处理花户与粮额的事务。此外,对于客长和保长,也会给予正式的执照。

　　但是,对于团练之中的监正与团首,则是不给予正式执照,仅是以札谕的形式下发认可命令。例如在咸丰朝的案件 No. 00117② 之中,便有记载。

　　首先在咸丰十年八月初二日,仁里十甲丰盛场八团的监生、团首等以"协恳札谕,以专责成"事同禀,其中称:

---

① 四川省档案馆、四川大学历史系主编:《清代乾嘉道巴县档案选编》下,四川大学出版社1996年版,第305页。

② 仁里十甲丰盛场八团监正蔡志清等禀恳札谕刘绍周等承办团务卷,咸丰十年,四川省档案馆藏,《巴县档案》(咸丰朝)No. 00117。

　　　　情生等丰盛场共有八团。前系王廷拨、张凤翥二人办理
　　团内公务。因廷拨、凤翥年迈难办。今团内现系刘绍周、柯璐
　　航二人承办,奈无札谕。生等是以协恳仁天作主赏准赐给札
　　谕。俾绍周、璐航办公有凭,以专责成,合团均沾。伏乞。

对此,知县的批是:"候给刘绍周等札谕,以专责成。"

　　随后在八月廿九日,知县发下了一道札谕。目前存留的是草
稿。其中称:

　　　　……等情。据此。除禀批准外,合行札谕。为此札仰刘
　　绍周等查照来札事理,即便协同监正等认真办理团练。毋得
　　练息,致干查究。速速特札。右札仰丰盛场 刘绍周、柯璐航
　　准此。

　　在这一个札谕中,可明显地看出与前文所列的乡约执照的差
别。前者是正式的"为给执照事",而此处仅仅是"为札谕事"。同
时,前者在执照中明确地对乡约的职责进行了详细规定,而给团首
的札谕中仅仅称"即便协同监正等认真办理团练"。另外,从现在
的档案来看,乡约保甲等会定期到衙门接受知县的点卯与质询,但
是对团首、监正等则没有类似的要求。

　　从执照这一问题来看,可见在乡约、保长、客长和团首、监正之
间有着一个显著差异。乡约、保长、客长不仅有着明确的官方身
份,而且有执照,在衙门中有名册。而团首和监正则没有明确的官
方身份,更多的是由地方人士进行举荐,知县仅仅是下发札谕以确

认而已。

2.点团问题

虽然从执照的问题来看,官府对于团首、监正等人没有明确掌控,但是由于团练涉及防卫以及军事事务,所以在军事紧急的情况下,官衙往往会采取"点团"的形式来监督团练的实施。而在咸丰朝的巴县地区,"点团"一共有两种类型。

一种是由知县进行的点团,只会点城中以及城附近的团。在实际的点团过程中,即使是知县清点团练,也很可能会出现团练等不到的情况。这时,知县往往会派差役下去差唤未到的团首等。例如咸丰朝的案例 No.00101[1] 中,咸丰十年七月的廿五日,首先是知县发出告示,命令定期点团。

> 巴县正堂张
>
> 示谕本城太平宣化两坊监正团首甲长保正花户人等知悉。照得本县定期于本月廿八日亲临查点团练,尔等务须各带器械枪矛,齐集公所,听候查点。倘有一名不到,定即提案重惩不贷。各宜凛迅毋违。特示。

而在点团的两天后,便有数张对于团首等的差唤票。例如:

> 巴县正堂张签仰该役前去,即唤本城储奇坊违示抗操不到之谢义源、刘兴顺依限随签赴县,以凭讯究。去役毋得借签

---

① 巴县正堂示谕本城各坊定期查点团练尚有不到者提案重惩卷,咸丰十年,四川省档案馆藏,《巴县档案》(咸丰朝)No.00101。

索延滋事干咎。火速须签。

从签唤票来看,知县确实对于点团一事极为关切,反倒是团的组织对此军事事务不是特别重视。即使是知县点团,也有相当多的团未能到场。

第二类点团,则是由巴县派驻乡间的佐贰官进行点团。例如在案例 No. 00168 中①,咸丰九年七月初六日,有团首、甲长、监正,保正等的"具哀状"。其中称:

> 为哀恳宥释事。情蚁等体德团,今五月木洞司牌示廿二
> 日查点。蚁等齐候,司主未到。至六月初八,司主忽然临点。
> 因隔场窎远,花户农忙未齐团,遭朱洪义朦回司主,禀辕委讯。
> 谕将蚁等押解木洞发落。

从这一案件可以看出,一方面,木洞司等佐贰官与知县也类似,非常重视点团,并且还将未点团的人员报禀到了知县那里。另一方面,从团首等的具哀状中也可以体会到,由于点团往往会妨碍农务等,所以团首其实更多地站在团民一方,对于点团一事并不积极。而与团首等不同,与官联系密切的里甲长等则更重视点团事情。在档案中,经常是由他们向知县或者佐贰官具禀某团首未能按时齐团。从这里,可以认为团的社会性特征,很可能与其军事性的特征发生矛盾。

――――――――――

① 木洞镇巡检申详姜家场体德团监保正等误查点团练一案,咸丰九年,四川省档案馆藏,《巴县档案》(咸丰朝)No. 00168。

3. 公务问题

在谈论到农村基层组织的时候,经常要讨论的一个问题,是农村基层的公务职责。毫无疑问,团首与监正等也要担当相当多的公务责任。但是,如果我们再仔细来考察团首与监正的职责,则会发现他们所承担的与乡约、甲长等的职责稍有不同。如果我们以差唤票为例,在咸丰时期的档案中,差唤票中通常的言辞是:"……一案。据此,合行差唤。为此,票仰该役前去,协同约保,即将后开有名人证。逐一唤齐。依限随票赴县,以凭讯究。"

在此,可以注意到在差唤票之中,当差役下乡执行公务时,差役正式对应的基层人员是"约保",即乡约、保正,而没有提及团首和监正。当然在实际过程中,不能排除团首等也要配合公务的执行,但是毫无疑问,差役等公务的直接承接人是约保而不是团首。

除协助差役的事务之外,基层的另一个重要事务,便是征收各种赋税以及杂项等。在这一问题上,首先毫无疑问,团首需要协助征收某些杂项的,例如夫马钱。比如咸丰朝的案例 No. 00123①中,咸丰四年十月二十日,团首等人的禀状中称:

> 情民等永平团遵奉示谕联团。所有一切器具用费,合街公议花户出资,分上中下。团内铺家均已乐从。惟本街张义发横不依理,今自二月起屡派团费捐项,分厘不给。本月十九,民等理催夫马钱文,义发仍前不与,反辱民等妖言惑众。

---

① 李树猷周松亭等具禀肖立斋张义发违抗凶阻不出团费卷,咸丰四年,四川省档案馆藏,《巴县档案》(咸丰朝)No. 00123。

在此,团首除了要收取团内练团的团费之外,还需要收取捐项,以及夫马钱等项。但是,在档案中却极少看到团首与条粮相关的案件。正如前所引的乡约执照中揭示的,处理正粮银事务的都是乡约等人员,以及直接与征粮相关的粮差等。对于清代巴县的征粮问题,小野达哉写过专门的论文,讨论其中的"抬垫"事情。论文中明确指出,能够施行抬垫的,大都是粮差以及乡约等人,而未见涉及团首和监正。①

在公务的问题上,就目前的案例来看,与乡约和里甲等主要处理条粮,接待差役等重要公务不同。团首与监正则主要负责团内事务以及收取团费、捐项、夫马钱等杂费。而且,在案件之中,还不时地看到团首为了团内成员而诉讼差役的事情。例如咸丰朝的案例 No.00036② 中,团首等的禀状中称:

> 情职等系界石场十团团首,本月初六团内张裕欣招佃种土罗世恒身负钱数百文,赶场买米。捕差卢玉李彪一行□人喊世恒出场外。指诬是贼,诈吓世恒招案。估脱衣服,搕去钱文,阖场共知。

在这里,还是可以看出团众在面临差役等的纠纷时,往往会找寻自己团的团首或者团邻的帮助。在这个案件中,最终团首等的

① 小野达哉:《清末巴县农村地区的赋税包揽与诉讼之关系:以"抬垫"为例进行探讨》,凌鹏译,《法律史译评》第 5 卷,中西书局 2017 年版。
② 团约赵显明等禀控捕差卢玉等诬盗籍端搕索一案,咸丰六年,四川省档案馆藏,《巴县档案》(咸丰朝)No.00036。

诉讼成功地使知县处罚了捕役等人。

　　在团与官的关系之中,我们可以看到,在知县看来,团的主要职能是治安与防卫,同时调解团内纠纷。因此,知县没有像对待乡约、甲长那样给予团首、监正正式的执照,也没有给团附带上很多其他公务。因此,团首与监正等与差役之间的关系,便显得没有里甲、乡约等与差役的关系那么密切。相反,他们与自己团内的团邻、团众间的关系,则要密切很多。理解团与官之间如此微妙的关系,对于理解其社会性具有重要的意义。

(二) 团与团

1. 联团问题

　　在咸丰时期,巴县地方为了方便协防太平天国,出现了一种联团的趋势。在当时,知县还曾下达过一个正式的联团章程。在档案 No. 00102① 中,有"巴县晓谕联团办理章程并饬各属一体遵照办理卷"。在这个联团章程中,特别要注意的一条是:

　　　　团练宜联也。三相、□□□□合顺□□土桥共为七团。互相联络。总局设于土硚场。□内各团每石租派钱□□文,入于总局以作小用。其钱在各团监正亲交总局外,各团各项大费,自行筹款。其钱不归总局总理。联团不联钱,自能始终如一,同心同力,永相保卫。

---

① 巴县晓谕联团办理章程并饬各属一体遵照办理卷,咸丰十一年,四川省档案馆藏,《巴县档案》(咸丰朝) No. 00102。

虽然前文也称需要缴纳一定的小钱给总局,但是真正的大费,以及费用的具体使用,都是由各团自己管理的。经费由各团自己管理,也意味着团内的事务也是由各团独立管理。可见,所谓的联团,应该是特指在治安和军事方面进行联合协作,而并非意味着数个小团合并为一个大团。

对于这一点,还可以见于咸丰案例 No. 00128①。其中一个团众的禀状中,称:

> 情蚁等与喻大才徐步斗原系均安团粮民,与洪佛团团首陈正孜等系属比邻。因公浩繁,两团合为一团,取名双合。原议公项钱谷、火药器械,各存各团以免混争。

在这一案例中,虽然两团都合并为一团,取名双合团了,但是各种公项钱谷、火药器械还是各存各团。此处联团的意义主要是为了防盗和治安,而不涉及团内的具体事情。简单来说,联团所具有的仅仅是军事性的意义,而不是社会性的意义。最重要的社会性意义,还是存在于各个独立的团。

2. 分团问题

其实,在联团之外,当时的巴县地区还有很多分团的情况。例如在咸丰朝案件 No. 00130② 中,咸丰十年正月廿八日的团首们的

---

① 忠二甲约保喻大才具禀团首陈正孜等侵吞公项食谷并反凶一案,咸丰五年,四川省档案馆藏,《巴县档案》(咸丰朝)No. 00128。
② 正里一甲黎兴团监正黎德生等具禀郭大全怠公阻挠不出团费卷,咸丰十年,四川省档案馆藏,《巴县档案》(咸丰朝)No. 00130。

禀状中称：

> 情革约黎浩然去岁复充蚁等复兴团监正，每每借团勒派蚁等众花户钱一百余钏，并未置备枪炮火药，亦未请丁操练。……众心分散，另跳别团。蚁等亦分团，取名复兴乡。各置枪炮旗锣操练。孰料浩然不服，颠将蚁郭大全禀案抵塞……

在这一禀状中，具禀人声称由于原复兴团监正黎浩然等行为恶劣，决定要分团，另立一个复兴乡团。在他的讲述中，还有很多其他的团邻，选择了"另跳别团"，即转到其他的团中去。由此可见，加入某个团在某种意义上是有一定自主性的，并非如里甲那般的需按照固定行政区划，而是要依据具体的社会状况。虽然在这个案例中，具禀人等再立复兴乡团的愿望最终被知县驳回了，但在下一个例子中，则有不同的结果。

在咸丰朝案件 No. 00198[①] 中，根据最后的审讯供词，陈老五等同供：

> 小的们与龙隐团相隔河水泛涨，难以齐集。小的们团内绅粮不愿附入龙隐团，甘愿另立地藏团，不料陈廷彦们就捏说小的们是漏户，把小的们具禀在案。今蒙审讯，准小的们另立地藏团，名与龙隐团永敦和好，日后不致于滋事就是。

---

① 龙正团监正陈廷彦等具禀沿河溪一带编漏各户恳札饬速编入团卷，咸丰十一年，四川省档案馆藏，《巴县档案》(咸丰朝) No. 00198。

在这一案例中,原龙隐团的团首等控告陈老五等是漏户,而陈老五等辩称由于交通不便,自己众人要另立一个新团。最后,知县认可了陈老五等团户成立一个地藏团,从龙隐团中分离了出去。当然,他们的理由中有着重要的一点,即有河水相隔,难以齐集。而在这点之外,如何能够真正建立一个较为密切的团之社会组织,也是必须要考虑的。

综合以上的案例和分析,可以认为分团的真正目的恰恰是要形成一个比较紧密的小区组织,这个组织能够有较紧密的社会关联,并具有一定的自主性。这一点正与联团的趋势产生对比,联团主要是为了防堵等军事目的,而分团则主要是社会性的考虑,而非军事性的。

(三) 团与民

1. 抗不入团问题

在嘉庆朝的团练章程中,便提到入了团才算是良民。不过,团与里甲不同,没有"抗不入里",也没有"抗不入甲",但是有大量的"抗不入团"案件。

例如咸丰朝案例 No. 00192[①],在咸丰三年二月初四的禀状中,团首张大顺等称:

> 情孝里七甲观音团,□甲内地方宽阔。乡约住隔窎远。
> 每遇差临,难以分身支持。概系蚁等团首保正经管,办理毫无

---

① 孝七甲团首张大顺等禀控钟长等抗不入团并在团估赊估借遇事扰害一案,咸丰三年,四川省档案馆藏,《巴县档案》(咸丰朝)No. 00192。

违误。兹□宪示编联保甲清理烟册以杜匪徒之弊,均遵无异。惟有钟长李四,突然搬来蚁等团内住居。藐视法纪,抗不入团、烟册注明姓名。蚁等查知迭催,恶等不吐实情,又不说出真名,尤敢在团估赊估借,遇事扰害,地方难安。

在这一个禀状中,钟长、李四等突然搬来团内地方居住,却又抗不入团,不注册姓名。不过,在这个案件中,未能看到他们抗不入团的原因。从各种案件来看,抗不入团的原因,更多的在于入团便要参加操练、缴纳团费,且受到团的约束。此外,就算入团也经常会发生离团,或者跳团的事情。从"抗不入团"的情况来看,可见粮户与团之间的关系带有某种独立性,这既不像宗族式的血缘关系,也不像里甲式的行政关系。

2.团费问题

在前文的联团团规以及咸丰朝案例 No.00123① 中,都涉及了团内的团费问题。在咸丰朝的团练相关案件中,团与民之间经常会基于团费的问题发生纠纷。

例如在咸丰朝案件 No.00132② 中,最后团首等的供词称:

小的们是仁十甲团约,因上年小的们奉谕练团,操丁缺费。凭众公议,每石租钱四十五文。这蒋丰顺该钱一千四百

---

① 李树猷周松亭等具禀肖立斋张义发违抗凶阻不出团费卷,咸丰四年,四川省档案馆藏,《巴县档案》(咸丰朝)No.00123。
② 仁里十甲甲长胡启相等与蒋祥祯为抗缴团练费及勒索银事互控一案,咸丰九年,四川省档案馆藏,《巴县档案》(咸丰朝)No.00132。

二十文未给。至今小的兴顺向讨，无给，反行凶横。小的们终把他具控案下。今蒙审讯，蒋丰顺该□所派钱一千四百二十文无给，反行凶横，免于深究。断令丰顺加倍钱一千四百二十文。丰顺当堂如数交给小的们就是。求作主。

在这份供词中，能够看到：首先，与前所引案例中的街团不同，街团是以上中下三类铺户为单位来收取团费，而农团则是以每石租谷为单位来收取，每石租谷是四十五文。其次，在缴纳团费的问题上，有些佃户非常消极，这时候团首等人如果理讨后佃户仍旧不给的话，只能够上诉至官府。而在此案中，官府在经过审讯确认了事实，并且惩罚当事人缴纳两倍的所欠团费。其三，在说到确定团费时，团首们特别提到"凭团公议"一词，似乎是指团费的数额是由团中的众人一同商议决定的，但是在案件中，尚未能看到对此过程的具体描述。不过，不同团的团费数额确实各不相同，带有很强的独立性和具体性。类似的例子还有不少，如咸丰朝案件 No. 00135①，其中团首等控告团户不给费，团户则控告团首滥收费用；在案件 No. 00343②，其中团户与团首因为团费问题发生冲突，结果团户涂毁团薄、抢走衣物，最后知县判定按照团规给予团户处罚。

从团费的问题来看，一方面，由于团费是团练的经费来源，所以必然得到官府的支持。但是另一方面，由于团费又是完全自团

① 廉里一甲团约卢文芳等具禀余文学等藐谕抗公不捐资勇费无措卷，咸丰四年，四川省档案馆藏，《巴县档案》(咸丰朝) No. 00135。
② 智三甲玉清团监正周正田等具禀张万春等涂毁团簿搂去衣物器械一案，咸丰十一年，四川省档案馆藏，《巴县档案》(咸丰朝) No. 00343。

众中征收的,而且由团支配使用,所以与官府征收的条粮和其他杂费不同,团费更属于团内的事务,团众若拒交团费,容易产生团内的纠纷。

3.团的社会功能

如前所论,团的重要功能不仅仅是军事性的,更要处理各种户婚田土的事情。在本章的引言中,便提到了在租佃关系的"让免习俗"中,团具有重要的意义。那么在此之外,团还会发挥哪些具体功能呢?

例如在案件 No.07745① 中,咸丰六年九月廿日,团首等提起了一个禀状,其中称:

职民等承充公平团团首保正,奉示练团办公。因团内孀妇彭李氏房土招佃彭德谦住居,不□正业,窃砍境内彭姓树木,拿获服约息事。殊伊愍不畏法,仍然妄为。彭氏孀孤,恐祸贻累,逐搬不去,将伊押银经团如数退还,收约领明。套银□手,痞踞不移。胆敢窝留往来人杂在家,日聚夜散,查系招匪。职等令伊搬移,踞房居坐,难免有祸。职等有监正甲长之责,李氏贻累匪轻,协禀□□驱逐免害。

知县的批语是:"彭德谦如果借佃痞踞,殊属不合,候签差饬搬,如违带讯。"

---

① 忠里七甲邹占魁因团内彭李氏房抬土佃住居不务正业窃砍树木拿获将押银退还收约领明套银过手痞踞不移等情控告彭德谦一案,咸丰六年,四川省档案馆藏,《巴县档案》(咸丰朝)No.07745。

在该案中,团首等人虽然提到佃户彭德谦有招匪情节,但其目的主要是代替孀妇李氏来处理痞佃盘踞不搬的问题。第一步,在"经团"将押银等退还之后,团首等命令佃户退佃搬移,但佃户依旧盘踞不搬。第二步,由团首等代替孀妇李氏,禀恳知县驱逐佃户以免害。虽然清代法律明确规定不能由其他人代替诉讼,但是由于团首等带有某种"公"的含义,因此诉讼可以转化为"公禀"的形式,得到知县的认可。

此外,在咸丰朝案件 No. 06582[1] 中,团中有人突然半夜遭人入户扰乱,因此叫到团首,将那人扭送衙门。也即,在某些情况下,团能够直接介入团内的纠纷,甚至在调解不成之后提起公禀,交给知县来处理,或者是直接将人送入衙门。

此外,团内在处理民事纠纷时,更需要重视的不单是团首,更是团邻的作用。例如在案件 No. 05151[2] 中,甲内有人假托团首等名字诬告僧人,后经过团邻剖析后,认错息案,最终未给惩罚。其中,咸丰四年十二月初六日的合约称:

> 立出请凭地方认无后累永敦和睦文约人……经凭地方团约人众逐一清理。照贤公孙并未有调奸之事,亦无天藏觉空之名。实属于挟嫌起衅。缕悉剖明,不愿终讼拖累。因此请凭地方二家名下。不挟嫌借事生波希图控累,体其天良,永敦和好。

---

[1]　太平坊串瑞团送张启龙在杨万发家无故肆闹口角抓扭将衣物搂去案,咸丰六年,四川省档案馆藏,《巴县档案》(咸丰朝)No. 06582。

[2]　节里九甲团首张福顺以欺调估奸女尼僧等情告僧照贤一案,咸丰四年,四川省档案馆藏,《巴县档案》(咸丰朝)No. 05151。

在这份"请凭地方认无后累永敦和睦文约"中,明确指出是要"经凭地方团约人众逐一清理",而且中证的部分,所写的是"约客团邻",而其中所列举的十七位中证,只有几位是团约客长,绝大多数人都是普通的团众与团邻。而从档案中来看,这种情况非常普遍。例如在案件 No. 00331[1] 中,因为晚间齐团,陈启明的火药烧伤旁人,团众将伤者带至家中疗伤,并且理剖罚他火药入公。因为陈启明等不从,所以控案。

其中,在审讯之后,团首等人的供词中称:

> ……到今年正月初三日,陈玉章同他儿子陈启明来立小的蒋玉林家里凶酿,称说小的蒋玉林不应把蒋元炎送到他家的话。小的们才齐集团众理剖。众令陈启明不应失火以致烧伤人面。应于酌罚火药入团公用。正立书写罚帖。蒋朝清们邀集多人估把罚帖夺去。小的们无奈,才来案把蒋朝清们具禀。

团首们的供词,明确说到要齐集团众理剖。陈玉章等人的供词也称:

> ……今年正月初三日,小的同儿子启明去向蒋玉林们邀理,他们齐集首众,蒋玉林们勒要小的出立罚帖,罚火药入团公用。小的不允,蒋玉林们就来把小的具禀立案。

---

① 正里四甲团首蒋朝清禀控蒋朝熹点炮鸣锣诈扰惊众恳唤究一案,咸丰十一年,四川省档案馆藏,《巴县档案》(咸丰朝)No. 00331。

其中也明确提到了"首众",即既有团首也有团众。也就是说,在理剖时候,团首和团众均在场。

由以上的案例可以看出,所谓的"凭团理剖"或者"凭团公罚",并不是简单地由少数的团首或者监正进行判断,而是必须有团众参与。所进行的理剖都不仅仅是团首的判断,更重要的是要凭众、凭团。团首并不具有裁断的权威性,他们并不能直接做主裁断,而是"由团首齐集进行团众理剖"。

当然,这样一个"由团首齐集团众进行理剖"的过程,并不能够抽象地理解为一种现代民主的形式。因为团首所齐集的团众不可能是所有的人,而是肯定带有极强的倾向性,属于支持团首,或者在该事情上与团首有着共同利益或者态度的人。不过,本文在此想强调的是,即便如此,"凭团理剖"也不能看作是团首或者监正的个人意见,而是必须有"团众"的存在与参与。

夫马进在对于"凭团理剖"的研究中,主要强调职员和团首的作用。① 但由以上的案例中可以看出,"凭团理剖"或"凭团公罚",不能仅看作是团首或者监正的个人意见,而是必须有"团众"的参与。这就是本章所提到的新的"社会性"的来源。

不过,我们还要注意到,这样一种理剖的结果并没有特别的强制力。如果当事人不服从,最终还是需要到知县那里去诉讼。而知县在判决时,并不一定就会支持"凭团理剖"的结果。例如在上述的案件 No. 00331 之中,知县最终便只是裁断陈玉章等支付医疗费,而没有支持团众们的公罚。

---

① 　夫马进:《清末巴县"健讼棍徒"何辉山与裁判式调解"凭团理剖"》,瞿艳丹译,《中国古代法律文献研究》第 10 辑,社会科学文献出版社 2016 年版。

五、"团"的意义：一种新的"社会性"

团的特征有如下四点：第一，虽然团需要知县札谕，但是知县对团首和监正并没有实际控制力。知县只是在团首不参与点团时才会差唤。而点团，其实涉及的只是一部分军事功能，而不是社会性功能。第二，团并不是由官方强制规定，而是在官方命令下，由地方团众等自主结成。团的大小由团众相互集会与交流形成。团最初的兴起，虽然是在白莲教叛乱时候，由官方提倡地方自主形成的，但是在发展过程中，演变成了超过军事性质的地方社会性组织。① 第三，团首虽然负责团中的事务，但是并没有类似族长的宗族权威，也无乡约的政治权力。一般而言，团首必须召集团众公议才能发挥作用，而且影响的范围涉及生活各方面。第四，在团首的率领下，确实通过团众公议等方式能够形成一种团的习俗，例如"团费数量""减免数量"等。但是，这种习俗并没有硬性的强制力。团众不服从时，团众和团首则可能会发生纠纷，甚至导致诉讼。

如果将此处所描述的团练系统，与传统认识的村落共同体以及里甲—保甲体系进行对照的话，就会看到一些有趣的差异。首先，村落共同体主要是由宗族（或者准宗族、拟宗族）等势力主导，可以认为是地方自主形成的秩序。这一点一般被认为是"自治"的代表。而里甲体系则是国家政权深入到地方基层的触手，是为政治建构的秩序。这一点也通常被认为是"官治"的代表。但是，

① 梁勇：《移民、国家与地方权势：以清代巴县为例》，中华书局2014年版，第180—183页。

"团"既不是村落共同体的模式,也不是里甲—保甲体系的一部分,而是一种在国家的引导下、由军事组织演变而成的、带有某种自主性的社会组织。可以说,团之系统,乃是处在政府"官治"与宗族"自治"之间的一个形态。只是对此,官所关注的更多是团的军事方面的功能。官府"点团"的目的,恰恰是要保证团的这种军事性的作用,但在收粮等问题上,官府并不依赖团,而是让里甲来实施。与此相反,团虽然一方面需要官方的认可,以获得自己的正当合法性,但另一方面,团的动作更多地集中在团内的各种社会性事务中。某种意义上,可以认为团是在利用官方给予的合法性,实现自身的社会性目的。

不过,自治和官治或者官治和自治之间,其实都是从一个外在角度来描述其形式,而没有讨论这一形式内在的动力。例如,团在利用官方给予的合法性来实现自身的社会性目的时,具体是哪些人、如何做的? 即,想要超越这一客观的形式描述,则需要探究这一过程到底是怎么形成的。这也便进入了问题的第二层。

从这里可以看出,在"官治"与"自治"之间的团组织是一个自主兴起的"社会"领域。而在这个自主出现的过程之中,士绅和监正等地方的权势人物,起到了非常重要的作用。从档案中也能够看到,是由他们来提出团的设立、团的联合以及团的分立,也是由他们来制定团的规章制度。也就是说,士绅等地方权势人物,是地方自身进行社会化努力的重要代表。

不过,还有另一个重要的要素,即构成团之主体部分的团邻、团众等一般的团之成员。也即是说,团并不是由士绅和监正等少数的几个人便可以成立,而是士绅和监正等也必须得到他们领导和影响的当地社会的大量百姓的支持。需要百姓们愿意加入团、愿意参与团内的活动，缴纳团费，团才可能真正形成。在案例中可以看到，除了大多数参与团的成员外，还存在着少数不愿意加入团的组织、不愿意缴纳团费与遵从团内规范的成员，这些团外成员，也往往会成为团所排斥以及警惕的对象。这里面，社会自身形成的可能性，比如团的出现和团规的出现等现象，带有寺田浩明所说的首唱与应和的含义。[①]

不过，在寺田浩明对于首唱和唱和的分析之中，重点还是在于首唱者的分析。这一点自然并无问题，因为在整个过程之中，首唱者其实是最为主动的，而其余的唱和者，似乎更多是某种被动的角色，即接受和附和首唱者所提出的建议。在本章所研究的团的例子中，建立新的团以及提出新团规的人，都是作为首唱者的士绅与监正等人，提出联团与分团等建议的也都是这一类首唱之人。但是，在团之中，为什么团邻、团众等一般成员会支持团的建立和团规呢？这一问题，并不能单纯用首唱和唱和的理论范式来理解，而是必须要更深一层，探讨唱和者自身的动力，他们为何会支持首唱所倡导的"团"这一社会组织。这便涉及第三层，即"团"的社会性。

在巴县地方，由于处在"湖广填四川"这一大规模人口流动的路径中间，所以流入的人口呈现多姓混杂的小家庭性质，宗族的力量一直不强。山地的居住方式不像平原那样集中居住，而是各自分散，造成相互距离较远。此外，因为地处人口流动的要道，而且山多地少，农村地区的社会治安一直处于不稳定的状态。因此，在

---

① 寺田浩明：《明清时期法秩序中"约"的性质》，载于《权利与冤抑：寺田浩明中国法史论集》，清华大学出版社 2012 年，第 163 页。

这样的社会状况之下,巴县农村的百姓类似于处在一个孤立无助的个体的状态。恰恰是这样一种孤立无助的状态,构成了于士绅、监正等提出成立团、设定团之规范的基础。

若重新来看团以及团规的设定可知,在嘉庆和道光时期,主要由知县来制定团规,其中强调的乃是团的军事和防卫责任。但是,在咸丰年间所提出的团规,重点则在于团对于自身内部的聚合与相互协调的功能。而在维持这些社会秩序的过程中,最重要的便是"团邻"与"团众"的参与和决定。需要特别注意的是,如果按照知县在嘉庆和道光年间制定的团规来看,为维持社会秩序,最重要的手段自然是上报官府。但是,在后期通过首唱和唱和制定的团规之中,最为重要的便不再是上报官府,而是带有实质性含义的"团邻"和"团众"的作用。从实际的案件来看,确实有很多事件首先通过团邻和团首等人进行调解或处理,这便是所谓的"凭团理剖"的重要意义。也即是说,原本处于个体孤立状态的散居各户,在这一过程中相互建立了"团邻"这一种重要的社会关联,摆脱了孤立无助的状态。也可以说,"凭团理剖"的过程,其直接目的当然是处理"所剖"之事,即处理具体的某个事件,但是更为重要的是,通过"凭团理剖"的过程,团邻与团邻之间能够构建与巩固"团"这一种新的社会关系。团这一社会组织,并不是某个时候成立其形式,随后人们便依据其规则进行行动的组织。相反,恰恰是在团成立过程中的首唱与唱和,通过在团内具体的"凭团理剖"的过程,"团"才能真正得以成立的。这一点,正是本章一开始想要探讨的问题答案。

简言之,团并非由于会处理一些社会相关的事务,就具有社会性,而是团本身在其一开始成立的过程中,以及在处理各种事件的过程中,既通过首唱和唱和的过程,更通过"凭团理剖"的过程,在士绅、监正,以及原本各自分散居住在某一个范围内的人户之间真正建立起社会联系,形成了"社会性"含义。这样一种团的"社会性",在嘉庆之前的巴县农村地区不存在。它并非依赖某种已有的宗族血缘、聚居地缘或里甲的行政因素而形成,而是借着军事的团练的契机,由当地的士绅与民众共同交流与沟通,而新产生出来的。这样一种全新的"社会性",是否在晚清的中国其他地区也有类似的形态,目前暂无法断言,但是在晚清的巴县地区,团的此种新的"社会性"毫无疑问成为当地进入近代社会与政治关系的重要基础。而且,只有在团的社会性基础上,经由场而确立的、所谓西南地区的近代"公事化行政"才有可能实现。①

---

① 孙明:《乡场与晚清四川团练运行机制》,《近代史研究》2020 年第 3 期。

第七章　巴县木洞镇及附近的
巡检、团约、士绅与知县
——兼论清代地方基层治理的结构与精神

在对中国明清时期基层社会的研究中,历来有三个研究重心:士绅、里甲(保甲、团约等)和宗族。近些年来,随着对清代地方治理的研究深入,位于县城之外的巡检和典史等佐贰官员也成为研究的热点。在这四个研究重点中,由于在本章关注的清代巴县地区宗族的力量不强,在此只些微触及,对巴县地区的宗族不做具体综述。在对地方治理的先行研究中,萧公权先生的《中国乡村》一书虽然出版年份较早,但论述全面且系统,直至今日仍是代表性的权威著作。

第一,士绅研究。士绅研究的经典著作有费孝通与吴晗的《皇权与绅权》、费孝通的《中国士绅》与《乡土重建》,其中提出了重要的"双轨制"理论,论述了士绅与皇权之间的复杂关系。[①] 张仲礼《中国绅士:关于其在十九世纪中国社会中作用的研究》以及《中国绅士的收入:〈中国绅士〉续篇》二书,则论述了十九世纪中国绅士

---

① 费孝通、吴晗:《皇权与绅权》,天津人民出版社 1988 年版;费孝通:《中国士绅》,生活・读书・新知三联书店 2009 年版;费孝通:《乡土中国 生育制度 乡土重建》,商务印书馆 2011 年版。

阶层的构成、特征、人数及各种收入来源。[①] 萧公权在《中国乡村：论 19 世纪的帝国控制》一书，对于绅士在地方上的作用也有着系统的论述：

> 　　一个村庄有限的组织和活动，绝大部分取决于绅士——退职官员和拥有头衔的士子——提供的领导。经过科举训练、拥有特殊社会地位的人，经常积极地推动村庄的计划，包括灌溉和防洪工程，道路、桥梁、船渡的修建，解决地方争端，创办地方防卫组织等等。……清代皇帝们有充分理由，利用绅士来执行乡村控制。[②]

　　简单而言，在对中国士绅的研究中，一般认为士绅能够起到表率乡里、调解乡村纠纷、处理乡村公共事务等职责。此外，还有一些研究论及清末的士绅变迁。例如杜赞奇（Prasenjit Duara）《文化、权力与国家：1900—1942 年的华北农村》论及"保护型精英"向"掠夺型精英"的转变。[③]

　　第二，里甲团约（里甲、保甲等）研究。民国时期闻钧天的《中国保甲制度》、江士杰《里甲制度考略》以及杨开道《中国乡约制度》

---

① 　张仲礼：《中国绅士研究》，李荣昌、费成康、王寅通译，上海人民出版社 2008 年版，其中收录了《中国绅士：关于其在十九世纪中国社会中作用的研究》以及《中国绅士的收入：〈中国绅士〉续篇》二书。

② 　萧公权：《中国乡村：论 19 世纪的帝国控制》，张皓、张升译，联经出版事业公司 2014 年版，第 372—373 页。

③ 　杜赞奇：《文化、权力与国家：1900—1942 年的华北农村》，王福明译，江苏人民出版社 1996 年版。

探讨了保甲、里甲和乡约制度的历史演变。其后，不断有研究者探讨这一问题，比如：《近代华北农村社会变迁》探讨了清代华北农村小区的组织（保甲、里甲）与社会功能；《在国家与社会之间——明清广东地区里甲赋役制度研究》探讨了广东地区从明代的里甲制、一条鞭法到清代图甲制度的演变，及对于赋役制度影响。① 而萧公权在《中国乡村》一书中，对此有重要论述：

> 为了控制乡村地区，清政府遵循前朝的一般政策，并大量采行其方法，创立了两个基层组织体系，架设在第一章所述自然演化出来的组织的基础之上，而不是取代它。一方面，有一个保甲组织的体系来推动可以称为治安控制的事务；另一方面，一个里甲组织的体系最初设计的目的是要帮助征收土地税和摊派徭役。②

此外，还有很多研究关注清代中后期逐渐形成的团练组织。比如孔飞力《中华帝国晚期的叛乱及其敌人》通过团的研究探讨了地方军事化、中央与地方的关系转变、传统国家的崩溃等重要主题。近些年来，随着地方档案的广泛使用，出现了很多新视角的研究。例如梁勇《清代中期的团练与乡村社会——以巴县为例》、王

---

① 闻钧天、江士杰：《中国保甲制度、里甲制度考略》，上海书店1992年版；杨开道：《中国乡约制度》，商务印书馆2015年版；乔志强主编：《近代华北农村社会变迁》，人民出版社1998年版；刘志伟：《在国家与社会之间：明清广东地区里甲赋役制度研究》，中山大学出版社1997年版。

② 萧公权：《中国乡村：论19世纪的帝国控制》，张皓、张升译，联经出版事业公司2014年版，第35页。

妍《从异态到常态:清中期巴县团练的角色转变与乡村社会》等,便利用档案材料,讨论团与乡村社会之间的日常关系,如民间纠纷调解、公共事务处理等。[①]

第三,县以下的基层行政(县丞、巡检司)等研究。近些年来,随着各种档案和区域研究的推进,关于清代基层地方区划特别是巡检司,涌现了很多研究成果。例如张研的《清代县级政权控制乡村的具体考察:以同治年间广宁知县杜凤治日记为中心》讨论到了广东县丞、巡检与典史等佐贰官的具体辖地;胡恒的《皇权不下县?:清代县辖政区与基层社会治理》通过讨论京畿、广东、南部县等地的基层辖区,指出在清代的中后期县以下已经有了系统的正式官职和行政机构。[②] 这些研究集中在两方面:一方面是历史地理学,主要探讨巡检的地理分布和辖区范围;另一方面则是对基层行政与治理,对传统的"皇权不下县"提出反对意见。不过,很多讨论偏于从正式行政来理解皇权,没能意识到正式行政只是传统基层治理体系的一部分。

由以上简单综述可以看出,学界对于士绅、团约、巡检等,各自已经有了很多研究,但恰恰是这些研究,合在一起引向另一个重要问题。即是说,无论是士绅,还是里甲、保甲、团约,或者巡检、县丞等,似乎都在清代基层社会中发挥着重要的控制作用,且有高度重

---

① 孔飞力:《中华帝国晚期的叛乱及其敌人:1796—1864 年的军事化与社会结构》,谢亮生、杨品泉、谢思炜译,中国社会科学出版社 1990 年版;梁勇,《清代中期的团练与乡村社会——以巴县为例》,《中国农史》2010 年第 1 期;王妍,《从异态到常态:清中期巴县团练的角色转变与乡村社会》,《天府新论》2012 年第 1 期。
② 张研:《清代县级政权控制乡村的具体考察:以同治年间广宁知县杜凤治日记为中心》,大象出版社 2011 年版;胡恒:《皇权不下县?:清代县辖政区与基层社会治理》,北京师范大学出版社 2015 年版,第 313—314 页。

合性,例如调解民间纠纷、处理民间诉讼。但它们相互之间有怎样的具体关系,构成一个怎样的治理体系呢?

对于这一问题,最系统的论述便是萧公权的《中国乡村》。该书全面论述了乡村社会的各个层面及其功能:

> 吸收了以前各个朝代的经验,援用了历史上的制度,清初的皇帝们建立了这样一套由各种子体系所组成、各自具有特定功能的控制体系。这样一来,乡村生活的每一个重要面向理论上都置于政府的监督和指导之下。①

这样一种功能区分,在该书各章标题中最为清晰——第三章《治安监控:保甲体系》、第四章《乡村税收:里甲体系》、第五章《饥荒控制:社仓及其他粮仓》、第六章《思想控制:乡约及其他制度》、第八章《宗族与乡村控制》。这种功能划分,已经成为学界思考该问题的固定模式。究其原因,一方面是其简洁明了,很符合现代学术的思维方式;另一方面,清朝政府在制定这些制度时,确实是有着针对不同目的来设计的意图。

但大量研究也指出,这些不同的政策往往无法真正起到预期的作用。例如在保甲和里甲之间,便经常出现重叠和替代。《中国乡村》中也指出:

> 但是,部分由于官方定方案在应用时缺乏一致性,部分由

---

① 萧公权:《中国乡村:论19世纪的帝国控制》,张皓、张升译,联经出版事业公司2014年版,第591—592页。

于这些体系当它们存续的时候发生的变化。它们在实际操作上和名称上,都产生了相当多的混淆。[1]

> 无论有没有得到朝廷的明确批准,里甲的主要功能在 18 世纪都交给了保甲组织,只因为里甲比保甲更早出现衰退。……随后发生的事,也就是职能重叠到一个体系,出乎了他们原先的预料。[2]

而且,不仅保甲与里甲系统之间会出现重叠,而且在士绅、里保甲、团约、巡检等各个系统间,都可能出现重叠和混淆。

究其原因,官方所设定的功能划分,实际上只能起到表面作用,而在具体的政治与社会生活中,必定出现更加现实的运作逻辑。即,在实际的社会生活中,一方面这些不同层面(行动主体)间确实会出现很多重叠,但另一方面,相互之间必定又会形成新的区分。那么在实际的社会生活中,各层之间到底是什么关系,各自有何种不同侧重,相互之间又有怎样的冲突或联系呢? 所构成的是一个怎么样的体系,单纯用“控制”这一概念能不能表述清楚呢? 要回答这些问题,不仅需要在理论上把多个主体置于一起讨论,更需要对同时存在这几类主体的某区域进行具体研究,在具体事件的基础上进行分析。

本章希望利用咸丰朝(1851—1861)的巴县档案,通过对其中

---

[1]　萧公权:《中国乡村:论 19 世纪的帝国控制》,张皓、张升译,联经出版事业公司 2014 年版,第 35 页。

[2]　同上书,第 46—47 页。

涉及巴县木洞镇(有巡检司)及其周边地区(仁里九甲)的案件进行分析,探讨在这一特定的时代和区域,巡检、团约、士绅等各自执行的职责,扮演的角色,并且通过具体的案例,探寻知县、士绅、团约、巡检之间的复杂关系。

一、木洞镇与仁里九甲概况

(一) 木洞镇概况

木洞镇位于巴县县城东边。在巴县地方顺着长江一直往下游走,江的南岸便是木洞镇。[①] 若走陆路,距离为一百里,需要近两天时间;若走水路,从木洞镇到巴县为一百二十里,亦需要一天多时间。木洞镇是川东地区一个重要的商业集镇与过江渡口。从现存史料来看,在明初刻本的《寰宇通衢》"京师至云南布政司"一条中,便已有"木洞驿"的记载。[②] 木洞驿的出现,虽不能证明当时已经有了镇的规模,但至少表明木洞驿是一个重要的交通枢纽点。在明代,木洞及其附近地区划归为木洞里,木洞里是巴县七十二里之一,设置有木洞水驿。

清代雍正年间,在木洞设立巡检一员。"木洞水驿,在城东九

---

① 参见本书第一章图 15。
② 不著撰者:《寰宇通衢》,载于《四库全书存目丛书》史部册 166,齐鲁书社 1996 年版,第 231 页。其中有"龙溪驿,一百里至木洞驿,一百二十里至朝天驿",记载木洞镇至朝天驿的路程是一百二十里,估计应为水路路程。

十里,大江中坝。水驿久裁。雍正九年,设立巡检一员。"①在巡检之下,还设有衙役、门子、皂隶、弓兵等下属。② 从后文看来,巡检在匪徒来时还可率领团丁等进行抓捕。同时,木洞是重要码头和渡口,通往南川和涪州,在此集聚有供应节里和仁里地区的粮食。"木洞镇:县东一百里,仁九甲。渡船八,通南川、涪州,并节里、仁里米口。"③在诉讼案卷中,当事人也形容"木洞上通云贵,下达荆湘,水陆冲衢,络绎不绝"。④ 在乾隆年间,木洞镇有一处社仓,用以储备附近地区的赈灾用粮,可见该镇具有的辐射中心作用。"木洞镇社仓四间。乾隆元年,巡检邵贤于详请等事案内建立,贮仓斗谷一千四百八十三石七斗六升八合七勺。"⑤

　　从咸丰时期的档案中,可以看到在木洞镇有一座规模不小的迪化义学。该义学在木洞镇上有四合头房屋,还有收租银铺等。⑥ 在

<hr>

① 王尔鉴等:《巴县志》(乾隆),载于《中国地方志集成:重庆府县志辑》(二),巴蜀书社2016年影印版,第378页。不过在霍为棻、熊家彦等纂修的《巴县志》(同治)(载于《中国地方志集成:重庆府县志辑》(二),巴蜀书社2016年版,第360页)中,则记载"巡检署:在木洞旧驿署,雍正七年设"。

② 霍为棻、熊家彦等:《巴县志》(同治),载于《中国地方志集成:重庆府县志辑》(三),巴蜀书社2016年版,第371页。其中记载"本县巡检一员,于雍正八年五月内奉文添设。照例,岁历俸银三十一两五钱二分。额设衙役二名,内门子一名,皂隶一名,每名岁支工食银六两,共银一十二两。又遵雍正七年闰七月内奉文,设立弓兵一十二名,每名岁支工食银六两。雍正十三年奉文,裁减六名,存六名,每名加增银二两,共支银四十八两",又有"巡检,养廉银九十两"。

③ 王尔鉴等:《巴县志》(乾隆)卷2《建置·津梁·津渡》,载于《中国地方志集成:重庆府县志辑》(二),巴蜀书社2016年版。

④ 木洞镇巡检申详姜家场体德团监保正等误查点团练一案,咸丰九年,四川省档案馆藏,《巴县档案》(咸丰朝)No.00168。

⑤ 王尔鉴等:《巴县志》(乾隆)卷3《赋役·社仓》,载于《中国地方志集成:重庆府县志辑》(二),巴蜀书社2016年版。

⑥ 木洞镇迪化义学斋长文生严镜涵等禀街民火延烧义学收租铺延师无师协恩停馆一案,咸丰七年,四川省档案馆藏,《巴县档案》(咸丰朝)No.01141。

义学之外,木洞镇还有一所崇文书院,"咸丰年间募捐,置买田房,放佃收租,兴设崇文书院,以作月课膏火,均交生等为首经管"[1]。此外还有一处士绅建立的溪河广济渡,"地方绅粮捐资置业,兴设溪河广济渡,年收租谷三十二石,以作渡夫食费,又外置街房一处"[2]。

对于咸丰年间木洞镇的商业规模,可以从咸丰七年一次火灾中看出。档案记载:"由张玉顺栈房失火,沿烧正街一连二百余家。"[3]而另一份档案记载:"今年八月初二,张玉顺火宅,烧一百零三家,将义学四合头房屋,以及收租银铺烧毁。只剩下田庄一所,春夏干旱,只收租六石。"[4]虽然有烧掉一百家与二百家的不同记载,但都可看出木洞镇商业之繁荣。

(二) 仁里九甲概况

明朝时,巴县全局分为七十二里,每里的范围都比清代的里小。其中清代仁里九甲地区大致属于明代的木洞里、居义里、钟楼里等处。明清之际,由于战乱,人口大量减少,巴县只能编为四里(西城、居义、怀石、江北),仁里九甲地区此时属于居义里。康熙四十六年,由于人口的迁入与增长,原有的四里制无法适应,所以知县孔毓衷将其改编为十二里,每里十甲(义、礼二里及仁里上六甲

---

① 仁里九甲文生刘翼圣等具禀木洞镇崇文书院被焚一案,咸丰七年,四川省档案馆藏,《巴县档案》(咸丰朝)No.01138。
② 木洞镇迪化义学斋长文生严镜涵等禀街民失火延烧义学收租铺房延师无师协恳停馆一案,咸丰七年,四川省档案馆藏,《巴县档案》(咸丰朝)No.01141。
③ 仁里九甲文生刘翼圣等具禀木洞镇崇文书院被焚一案,咸丰七年,四川省档案馆藏,《巴县档案》(咸丰朝)No.01138。
④ 木洞镇迪化义学斋长文生严镜涵等禀街民失火延烧义学收租铺房延师无师协恳停馆一案,咸丰七年,四川省档案馆藏,《巴县档案》(咸丰朝)No.01141。

后改归江北厅,祥里上八甲后改归璧山县)。其中,木洞镇附近地区被归入仁里九甲。据《巴县志》(乾隆),仁里九甲的区域内有一个冬青场(也写作冻青场),"冬青场:九甲,离城百三十里,二五八期"[①]。不过木洞应是更为重要的一个场镇。此点从寺庙的数量也可以看出,"冬青寺:九甲飞凤山;慈光寺:九甲木洞;观音阁:九甲木洞中坝,成化九年建;关帝庙:九甲木洞中坝,万历三年建"[②]。

对于仁里九甲,一个重要的问题是人口数量。在道光年间的巴县档案中,有一份《道光四年巴县保甲烟户男丁女口花名总册》记载:

> 仁里四甲并连接太和场、姜家场、双硐场、观音桥、跳[石]场、永兴场相近六场,土著流寓、当佃铺店、庙宇居民六千四百六十五户。男一万五千一百四十六丁,女一万二千三百二十八口,男女共二万七千四百七十四丁口。实在六千四百六十五户,牌首喻在尧等六百四十六名,甲长蒋阶□等六十一名,内选得土著民杨贵德等六名为保正,督同甲长率领牌首人等,不时稽查盗贼,以靖地方。[③]

据此,仁里的四个甲(即长江南岸的四个甲)一共有 6465 户,27,474 丁口。平均一甲的户数有 1616 户,一甲人口有 6868 人。[④]

---

① 王尔鉴等:《巴县志》(乾隆)卷 2《建置》,载于《中国地方志集成·重庆府县志辑》(二),巴蜀书社 2016 年版。

② 同上。

③ 四川省档案馆、四川大学历史系主编:《清代乾嘉道巴县档案选编》下,四川大学出版社 1996 年版,第 341 页。

④ 此处的"丁口",应该是指当时统计的人口数,而不是指赋税的纳税单位,因为在《巴县志》(乾隆)卷 3《丁粮》中,记载的是"户口原编银"的数量和"丁粮额办均瑶原编银"的数量。即是说,从清初开始,巴县的丁粮便已经折算成了银子的数量,而不再用丁口来计算。

据学者推算,在嘉庆到清末的这段时间中,巴县地区人口的平均年增长率是 11‰。[1] 粗略估算到咸丰元年(1851),仁里四甲的总户数粗略估计为 8242 户,人口数粗略估计为 35,029 人,每一甲的平均户数为 2060,人口数为 8757 人。这一户数和人口数,即使对比巴县地区的其他里甲,也是非常多的。正如在档案中所称,"窃卑职遵奉宪委代理查得分管甲内地方辽阔,人烟稠密,易于藏奸",[2]这正是仁里九甲的实情。

如果再按照档案中所说的牌首、甲长、保正数量进行推算,相当于每一名保正要对应 1373 户,5838 人;每一名甲长要应对 135 户,574 人,这是相当沉重的负担。不过实际上,在巴县地区,构成基层社会秩序最为重要的是"团"组织。下面简略介绍木洞地区"团"的情况。

(三) 仁里九甲的团

前文列举的《道光四年巴县保甲烟户男丁女口花名总册》中,称"实在六千四百六十五户,牌首喻在尧等六百四十六名,甲长蒋阶□等六十一名",可知每一甲(保甲的甲)的户数为一百户左右。当然,这一记载其实是为了符合制度规定。在清代后期的巴县地区,保甲的系统实际上与团的系统有了很大重合,在基层更多起作用的是团首和乡约等人。[3] 在咸丰时候的巴县乡村,一个基层团

---

① 周勇主编:《重庆通史》,重庆出版社 2014 年版,第 189 页。

② 木洞镇巡检申详姜家场体德团监保正等误查点团练一案,咸丰九年,四川省档案馆藏,《巴县档案》(咸丰朝)No. 00168。

③ 对于这一点,可以参见梁勇:《移民、国家与地方权势:以清代巴县为例》,中华书局 2014 年版,第 3 章《保甲制度的建立与啯噜的泛滥》、第 5 章《团正与清中期的地方军事化》。

的大小大致为一百至二百余户。[①] 负责团内事务的有团首和监正等，至少有四人，而稍大的团往往有更多的团首监正。此外与团相关的还有乡间的乡约，场中的客长等人。

通过咸丰朝巴县档案的调查，可以见到明确位于仁里九甲的团有如下数个：永安团（木洞镇附近）、仰山团、水口团、太平团、龙池团、冻青团，其余可能还有一些在档案中未出现的团。[②] 而且团也有不同类型，最重要的两种，便是位于场上的团与位于农业地方的团。例如，仁里九甲的"冻青团"是一个典型的场团。由于咸丰时期没有史料存留，只能从道光时候的史料看其基本构成。

表6　道光四年仁里九甲冻青团烟册户口社会构成统计表

力行　21	烟干铺　1	营工　2	下力　12
蔑铺　1	载粮(耕田)　10	机房　3	道士　2
佃田　1	糟房　2	剃头　1	佃土　4
屠行　6	裁缝　1	驾船　8	炭铺　9
木匠　2	道艺　2	挑炭　1	石匠　1
教学　2	茶铺　4	开店　11	种土　1
酒铺　2	栈房　4	卡差　1	饭铺　6
贸易　2	零星　4	米铺　2	行医　4
打铁　2	杂粮　2	杂货　7	柴铺　1
药铺　1	草鞋铺　2		

（数据源：四川档案馆、四川大学历史系主编，《清代乾嘉道巴县档案选编》下，四川大学出版社1996年版，第342页。本表是由该书的编纂者根据原始史料整理的材料，后表皆同。说明：总户数149户中，雇工1人者为44户，雇工2人者为1户，雇工3人者为1户。）

---

① 参见本书第六章。

② 参见本书第六章，其中引用了同治朝No.00130中对于木洞镇附近团的列举。

从表6中可以看出,冻青团中有很多从事商业与手工业的人口,而耕田、佃田、佃土的户数较少。从另一份材料《道光四年仁里九甲冻青团烟册人口自然构成统计表》中还可以看到"设团首四人"①,即这一团在道光四年有4名团首。

由于史料中没有仁里九甲农业团的案例,所以在此举正里二甲宝龙团的例子。

表7　嘉庆二十年正里二甲宝龙团户口社会构成统计表

载粮户(81): 1分至5分,12户 6分至1钱,3户 1钱至5钱,49户 6钱至1两,13户 1两以上,4户	佃土户　14	佃田户　66
	自耕户　44	自田户　3
	当田户　3	佃当户　1
	佃住户　7	不明户　1

(数据源:四川档案馆、四川大学历史系主编,《清代乾嘉道巴县档案选编》下,四川大学出版社1996年版,第328页。说明:1.总户数220户;2.载粮户系自耕者43户;3.载粮户收租者1户;4.载粮未说明自耕或收租者38户。)

在仁里九甲中,除永安团和冻青团外,其余的团应该都是农业团。场团与农业团的重要区别是:场团往往居住较集中,且多从事手工商业,而农业团则居住分散,多从事农业(自耕或者佃种)。

以上我们介绍了木洞镇、仁里九甲以及仁里九甲下面的团组织。下面,我们对于咸丰朝巴县档案中与木洞镇和仁里九甲相关的案件进行数量分析。

---

① 四川省档案馆、四川大学历史系主编:《清代乾嘉道巴县档案选编》下,四川大学出版社1996年版,第341页。

二、诉讼案件的数量分析

本章选择的案件主要有两大类:第一,与木洞镇巡检司直接相关的案件,特别是木洞镇巡检司的申详案件。其中包括在档案馆所定题名中有"木洞镇"、"木洞"以及巡检相关的案件。这些案件一共有19件,其中木洞镇巡检的申详和申解有13件,9件是当地居民首先禀告至木洞司巡检,然后再由巡检转至巴县衙门,另外4件则是由木洞司巡检因盗窃或其他事故而禀告巴县。13件之外的6件,是木洞地区的居民直接告至巴县衙门。第二,与仁里九甲直接相关的案件。其中包括在题名中有"仁里九甲"和"仁九甲"的案件。这些案件一共有56件。[①]

在咸丰年间与木洞镇巡检司相关的案件(19件)中,各类分布如下:内政5、欺诈1、妇女1、凶殴4、盗窃4、租佃1、移关1、其他2。当然,这一分类由当代的档案工作者划定,不一定非常准确,但仍有重要的参考价值。从案件的分布可以看出,在与木洞镇巡检相关的案件中户婚田土案件很少,而内政、凶殴、盗窃等案件占绝大部分。若探讨其原因,有两种可能:第一,木洞镇巡检其实接受了大量的户婚田土案件,但由于这些案件在巡检司已经解决,就没有

---

① 在此,当然不能完全信赖现在档案中的题名,但是从目前的阅读经验来看,档案题名的具体内容虽然经常会有不准确之处,但是对于案件发生的地点,或者是涉及案件的当事人的所属,还是较为准确的。不过,此处也有一个问题,即当两个当事人分属不同里甲之时,这时往往会按照第一份诉讼状的人物所属作为案件的所述。所以,在目前的情况下,对这一案件的选取和初步分析,还是有着很大的意义。

提交到巴县衙门，所以档案中没有记录；第二，木洞镇巡检原本就没有处理户婚田土案件，所以自然提交到巴县衙门的档案中也没有太多户婚田土案件。这一问题，将在下一节探讨。

　　在与仁里九甲相关的案件中（56 件），各类别的分布如下：内政 2、命案 3、地权 2、借贷 5、欺诈 12、家庭 2、妇女 5、商贸 2、凶殴 4、盗窃 13、赌博 2、水运 2、工矿 1、契税 1。直观来看，与木洞镇的案件相比，巴县知县处理的仁里九甲案件中明显有较多户婚田土纠纷。不过为了更加仔细地与巴县地区的整体案件类型进行比较，本章去除内政、司法与移关这三类案件，将仁里九甲的案件百分比与咸丰朝巴县档案中的案件百分比进行对比。①

表 8　仁里九甲各类案件百分数与咸丰朝整体对比表

案件类别	咸丰朝（%）	仁里九甲（%）
命案	5.43	5.56
地权	7.5	3.7
房屋	1.51	0
借贷	6.7	9.26
欺诈	19.34	22.22
家庭	1.91	3.7
妇女	10.43	9.26
继承	0.09	0
商贸	4.62	3.7
凶殴	9.57	7.41
盗窃	18.07	24.07
租佃	1.81	0
赌博	1.58	3.7
烟泥	0.61	0

———————

① 内政、司法总类、移关这三类档案由于主要包含大量的政府内部往来的文，所以与仁里九甲的具体案件有很大差距，不适合作为对比。

案件类别	咸丰朝(%)	仁里九甲(%)
水运	0.35	3.7
工矿	0.74	1.85
宗教	0.09	0
契税	0.46	1.85
其他	9.19	

　　(数据源:咸丰朝巴县档案中的案件百分比,数据来源于四川省档案馆对于咸丰朝巴县档案各类案件所做的数量统计,现存四川省档案馆巴县档案目录索引册中。去除了内政、司法与移关这三类案件数量后,将每一类案件的数量除以总数量所得到的百分比。)

　　在对比中可以看到,与仁里九甲相关的案件有几个特征:第一,整体上最多的案件是盗窃与欺诈类的,这一点与整体的比重类似。不过在仁里九甲的案件中,两者的百分比都更高,而且盗窃排在第一位。第二,在欺诈与盗窃之后,整体上排在第三位的案件是妇女,而在仁里九甲第三位是妇女与借贷并列,从此点可以看出仁里九甲地区的商业活动比平均水平要高。同时,在清代的巴县地区,与妇女相关的案件成为社会中的一大问题。第三,整体上排第四的是凶殴,在仁里九甲也是凶殴,不过百分比要低于总体。第四,另一个重大的差别是,整体上与地权相关的案件不少,但在仁里九甲则要低很多。这是由于当地位于山区,农业耕种不如巴县平均水平。第五,水运相关的案件较多,达到了整体的 10 倍。这是由于仁里九甲处在长江边,且毗邻木洞镇渡口。第六,由于仁里九甲的案件总数不多,所以在一些出现比例较低的类型上,可能会出现没有案件的情况。从以上这些诉讼案件的比例,可以看出仁里九甲地区的特点。

三、"巡检—团约—士绅"的三层结构

以上两节中,我们清楚地了解到在木洞镇及仁里九甲地区,有木洞镇巡检和保甲体系中的团首、监正等人。同时,木洞镇以商业知名,在商业繁荣的同时,带来了众多从事商业的人口以及以金钱购买的、带有监生等头衔的"士绅"。那么,巡检、团、民之间构成什么关系呢? 如果再考虑到本章的史料是巴县衙门的档案,那么在此之上还需要再考虑"知县"这一层级。

不过,"巡检—团约—士绅"的表述并不意味着一个纯粹的上下从属关系,其间的关系甚为复杂。首先来看对于该地的总体论述。在《巴县档案》(咸丰朝)No. 08339 中,咸丰十年九月三日,木洞镇巡检司向重庆府递送了一份申详。其事由是千总王国栋等禀河差因除恶而成恶,借巡查河道为机向百姓勒索财物。这一申详照录了千总的禀状,千总论述道:"木洞既有恩主,又有团丁,何劳袖手。而今中江等处数被劫掠,置若罔闻。"[1]在这里,千总的说法是"木洞既有恩主,又有团丁",可见他认为恩主(巡检司)和团丁都有一定的责任要去处理。但有意思的是,木洞镇巡检没有直接处理这一问题,而是将这一禀状连同问题,又通过"申详"提交给了巴县衙门。在申详的最后写道:"据此,卑职理合抄录原词,具文申详宪台俯赐察核唤讯,实为公便。"[2]

---

[1]　木洞镇检巡申详江化千总王国栋等禀刘三狗行窃王板主衣物,咸丰十年,四川省档案馆藏,《巴县档案》(咸丰朝)No. 08339。

[2]　其后虽然王千总又在巴县衙门出提出了新的禀状,但未见有下文。

而在《巴县档案》(咸丰朝)No.06400中,咸丰三年十二月十九日,仁里九甲的傅如山控告陈永顺,称道光二十八年陈永顺等十人凑会银一百两,轮捐监生。后来银钱不清,陈永顺串痞将自己扣押三日,勒索金钱等事。而陈永顺则在诉状之中指责傅如山本应每年还三十两,共还四年,但他在还了四十余两后就抗拒不给,反而捏控。在咸丰四年五月五日的禀状中,陈永顺指出:"切蚁等均在木洞住贸,现有司主、约保在镇,如有押逼,岂不就近呈控,反舍近图远,赴渝控告。"①若将其中的"呈控"做较为广义的理解,则可以看出,陈永顺也是把司主和约保相提并论,都作为可以处理民间钱债纠纷的代表。

但是,司主与约保,他们处理诉讼和纠纷的时候有何不同? 各有什么特点呢?

(一) 木洞镇巡检与暴力保障

由前人研究及上述两个案例可以知道,一方面在国家的规定中,巡检司没有处理户婚田土等民事诉讼的权限,②但另一方面,木洞镇巡检似乎确实也可以处理一些地方事务以及民间纠纷,那么这两者之间是什么关系呢?

在《巴县档案》(咸丰朝)No.09110中,咸丰元年闰八月十三日,木洞镇巡检向巴县衙门送交了一份申详,内容是丰盛场民赵大

①　仁九甲付如龙以无理拦路凶伤伊告金二等,咸丰三年,四川省档案馆藏,《巴县档案》(咸丰朝)No.06400。

②　"巡检司巡检(从九品),掌捕盗贼,诘奸宄。凡州县关津险要则置。隶州厅者,专司河防。"赵尔巽等:《清史稿》卷116,中华书局1976—1977年版,第3359页。

元喊禀赵大有凶伤一事：

> 据丰盛场民赵大元以恃欺凶伤等情喊禀赵大有一案，当即饬差传唤。殊该民抗不投审，实属习顽。今将原词具文申详宪台，俯赐察核，饬差唤讯，实为公便。

其中明确地提到的"当即饬差传唤"，似乎证实木洞镇巡检有处理民事纠纷的权力。不过，在该申详的开头，还提到了木洞镇巡检的职责：

> 代办木洞镇巡检为详请唤讯事。窃卑职荷蒙府宪札委，代办木洞镇印务，及有户婚田土，故不敢擅授，致干功令。其有钱债细故，凶酒打降，喊禀前来，自当传唤，即时讯详。

虽然此时的木洞镇巡检是代办，但在代办期间，具体职责与巡检完全一致，而且正因为是代办，所以才会在申详中具体论述木洞镇巡检的职责。[①]

"及有户婚田土，故不敢擅授，致干功令"一句，指巡检司不能接受户婚田土等民间诉讼，因为这是违反法规的，但其后又补充了一句"其有钱债细故，凶酒打降，喊禀前来，自当传唤，实时讯详"。这里提到了两类事情，一是钱债细故，二是凶酒打降。对这两种事情，如果是当事人"喊禀"的话，则可以传唤讯详。一方面，喊禀是

---

① 木洞镇监检申详县民赵大元恃欺凶伤等情喊禀赵大有一折，咸丰元年，四川省档案馆藏，《巴县档案》（咸丰朝）No. 09110。

指当事人直接到巡检司衙门口头控告；另一方面，钱债与凶打事情，都是属于比较直接的纠纷，可以简单处理，与牵涉到复杂人情的户婚田土明确不同。此事件本身也便属于凶酒打降的"喊禀"类型，只是由于传唤之人不到，所以才向巴县衙门送交申详。最终巴县衙门发下了差唤票，但未有最终结果。在此还需要稍作区分，由于"喊禀"并没有投递正式的状子，因此也没有正式诉讼的"挂号"，所以严格意义上不能称为"案件"，可称作事案或事件。

而在案件 No. 37584① 中，咸丰六年九月某日（字迹不清），木洞镇巡检向巴县递交了一份申详。其中称"本年九月初六日，仁里九甲乡约刘双福估骗凶伤喊禀前来"，喊禀的内容是称李绍白借其银钱不还，讨要还遭到凶殴。从这一内容来看，似乎正符合所谓的"钱债细故，凶酒打降，喊禀前来"的条件，所以木洞镇巡检也接受了这一喊禀。不过，据申详记载，之后李大善拿了一份诉词到巡检司处，诉词中对于该事的解释与刘双福的喊禀大相径庭，称这并非是借钱和殴伤，而是涉及李大善之父的田业等户婚田土的复杂纠纷。即是说，这一事件由看似较为单纯的钱债和凶殴事情变成了复杂的户婚田土案件。所以在申详最后，木洞镇巡检称："据此，卑职未便擅专，就近随时将李绍白即李大善传案，并抄录原喊禀，粘连借券，具文申解宪台，俯赐察核，饬差唤讯，实为公便。"从这一案例可以看出，在面对较为复杂的户婚田土纠纷时，木洞镇巡检也往往倾向于通过申详将案件转交给巴县衙门。

由此可见木洞镇巡检在处理地方事务时的一个特点。国家规

① 仁里九甲刘支福告李绍白亲笔立约借钱不还当场向他要反行凶殴伤特上告一案，咸丰六年，四川省档案馆藏，《巴县档案》（咸丰朝）No. 37584。

定巡检不能收受民词,所以木洞镇巡检确实不能擅受户婚田土的民词。但巡检作为官府的组成部分,无论是巡检自身还是地方民众,都认为其有一定的处理地方事务的职责,所以在禁受民词之外又有一些特殊情况,便是当民众通过喊禀方式来呈控"钱债细故,凶酒打降"这类不同于户婚田土的简单事案时,巡检能够对此进行处理,甚至可以派差役下去唤来当事人当面处理。但是,当处理不顺或者发现是更加复杂的户婚田土纠纷时,则需要通过申详转交给巴县衙门处理。①　不过,"户婚田土"和"钱债、凶酒"之间的真正差别到底何在? 仅仅是涉及事件复杂程度的差别,还是另有其他因素呢?

　　除了上述的需要处理一部分民事纠纷,巡检的另一项工作是检查地方上的保甲治安,带领兵丁和团勇等捉拿匪徒。例如在《巴县档案》(咸丰朝)No.00168 中,咸丰九年六月十三日,木洞司申详称自己在点团时,姜家场之体德团监正、保正、团首、甲长、乡约人等抗传不到,阻扰公事等情。其中称:"近闻各团往往奉行故事,并不认真操练,以致日渐废弛。于是卑职先行饬差传知,随后单骑减从,亲往分管场市乡村,查点各团,饬令整顿团练,以壮声威。"可见,巡检对于当地的团练事情有监督之责。不过,有意思的是,木洞镇巡检对于这些人员并没有强制的处罚力,只能申详知县:"如此刁风不除,将来后患弗底。合据实具文申详宪台,俯赐察核,饬

---

① 　与此类似,伍跃在《官告民:雍正年间的一起维权案:〈青浦县正堂黄李二任老爷讯审销案等呈词抄白〉跋》(《中国史研究》2009 年第 3 期)一文中,也指出"地方政权中的除知州、知县以外的基层官员在正式行使其行政权力时并不一定是直接发出相关指示,而是需要通过知州、知县的认可"。

差唤讯,实为公便。"①

另外,还有木洞镇巡检带领团丁捉拿匪徒之案例。例如《巴县档案》(咸丰朝)No. 07800 中,巡检司在咸丰七年十二月廿五日的申详中称:"木洞镇巡检为拿获申解事,情本年十二月辰早巡查河道,据本邑慈里二甲铜锁驿船户王兴顺鸣冤,喊称被匪抢劫等情。卑职即带团勇拿获匪徒五名,杆子船一只。"后经过木洞镇巡检审讯,匪徒五名各是不同地方的人,结伙在江上抢劫。因此,最后木洞镇巡检"合抄录原词各供,并令保甲团勇将匪徒五名,协差具文申解宪台,俯赐察核,饬差唤讯,实为公便"②。可见,巡检确有责任率领兵丁和团勇捉拿匪徒。

(二) 团约、客长与地方情理

而在木洞司之外,团约客长等人主要承担何种职责呢?其中团是指团首、监正、团邻等人,而约是指乡约,客长是指负责场上诸事务的人。虽然这几个称呼的内容不同,但在这里都将他们作为同一层次来讨论。因为这几个角色,都是处于正式的官与民之间的中间层,在诉讼案件中,也往往同时出现。

在《巴县档案》(咸丰朝)No. 08732 中,咸丰十一年十月十六日,木洞镇巡检提交了一份申详,其中有三份喊禀状。一份是兴隆场的团首、乡约等喊禀状,称颜大蛮等估骗凶伤。第二份是冠山团

---

① 木洞镇巡检申详姜家场体德团监保正等误查点团练一案,咸丰九年,四川省档案馆藏,《巴县档案》(咸丰朝)No. 00168。
② 木洞镇申解拿获匪徒赵大顺等伙窃凶夺王光顺船上柑子,咸丰七年,四川省档案馆藏,《巴县档案》(咸丰朝)No. 07800。

与兴隆团的团首、乡约等的喊禀，进一步阐述了上述内容。其中称恶痞漏户颜大蛮、颜二蛮是在两团的偏僻处居住，勾结匪类，抗不入团。团民刘登才佃其屋居住，退佃后，颜大蛮等不还押钱，刘向其理讨，反被殴伤。投团理讲也抗不到场，所以团首等才来喊禀。之后，被告媚妇颜陈氏（抱诉颜正兴）等则以痞踞串害喊禀，称自己并未拖欠佃户押佃，而是换了新佃，反而是刘登才痞踞串害。

这一事件虽然一开始看起来是"估骗凶伤"，但实际上涉及复杂的地方内部事务，所以巡检也没有直接处理，而是通过申详转给了巴县知县。但是，在该申详所抄录的喊禀内容中，有一段表述值得注意，即团首等人在论述自身的职责时称"首等有地方之责，协差护送案下"，又称"窃恶痞颜大蛮即颜正兴素不守法，去年……今又憨不畏法，更甚于前，有碍地方，协恳作主验究"。[1]

此处两次出现"地方"一词，值得细细体会。在木洞镇巡检的诸多申详以及涉及木洞镇巡检的诸多档案中，几乎从未出现过自称"地方"或者类似的讲法，但是这种讲法在团约等提出的禀状或者诉状中却经常出现。例如此案例中出现的"地方"，便与居住于两团之间的恶痞案件相关。

与此类似，在《巴县档案》（咸丰朝）No.04476 中，咸丰十年十月廿二日，首先是仁里九甲丁兴义以"为挟控捆搕事"控告痞棍骆二亡等，称自己被痞棍骆二亡率人捆缚关押，并且勒搕银钱之事。在其后的十月廿四日，仁里九甲龙池团的团邻尹洪兴、吕赞先、梅声笔等递交了一份禀状，其中称："为除痞安良，以靖地方事。情氏

---

① 因租佃纠纷木洞镇巡检申解兴隆团团民刘登才等以估骗凶伤禀颜正兴等案，咸丰十一年，四川省档案馆藏，《巴县档案》（咸丰朝）No.08732。

等系龙池团团邻,体德办公。今四月,团内丁兴义控案不守法案鳞
痞棍骆二亡等。"①与前一案类似,以靖地方是与除痞安良联系在
一起的。在巴县档案中,所谓痞棍是与匪徒等含义不同的称呼。
匪徒更多是指与当地社会没有直接关联,外来或者游荡于外的一
类凶恶之人,例如前文巡检司所抓获的匪徒(《巴县档案》(咸丰朝)
No.07800)。而痞棍,则多指原本就处在地方社会中,早已为地方
社会所熟知的一些不法之人。而且,正因为早就为人熟知,所以团
首、乡约、团邻等人才能够对其加以约束,而在约束无效之后,由
他们向巴县衙门提起禀状(其中,虽然已有向巡检司提出的禀状,
但是巡检司也要向巴县提交申详)。由此可见,团首、乡约、团邻
一方面是将自己称作"地方",所经常处理的也是"地方之事"(所
谓地方之事,便是涉及地方内部的各种纠纷)。而另一方面这些
地方内部的具体社会秩序与人际关系,也只有像团首、约保、团邻
等人才能够真正了解。这是作为"外人"的木洞镇巡检所不可能,
也不应该处理的。这一点,在下面的案例中,能更明显地看出来。

在《巴县档案》(咸丰朝)No.04824②中,咸丰九年三月十六日,
仁里九甲的团首、保正、街邻等以送悬讯究事具禀,并且解送梁老
么。其中称:

　　　　情姚刘氏再醮梁老么为室,随带姚毛头,更名梁长寿,为

---

① 仁里九甲丁兴义因遭痞棍捆缚勒钱控告骆二亡案,咸丰十年,四川省档案馆藏,《巴
县档案》(咸丰朝)No.04476。
② 仁九甲郑泰举具禀姚刘氏再醮梁老么为室随带姚毛头为子老么乘刘氏奔丧将子捆
缚欺辱跑逃一案,咸丰九年,四川省档案馆藏,《巴县档案》(咸丰朝)No.04824。

子。……梁老么心肠歹毒，将长寿捆缚欺辱，百般威吓，不容
声张。次早梁老么跑逃。长寿赶刘氏归家，投蚁等吐说情由。
于十三日找获梁老么清问，支吾不吐。蚁等有地方之责，不敢
隐讳。理合送案，恳赏讯究，伏乞。

在这一案例中，团首、保正等又一次提到了"地方之责"，而触
及的事情，则是涉及家庭内人伦关系的不雅之事（从该案后文可知
是鸡奸）。这一案子完全没有递交到木洞镇巡检，而是直接递交到
了巴县衙门，相关人也解送到了巴县。

由此可以看到，仁里九甲的团首、乡约、团邻等人所代表的团
之基层体系（其中虽然乡约并非完全基于团的系统，但是乡约在参
与处理纠纷时候，往往与团首、监正等人一同行动），虽然也是要处
理基层的各种纠纷，但与木洞镇巡检多处理银钱、凶殴等事及外来
匪徒等事不同，他们则更多处理"地方之事"，即涉及地方内部社会
秩序的各种人际纠纷等，例如痞棍、租佃纠纷和家内的伦理问题
等。所以他们才自称为"地方"，因为对这些事务的处理，必须有对
地方具体社会较为了解的背景。这也便是处理"户婚田土"和"钱
债、凶酒"时的真正差别。

不过，这里又出现了另外一个问题，即除去这些团首、乡约、团
邻外，还有另外一批对于地方社会较为熟悉的人，即通常所说的士
绅。现有的研究已经发现，在团约和士绅之间存在着一定的重合
度，一些团约也是"取得功名的绅士"或"具有功名的生员"。但同
样，也有士绅不愿意去做团约，因为团约需要承担上文所说那些义
务和责任。但不管是否承担了团约的职务，士绅都有相应所需要

做的事情。在传统的理解中，士绅似乎正是一批调解和处置民间纠纷的人，那么在木洞镇和仁里九甲地方上，士绅经常处理哪种类型的纠纷呢？

(三) 宗族、士绅与公共教化

在清代的巴县地区，总体而言宗族的力量不算强盛。在咸丰朝仁里九甲相关的数十个案件中，只有一件与宗族直接相关，即《巴县档案》(咸丰朝) No. 04851[①]。咸丰十年八月廿二日，仁里九甲的职员梁裕昆、梁汉三、梁荫山、梁纬辰等以"为逆恶难容送恳法究事"具禀其族中的侄孙梁朝觐、梁朝观二人，称二人"素性横暴，屡械不改。兹因朝觐等在外结交匪类，职等族众诚恐逆等惹出大事，连累族间。唤回教责。逆等胆敢目无长上，恃恶逞凶……倘滋巨祸，责累匪轻，协扭朝觐、朝观送案，恳□法究"。

有趣的是，一方面，仁里九甲的梁姓之族，在管教自己的族人以及提出禀状的时候，并不是由族长来主持的，而是由族内的"职员"来主持，由这些"职员"向知县报送自己族中的不法之人。所谓"职员"便是指通过金钱纳捐或者购买了某些虚职官衔的人员，也可以算作是有某种身分的准士绅，只是此案中没有注明具体的职衔。[②] 另一方面，这里的"职员"因为是被告人的叔伯辈，也是族内的长辈。在其后的审讯中，梁裕昆等人供称："小的纬辰向朝觐、朝

① 仁九甲梁裕昆等送告梁朝观等结交匪类恃恶逞凶案，咸丰十年，四川省档案馆藏，《巴县档案》(咸丰朝) No. 04851。

② 对于巴县地区"职员"的理解，可以参考夫马进《清末巴县"健讼棍徒"何辉山与裁判式调解"凭团理剖"》，瞿艳丹译，载于《中国古代法律文献研究》第 10 辑，社会科学文献出版社 2016 年版，第 395—410 页。

观械责,斥他不应在外游荡交匪。不料朝觐、朝观不受约束,出言不逊,顶撞,反说职员们多管。职员们不依,忙投族邻把朝觐们禀送案下。"

在此案例中,职员身份与族内长辈的身份是重合在一起的。作为同族的职员与长辈,职员可以在教化不成后以预防的方式把不法分子提交给知县,这一点与团约乡邻等的职责有很大不同。对于团约、乡邻来说,虽然也是处理地方的具体事务,但是他们大都是应对已经出现的问题。族内的士绅与长辈却稍有不同,比团首、乡约等人更有一层"事先教化"的意涵。①

因此,这个案件中的宗族是与士绅结合在一起的,长辈身份是与职员身份结合在一起的。作为族内的长辈,他们有教导族内小辈的责任,而作为具有朝廷职衔的职员,他们也有禀报不法的义务。在宗族之外,其实更有大量的取得士绅头衔的士绅或者准士绅,需要处理地方的教育以及教化等事务,这一点在仁里九甲地区非常明显。

正如第一节中说到,木洞镇有一座崇文书院,还有一所迪化义学。而咸丰七年的一场大火,恰恰将这两所教育设施都烧毁了。围绕着这两所设施的重建工作,在咸丰朝的档案中留下了丰富的材料。《巴县档案》(咸丰朝)No. 01138 中②,咸丰七年八月二日,仁里九甲的文生刘翼圣、严镜涵,职员徐济美、民向春生等,一同提交

① 在这里,虽然乡约在最早设立的时候,也是带有教化地方的意味,例如要宣读圣谕等等。但是在清代中后期,却逐渐演化成了仅仅是处理地方行政事务的职务。
② 仁里九甲文生刘翼圣等具禀木洞镇崇文书院被焚一案,咸丰七年,四川省档案馆藏,《巴县档案》(咸丰朝)No. 01138。

了一份禀状：

> 为协恳□□事，情□□□（九、十两里绅粮）①设立义学，
> 培育人才。又于咸丰年间募捐，置买田房，放佃收租。兴设崇
> 文书院，以作月课膏火。均交生等为首经管……本月初二，该
> 镇张玉顺栈房失火，延烧义学馆地、契约账据等物，复烧毁书
> 院所买本镇街房二院、房契一纸、田契一纸……理合协同禀
> 明。恳赏存案。实为德便。

在此，可以看到是绅粮等人设立了崇文书院，同时又将之交给文
生、职员等共同管理。

而在《巴县档案》（咸丰朝）No. 01141 中，咸丰七年十二月三
日，迪化义学的斋长、文生严镜涵、刘翼圣、徐铸，职员徐济美等一同
提交了一份禀状，以"为延师无资协恳停馆事"禀告知县，其中称：

> 迪化义学每年收街房铺租十余两，又收谷租十余石，以作
> 馆师束修并一切费用。每年束修银三十六两……本年八月初
> 二日夜间，街民张玉顺家失火，延烧一百零三家，将义学四合
> 头房屋，并义学收铺租银房全行烧毁。只剩下田庄一所，春夏
> 干旱，只收租六石……前月二十日，本镇分司曾主传谕，俯祖
> 荐一龚先生明年主讲木洞义学……窃思延师必要馆地，必要
> 束修，今已烧毁，何处措办。为此协恳作主，赏赐批示明年停

---

① 虽然在禀状中该处字迹难以辨认，但是在其后同治三年八月廿五日的另一个案件中
提到"迪化义学原系九十两甲乡街绅粮捐设，每年束修三十二两。"可知相关的内容。

馆,俟来年秋收,另行募化修馆,再行延师。①

可见,木洞镇的迪化义学,也是由文生、职员等一同主持管理。由于这年遭到火灾,义学无力延请教师(特别是重庆府推荐的龚师),只能恳请停馆。对于这一请求,知县的批语是"候据情札饬木洞司查明,禀覆核夺",不完全认同。此后,迪化义学的文生等专门上了一份禀状,列明该义学的房产和租谷收入,甚至还有义学各佃户的结状,以此来抗拒延请知府推荐的龚师。

同时,在其后咸丰八年九月十八日,仁里九、十甲文生严思诚,武生喻大川,监生向春生等多人,又一同上了一个禀状,提出将义渡的一处房产卖与义学用作馆地:

> 木洞镇绅粮捐资置业,兴设溪河广济渡,年收租谷三十二石,以作渡夫食费。又外置街房一向⋯⋯嘉庆年初,木洞附近绅粮捐资,兴设迪化义学置业收租谷十七石房,收租银十两之谱,每岁延师课读,去八月初三该镇失火⋯⋯乡镇绅粮协同议妥,将广济渡街房卖与义学,重设馆地。价银一百两,广济渡捐五十两,义学补银五十两⋯⋯不敢擅专,据情协禀,宪电作主赏准批示立案。

可见迪化义学的管理和经营,都是由文生、职员等人,连同当

---

① 木洞镇迪化义学斋长文生严镜涵等禀街民失火延烧义学收租铺房延师无师协恳停馆一案,咸丰七年,四川省档案馆藏,《巴县档案》(咸丰朝)No. 01141。

地的绅粮一同负责，甚至还能够与义渡等地方慈善事业间互通有无。

其实，从咸丰十一年八月十九日由文生、武生、监生、职员、粮户等人共同提出的一份禀状（"共为义学延师恳请作主事"）中还能看到，迪化义学有过一段时间是由木洞镇巡检司司主经管，其中称：

> 生等甲内木洞镇迪化义学，原系募众建立，以前俱司主经管延师。一切放佃收租，司主委之房书。道光十一年，房书张百川私将义学所买街房，当一院卖一院。被前任司主刘查知……又兼涪州监生邹振勋求前任道宪嵩大人荐书课读……一切没品之事，无所不为……刘主欲振兴义学，遂帖请绅粮，交与殷实监生刘祥顺、刘永顺经管，一切放佃收租延师，俱系首事主持，告成事于司主而已……道光二十三四年，祥顺永顺相继病故，众绅粮仍请司主鲁经管……义学有名无实。生等恐其废弛，协同面禀司主曾请振兴义学，曾主推卸不管。生等潜窥其意，若再经管，必至仍蹈故辙，废弛学校。是以公同酌议，必择一认真教学之师，呈禀恩主。俟奉到批示，即由众绅粮并首事出具关书，以杜钻营。

由于在木洞镇巡检经管迪化义学的两段时间内，都弊病百出，所以才交给当地的监生、文生等人经理。由此可见在仁里九甲地方，文生、监生、职员等士绅或者准士绅身份的人，最为重要的一些职责集中在例如义学、书院等教化工作以及比如义渡、救生船等公益性的上层事务上。而下层民众的各种纠纷之调解、事件之解决、租谷减免之判定等更为细碎或实务的事情，往往多是由团首、乡约、团邻等人进行处理。

简单来说，可以认为无论是团约还是士绅，其实所应对的都是地方之事，但是在地方之中，也可以划分为上下两层。上层是更加体面之事，例如义学、书院、义渡等教化性、公益性的事务。这一层的事情，更多是由士绅或者准士绅来处理；而下层则是更加鄙俗具体之事，比如民间纠纷之调解、租佃减免之确定、痞棍不法之处理等等，这一类的事情，则更多是由团首、约保、团邻等人来处理。当然，这仅仅是一种大致的区分，团约与士绅相互之间也有交叉和重叠。如前所述，一部分团约其实也具有士绅的身份。但在一个身份社会中，具有某种身份，便意味着要承担某种相应的责任。例如瞿同祖在《清代地方政府》中便指出士绅会参与如下的地方行政：公共工程与公共福利、教育活动、保甲管理和地方民团。[1] 前两者是士绅身份本身带来的责任，后两者往往是兼任团约时候的责任。此处的士绅，更多是指有士绅身份之人，而非实质的知识人。比如在咸丰十一年正月廿四日职员徐济美提交的一份禀状（"为辞迁义学恳札立案事"）中，当论述义学延请教师时称："伊等同职均属报捐，目不识丁，冒昧延师，焉保不误人子弟。是以协迁乡绅、斋长殷实老成，文生梁廷璋、徐铸、刘祚蒸三人，以专责成。"[2]这里明确说到自己属于报捐，目不识丁，但也要负责延师之事，所以希望能仰仗文生等人，以专责。这一案例典型地说明了士绅身份在地方

---

[1]　瞿同祖：《清代地方政府》，法律出版社 2003 年版，第 308—314 页。
[2]　本洞镇迪化义学斋长文生严镜涵等禀街民失火延烧义学收租铺房延师无师协恳停馆一案，咸丰七年，四川省档案馆藏，《巴县档案》（咸丰朝）No. 011141。

上所要承担的职责。

由以上可见,地方的基层治理,并非简单按照功能方面的划分,而是必须要区分出不同的层次。每一个层次,都是由不同的主体承担。其中巡检司主要处理凶酒打降和匪徒等暴力事件,团约等主要处理痞棍、租佃、家庭内地方下层的纠纷,而士绅等则主要处理地方的文教、公益等上层事务。如果说这一节主要是进行结构分析的话,即可以据此描述出一个地方治理中,由暴力事件往上至地方纠纷,再往上到文教公益这一上下三层的结构。

不过,在结构分析的同时,我们还需要看到在具体的事件运行中,其实还有另外一层更深的逻辑。只有在这层逻辑的支持下,三层结构才能发挥真正的效用。下面,我们将使用一个案例,来看在具体的事件中,各层结构是如何运作的。

四、结构的运作:《巴县档案》(咸丰朝)No. 03061

下面,我们使用一个案例《巴县档案》(咸丰朝)No. 03061 来具体说明巡检、团约以及民众之间在具体事件中的复杂关系。[1]

道光二十九年十一月廿八日,仁里十甲李际云向巴县衙门提交了一份禀状("为忿抗寻拿泣恳提究事"),其中称:

> 本月初九,蚁以私押控搕具控张孔长,不思变产尽绝,价

---

① 仁里十甲李何氏具告张孔氏并将民夫李际云押至木洞镇控索勒拦食文钱等案,道光二十九年—咸丰元年,四川省档案馆藏,《巴县档案》(咸丰朝)No. 03061。

少债多，求情摊还不允，全索威逼，串痞私押，始控木洞，旋串票差贺顺、董俸、仍押磨搕等情在案。沐赏差唤，被董俸等搕去钱十二千五百文，开口岸钱三千四百文，始行释放。殊孔长挟怨⋯⋯串董俸带差数人来渝四处捉拿⋯⋯恐酿巨祸。

对此，知县的批是："□即集案送审，毋延干比。"

在这份告状中，李际云称张孔长由于钱债的问题控告木洞，串通木洞司的票差"仍押磨搕"，因此李际云直接到巴县衙门来呈控。最初的告状应该是在十一月初九日。知县也准了这个控告，此处提到了张孔长控告木洞之事，详情可以见对方的禀状。其后的道光二十九年十二月十日，仁里十甲的孀妇张杨氏也提出了一份禀状（"为坚骗捏抵诉讯究追事"），其中称：

李际云以伊田业作抵，亲笔立约，借氏膳钱二百四十九串。限本年八月本利楚还，逾期不给。但际云先又兑该氏子孔长食谷十余石，苞谷三石，注簿审呈，叠讨均骗，迫氏空月控木洞，司主讯明，断伊缴还氏钱结案。际云施奸，⋯⋯不惟坚骗不偿，反串李全盛扛证，架以私押控搕控氏子孔长在案。差唤骇异。

对此，知县的批是："□□该氏子张孔长赴案投审，毋庸□□代诉。"

可见，一开始张孔长呈控木洞司，其原因是李际云借钱不还，属于"钱债细故"，所以木洞司也派差役下来唤讯，同时还曾讯结，断李际云还钱。看木洞司的处理，属于可以预料。原本赋予木洞镇巡检的职责,便是处理类似"钱债细故"等较为直接简单的事案,并不涉及复杂的户婚田土事情。不过,从第一份李际云提交巴县的诉讼状来看,此事其实并非简单的"钱债细故"。因为他在其中提到"变产尽绝,价少债多,求情摊还不允,全索威逼,串痞私押"等情。那么,情况具体如何呢?

第三份诉讼状,由于档案残缺看不到具体日期,也看不到知县的批语,但内容完整地保留了下来。该诉讼状(估计为禀状)是仁里十甲的中人李复元、张步青提交("为据情禀明,急电作主事")的,其中提到:

> 情李际云债重无偿,请蚁等作中,将业卖与张棋门。价银六百两,除押佃银一百七十六两,际云父母提留膳银一百二十两,余银三百零四两,派还账目五百多金。所该张孔长钱二百四十九千文,蚁等查明,起初买卖积欠,复后转成借约,注为伊母杨氏膳钱。蚁等见际云家产尽绝,劝孔长减让六赇摊还。伊拗不允,呈控木洞。际云被差押搪情迫,控辕差唤。蚁等有中证之责,据情禀明。

从这一禀状可以看出,看似简单直接的"钱债细故"背后,其实有着复杂的人情纠葛。一方面,李际云因为债重无偿,所以要卖业偿债,但在偿债过程中,却并非只有偿债这一个逻辑。除了要还佃户的押银外,还要为其父母留下一定的养膳银。对此,虽然其后张孔长反驳说其父母有膳田不需要养膳银,但是对于"要留存养膳银"的理由却不能反驳,即是说父母养膳要高于还债这一条是所有人都认同的。另一方面,对于剩下的这部分银子,中证等人称"见际云家产尽绝,劝孔长减让六成摊还",即是说在催债时,也要考虑到欠债人的情况,在欠债人太惨的时候要减免债务。从其后的档案来看,当时劝其六成摊还并不仅是针对张孔长一人,而是所有的债主。不过张孔长执拗不允,才发生呈控木洞司的事。最后,李复元等称自己有中证之责,所以将此经过禀告。可见在当事人以"钱债细故"呈控木洞司之前,已经有了复杂的事情经过。此外,从后文来看,中人便是文昌团的团邻。在前节中论及,团首、乡约、团邻等要处理的正是在具体地方发生的户婚田土纠纷,而此处的出售土地以及还债、劝债主减免之事,正是团邻等要处理的事情。可见,在木洞司对"钱债细故"进行简单处理之前,已经有过团邻等人的调解尝试了。

在此三个诉讼状之后,十二月二十日,巴县衙门正式审讯。据点名单,到场的有李际云、张孔长、贺顺、李化龙、张步青诸人。李际云的供词写道:

　　到九月间,小的被他与各债追讨,无奈,才请李复元们作中,把全坋田业扫卖……小的剩得艮子三百零四两,就在丰盛场上,请这张孔长并众债主们治酒,求情减让。那些债主都照六赃摊收去了。只他一人不肯六赃依允,就叫个人把小的押住,怎样到木洞司衙门,把小的告了。才有贺顺们□□差人奉票来场,把小的□□□。他们得过小的□□钱一千五百文,也是有的。小的想□□气,才来把他们具禀的。今蒙审讯,小的该欠张孔长的钱项属实,断令七赃摊还。谕小的限三日内措

钱一百七十四千缴案,至给张孔长具领,追揭原约附卷。至张
孔长呈阅账簿,注立小的欠他包谷三石,并招兑李高坤名下谷
子十一石二斗五升,因质证未到,无凭着追。小的遵断,缴结
备案。求作主。

其余诸人的供也与此类似,只是侧重点稍有不同。张孔长强
调李际云抗债不还,给父母留下养膳银只是借口,并且李还欠自己
的谷子等。差役则强调自己只是拿了一千五百文伙食钱,并未索
要其他;邻居李化龙、张步青等则被知县斥责不应唆使,应罚宽免。
由此供词看来,事情是比较清楚的,即李际云确实欠张孔长二百四
十九千文,也欠其他人重债,李际云为还债还请中人将田业全部扫
卖。卖得的银子,一部分留给父母养膳,另一部分还债。由于债重
银少且家产已尽,所以他在丰盛场治酒,向债主们求情减让,其余
债主都同意六成摊还,唯有张孔长不允,这才到木洞镇呈控。木洞
镇巡检派差役前来唤讯,取了李际云一千五百文的伙食钱,并且断
令李际云照数还债。因此,李际云便到巴县衙门起诉。经过审讯,
知县断令李际云以七成还债,另外的谷物等欠债,令他们自己回乡
处理。

如果单单看知县这一审断,可谓较为公允,既考虑到了李际云
债重产绝的情况,给予一定让免,又考虑到张孔长不接受六成的摊
还,所以稍作调整,断令七成摊还。若再加以知县的权威命令,按
理来说,这一审断的结果应该是能够得到双方认同的。但这一审
断忽略了对欠谷的处理,结果引发此后的系列问题。道光二十九
年十二月某日,李际云又上一诉讼状,称张孔长又索要欠谷等,而

欠谷在前期已转为欠款，有约可凭。对此，知县的批语是："着遵断将钱缴案，以凭给领。至所欠张孔长食谷等项，亦即回乡凭证清算归还，均毋抗延干咎。"对此，张孔长则在道光二十九年十二月廿五日提出自己的诉状，称欠谷是与钱债分离的另一笔欠债，李际云既抗钱不缴，又揹谷不还。

此后双方都有往返诉讼状，而知县的批语大都令其将欠钱缴案，自行处理欠谷之事。例如道光三十年正月十三日的批是："着原差即催饬李际云遵断，赶紧缴还张孔长钱一百七十四千，并将所欠稻谷苞谷，凭证算明清还。再敢抗延，即带案比追。"

不过，到了道光三十年正月廿日，李际云妻子李何氏提交了一份诉讼状，其中称：

> 氏夫回乡，投原证熊广源与孔长质明稻谷苞谷账项，系是算在二百四十九千账内。孔长狡赖不认，氏夫将钱措还，伊亦不收。今正初三，孔长又控氏夫于司案，伊率司差搜拿。氏夫逃扬外出，司差将氏雇工张铁匠锁押在司不释。氏只得措银八十八两七钱四分，照市五钱一分，合钱一百七十四千缴呈案下。恳札木洞将孔长控案注销，饬放氏雇工回家，并饬孔长缴约领银结案。

对此，知县的批是："原差即严饬张孔长自将歧控之案禀销，再来案领银。"

其后是李何氏缴银的缴状。而且，李何氏还连续在正月廿九日与二月五日呈上了诉讼状，称木洞司主仍然关押着她的雇工与亲戚。对于二月五日的禀状，知县的批是："现据张孔长具呈已将岐控之案禀销，即着该氏夫李际云遵照前断缴银一百七十四千文以凭给领，并将所欠稻谷包谷凭证算明清还。如再敢唆抗延，定行比追不贷。"

不过在道光三十年二月初九日，李际云的邻人等又提交了一份禀状（"为良遭□害，协叩提究事"），其中称：

> 今正孔长又控际云于司案。际云畏拿潜逃，遭沈倬等锁拿无辜张铁匠、李首山、李化龙赴案朦回。司主将首山等酷责数次，际云妻李何氏以缴恳札销禀卷，沐批录面。蠹等藐批，恶害愈炽，苦押不释。蚁等不忍坐视，协叩提究。

对此，知县批是："据张孔长具呈，已将岐控之案禀销。□批饬李际云遵断缴钱在案。□属实，候饬差唤讯察究。"

即是说，木洞镇巡检到此时仍然没有将张铁匠等人释放。所以李何氏及团邻等人都上禀。而且，不仅团邻上禀，李何氏甚至还上控到了重庆府。在档案中存留有李何氏上控重庆府时候的诉讼状与知府批语的抄件。李何氏上控诉重庆府的讼状中称："氏复禀县，沐签饬销。司主睹签愈怒，将铁匠等提案，笞责五百小板，收卡不释，谕限三日再比。为此喊叩提究。"而重庆知府的批是：

> □既经□县断结，如何复行岐控。据控各□□□。仰巴县提被告到案，研讯确实。□□□查明该巡检有无滥刑滥押情事，速完案禀复，毋稍偏纵饰延。词发仍缴。十三日批。

可见李何氏在上控重庆府的诉讼状中，已经不再仅仅就钱债问题进行论述，更起诉了木洞镇巡检滥刑滥押之事。正是这一点引起了重庆知府的重视，重庆知府命令巴县知县迅速查明木洞镇巡检有无此事情。在接到府札之后，巴县知县在二月廿三日迅速下发了差唤相关人员的票以及对木洞镇巡检司的札。"为此仰巡司官攒，查照来札奉批事理，即将被控人证按名唤获，并检齐卷宗封固。尅日具文申解来县，以凭讯详。"

对此，木洞镇巡检在二月廿八日给巴县知县交了一份申详，其中称：

> 恐案久悬滋弊端，复饬原差传唤保人李化龙等，不惟不将李际云交出，反串众张铁匠即张云钊父子拘捕阻唤。至是月底，始行唤获李化龙等到案。伊等坚认交出际云□□，抗延许久，给予薄责……卑职遵即将案撤销……讵伊父李玉山挺身直入，咆哮公堂。以至伊等同声跟吼，更形无忌。势甚恃横，殊不成事。虽系乡□，究属于不应。是以分别责诲，概行省释。

在木洞镇巡检的申详之中，解释称薄责李化龙等，是因为他们抗不交出李际云，而责惩李玉山等，则是因为他们咆哮公堂。在此能够看出，巡检对于这一案件的处理，并没有像知县处理"户婚田土"案件时的那种父母官一般调和意味，而是非常简单直接。知县批饬让李际云赶紧缴钱结案，巡检便派差役到其家中去拿获李际云，在李际云逃走之后，便将其家的雇工张铁匠和亲戚李化龙拿获关押，还对他们进行了答责，因此导致李何氏、李玉山，甚至地方社会的不满,以至于特意上控重庆府,希望能够处理木洞镇巡检的滥刑滥押行为。

不过,对于这一木洞镇巡检的答复,李际云等显然并不满意。在其后数月中,李何氏、李化龙、李首山等仍不断向巴县衙门提出诉讼状,并且继续上控重庆府,以至于道光三十年四月九日与五月四日,重庆知府又给巴县发了两道札文,命令迅速查明此事。最终在道光三十年六月九日,巴县衙门进行了第二次庭审。在李玉山、李首山等的供词中,前半部分与此前主张相同,其后则转引知县的审断如下:

> □□(李何氏)所缴银领讫。□□孔长所握际云借约,日后以为废纸。至司差董俸们不应押搕,沐把他们均各笞责省释。小的们情甘具结备案。日后不得挟嫌滋事。就是天断。

从该审断中看出,知县对于张孔长与李际云之间的银钱纠纷,还是依照此前审断,令他们照七成缴领。曾经成为问题中心的欠谷字约,现在也作废纸处理。① 此外,还有一个重要判决是对于木洞镇巡检及其差役的处理——断差役不应押搕,将他们笞责省释。而在道光三十年七月廿某日巴县知县给重庆知府的申详中,除详细地论明银钱纠纷外,也专门对木洞镇巡检和差役的问题进行了说明:

> (各衙役)均合依蠹役诈赃一两以下杖一百例,应杖一百。

---

① 可见该案卷其后的各份准结状。

各□责革役发落。……该巡检鲁椿委无滥刑酷责别情,邀免察议。门丁胡升亦无朦耸情事,业已病故,应毋庸议。案已讯明。

即是说,知县最后还是以责惩差役,保全巡检的方式,将此案的最终审断结果向重庆知府做了禀告。从后文档案来看,重庆知府没有再下发新的札文。虽然在此后,李际云和张孔长之间还有几个诉讼状纠缠,但最终不了了之。

这一案件中,最有意思的其实是木洞镇巡检、差役、乡邻、当事人以及知县之间的复杂关系。最初,张孔长向木洞镇巡检呈控,是作为一个简单的"钱债细故"案子。木洞司的处理也非常简单,便是命令欠债还钱,但没想到在看似简单的"钱债"案件背后,其实有着非常复杂的卖业、留膳、还债、减免的整个调解过程。主持这一过程的,恰恰是地方社会的团邻等人。他们主持的减免过程其实取得了很大成功,大部分的债主都同意六成摊还,只有张孔长不愿意,所以才呈控木洞司。司主的简单裁断,令当事人李际云不得不到更高一层的巴县衙门去诉讼。结果,巴县知县的审断和木洞司完全不同,是更加考虑"情理"的父母官决断:命令双方各让一步,以七成摊还。这一审断本来没有问题,但疏忽了其中关于欠谷的部分,导致双方互不让步。随后,巴县知县在张孔长的催促下,批示让李际云赶紧缴钱结案。此时,张孔长又一次呈控到木洞镇巡检。在知县的批示下,木洞镇巡检的处置更加粗暴简单,一面派差役前往捕拿李际云,在未遂情况下又扣押了雇工和亲戚,对他们进行了比责。

木洞司的这一粗暴行为,反而激怒了李际云家人乃至地方社会,以至于上控到了重庆府,在提及与张孔长的纠纷外,更重要的是起诉木洞镇巡检的滥刑滥押行为。对此,重庆知府非常重视,连续下札文要求巴县知县查明该事。在重庆知府的压力下,巴县知县经过二次堂讯将案件讯明,最终审断李际云和张孔长的纠纷依照旧的七成摊还,欠谷算在钱债中。此外,一方面断定差役等人有私押私搕的行为,对他们进行笞责等处罚,另一方面向重庆知府宣称巡检本人并无滥刑滥押,对他进行了保全。

从这整个过程可以看出,虽然如第二节所说的,巡检能够处理一些如"钱债细故""凶酒打降"等较为直接和简单的喊禀案件,但在现实的社会中,"钱债细故"与"凶酒打降"等看似简单的案件背后,往往都有着很多复杂的人际关系与地方问题。作为巡检,一方面他并没有像知县那般有幕友的辅佐,另一方面政治体制给巡检所设定的职责角色也不是如知县那样成为体察地方人情的"父母官"。根据《缙绅全书》(道光二十九年夏)记载,当时的木洞巡检鲁椿与上述案件中记载相符,其中记载:"浙江阴山人,议叙,二十年九月补。"①鲁椿曾经在兵部衙门为吏多年,以后通过议叙获得了任官的出身资格,并加捐了候补资格。② 可见,鲁椿自身就缺乏作为"父母官"的经验与意识。在此案中非常明显,巡检按照"欠债还钱"的简单逻辑断定全额返还,而知县则在听取了双方的意见后,作出了"七成摊还"的判定。同时,在催促李际云缴钱的过程中,巡

---

① 《缙绅全书》(道光二十九年夏),载于《清代缙绅录集成》卷19,大象出版社2008年版,第530页。

② 《渠县志》(民国),载于《中国地方志集成:四川府县志辑》(新编)卷8,第166页。载有"清,鲁椿,县丞。浙江山阴人,由兵部则例馆供事加捐。道光二十年六月署"。

检所做的比责雇工和亲戚的行为，明显也太过简单粗暴，可以说正与地方社会的人情逻辑背道而驰，因此引起了当事人和地方团邻等人的极大不满。

从地方团邻与当事人来看，一开始依据地方的人情逻辑，对双方的钱债纠纷进行调节，商议减免，这是极为正常的处理方式，但张孔长无视地方的情理，呈控至木洞镇巡检，以求全额还钱。李际云及中人等则没有选择呈控木洞镇巡检，而是直接控告至知县。之所以控告至知县，可能是由于他们认识到知县具有更高的权威，能够推翻巡检的处理。最终，知县的审断也符合他们的预期，判定七成摊还。不过在审结之后，没想到张孔长又呈控木洞司，并且巡检令差役粗暴地关押和责罚了雇工与亲戚。这一违背地方情理逻辑的行为，促使李何氏也采取非常手段，上控至重庆知府，特别起诉木洞司的滥刑滥押。最终使得巴县知县采取二次审讯，通过笞责木洞镇差役来平息此事。①

此次事件，其实是木洞镇巡检在面对复杂的民间"户婚田土"纠纷时的一次越界行为所导致的后果。巡检以某种不合适的方式来处理自己原本不应该卷入其中的"户婚田土"纠纷，结果导致当事人与地方社会的严重反感。相反，知县虽然也处于官僚体系中，但是知县的审断却能全面地考虑地方上的情理关系，据此作出裁断。同时，在面临民、团约、巡检的冲突时候，知县还能考虑如何能缓和这三者之间的矛盾。

---

① 在道光三十年六月九日的审讯供词中，木洞镇巡检的差役的供词中提到："……蒙发恩案审讯。小的(不)应私押，把小的们均各笞责。谕令具结备案。日后体德办公，不敢妄为就是。"

这一案例恰恰让我们看到清代地方基层治理中的复杂关系。虽然巡检、团约、民众这三层大体对应的事务有所区分，但在实际的事件之中，这几层相互之间都会有越界和冲突，不过在本案之中没有明确的士绅参与。因为如前所述，除去兼任团首职务外，士绅主要的责任在于公益与教育这一层地方之事。本案作为一个债务纠纷案件，没有单独的士绅介入其中也很正常。在此案中，各个主体都在其中发挥自身的作用，而且各部分发挥其主动性，这便是事件运行和发展的动力。只是这一运行本身，还需要一个更加整体的调节，这便是知县发挥的作用。在此过程中，本文还需要讨论一个重要的概念，即"治理"。

五、地方治理的复杂结构

在此，首先要讨论一下"治理"这个词。简单而言，第一，治理不仅仅是"控制"的含义，更是包括从控制到教化的一整套体系和机能。第二，"治理"也不是一个简单由各个功能部分组合起来的系统，更是有着由表至里的自然演进的过程。第三，治理并不仅仅是由上往下的行政过程，更是在上下的相互关联与互动的过程中，形成一个"治—理"（即由治而理）过程。这一个理，并不仅仅是由官府的行政之"治"而带来的，更是在治的背景之下，地方社会亦经由自身的努力而形成"理"的秩序。因此，从"治理"的角度来看，就不能仅仅将之区分为不同的控制功能，而是要研究整个治理的具体过程。

从上文各节的分析中，可以看到在咸丰朝巴县木洞镇及其周边的地区，在地方社会治理的过程中，其实有着复杂的不同层面，而且在各层次之间，还有着相异又相连的关系。正是在这些关系中，形成了复杂多重的"治理"逻辑。对此，下面分为三个层面来论述。

第一层：行政层面的"皇权不下县"的问题。"皇权"到底是下县还是不下县，这样一个问题的提出方式过于简单。州县之下的政府机构，例如巡检，典史等，到底有没有行政与司法裁判权，这一问题也太过简单。我们要问的是，在县之下的基层治理到底有着怎样的治理结构，不同的行为主体在其中发挥着怎样的作用，处理怎样不同的问题，他们相互之间的关系为何，他们与知县之间的联系又如何？

第二层：巴县木洞镇地区的治理结构是如何的呢？我们可以看到，至少在咸丰年间的巴县木洞镇及其周边地方，基层治理的并不是一个简单的由上往下的管理体系。相反，在观察此时此地的地方基层治理时，本研究至少可以看到三种不同的行动主体，而在这三种行动主体之上，还有另一层总体的行动者。（1）巡检司——钱债细故、凶酒打降，处理比较直观简单的钱债与暴力事件（比如外来匪徒）。一旦涉及与地方情理相关的问题（户婚田土），就需要申详到知县。（2）团约——地方之责。负责处理各种内部治安事件，比如团内的痞棍等；处理与地方内部相关的各种民风、民情事件，比如租佃减免，家庭纠纷等。（3）士绅——文教问题。士绅往往负责和关心地方民众的教化，地方社会中的义学、书院、义渡等事业。以上三类行动主体，恰恰构成了基层地方行政的真正结构。有对于暴力行为以及外来匪徒等的强力处置和抵御，有对于民间户婚田土纠纷的地方调解和约束，也有在教化和公益意义上对于文教的重视与提倡。虽然这三者之间不能相互统属，但是在实际的事件中，由于各自的主动性而存在张力与冲突，这时在他们之上，就需要起统合作用的作为"父母官"的知县。（4）知县——真正的"父母官"。一方面，知县与团约等类似，有着对于人情事理的处理能力与最高权威，另一方面，则有高于巡检司的暴力裁断的最高权威，而且在最后，还是负责民众教化的士绅的最高权威。地方官一方面有着三层权威，另一方面又高于这三层权威，并且能将三者统合在"治理"的整体中。

第三层：具体运作中的问题。虽然上文区分了以上的不同层次，以及对应不同层次的结构。但是，这些结构在具体的社会行动过程中，从来不会这么简单的按照自己对应的层级来运行。一方面，在民间的纠纷中，"钱债细故""凶酒打降"往往并不是简单纠纷，正如在咸丰朝案例 No. 03061 中，看似简单的"钱债细故"背后可能有着非常复杂的人情纠纷。而另一方面，当某一个主体可能超越了自己原本应该行为的界限时，有可能会引起其他主体的不满与反对，同时，也正是在这些不满与反对的过程中，双方才逐渐地形成自己行动的特点与限度。这些不同的层次，正因为相互之间有着重要的关联，且处在知县的统合下，才能最终构成一个基层治理的整体。

更进一步，地方基层治理并不仅仅是一个能否维持社会秩序、解决社会纠纷的表面问题，更是从最基础的抵御外来匪徒、保障地方治安到约束社会内部的不法痞棍、调解民间纠纷、处理户婚田土、维持人伦秩序再到如何能够在宗族或者地方社会内部发展文教、实施教化的整个上升过程。这不是一个简单的"皇权是否下县",或者是否存在"县下的行政与司法机构"的问题,因为"治理"问题远不仅仅是治安问题,更是如何对于整个社会进行规范,进而达到教化的问题。

所谓教化,并非对于行为的简单约束,也不是简单维持社会秩序,而是涉及人心的涵养和教育,是一个非常复杂且需要循序渐进的过程。以上所述的地方基层之结构,其根本并非在治安或规范上,而是在于人心的教化。其中既包括通过巡检等的官方暴力在人心中产生的威慑作用,也包括通过乡邻等人的理剖和调解令人们逐渐理解到的地方情理。而在此之上,还存在通过士绅等人所提倡和兴办的义学、义渡、义冢等事业的影响,在地方上逐渐培育起来的良好民风。这三层,一方面既处理涉及地方的不同事务,另一方面也恰恰构成了对于人心的层层递进的"教化"过程。如何保障与协调这些不同的事务,让其能够得到恰当的发展和相互协调,正是作为地方父母官的知县的重要职责。这也便是赵岐在注《孟子》的《滕文公章句上》中所说的:"孟子言人道自有大人之事,谓人君行教化也。"①

简而言之,知县其实处于在地方治理结构的最高点,也是枢纽点。无论是巡检司,还是团约,或者士绅,这三个层次的逻辑都集中在了知县一人身上。在巡检司,是暴力保障治安;在团约,则是以情理解决纠纷;在士绅处,则是以公共文教达致教化;在知县这里,则是处理这治理的三层结构间的复杂关系,并且在处理过程中,最终达到治理的最终目的——教化(如下图所示)。

————————————

① 赵岐注,孙奭疏:《孟子注疏》卷 5 下《滕文公章句上》,北京大学出版社 1999 年版,第145 页。

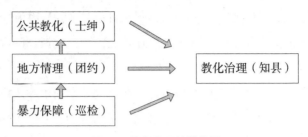

图 20　教化治理的结构图

不过,本章是以巴县地方为例子进行的论述。这一研究方法,一方面能够尽量深入地分析一个地域社会,将在该地的地方基层治理结构较为细致地展现出来,并在此基础上探讨中国传统地方基层治理的精神。只有在对一个地域社会进行全面分析的基础上,才可能切实触及传统地方基层治理在实际社会生活中的真正意义。但另一方面,这样一种研究方法,也有着必然缺陷,即所展现的仅仅是西南地区巴县的例子,而中国不同的地域社会,有着各自明显的不同特征。那么相互之间有着何种类似与不同呢? 此处仅以目前研究较为丰富的华南地区为例,以求补充对比。

在华南地区,宗族的形式和力量都远远超过巴县地区。郑振满在《明清福建家族组织与社会变迁》中指出,在明清时期,福建的家族组织与里甲组织相结合,演变为基层政权。而在家族内部,为管理里甲户籍和分摊义务,还采取了不同的组织形式。因此,本章所论及的地方基层治理的各方面,也都与家族的方式密切相关。例如地方情理就不仅仅是乡里关系,更是家族内部关系以及家族之间形成的乡族关系,特别指在乡族共有经济上形成"泛家族主义"。① 而

---

① 郑振满:《明清福建家族组织与社会变迁》,湖南教育出版社 1992 年版,第 242—257 页。

在科大卫(David Faure)的《皇帝与祖宗：华南的国家与宗族》中，更是指出随着宗族士绅化，各宗族开始编写家规和家训，施行教化。由各宗族所组成的集镇，还通过佛寺、庙宇、书院等方式来施行教化，将社区整合到王朝国家内。[①] 由此可以看到，在华南社会，一方面宗族的力量强大，某种意义上将基层社会治理的各个层次都包含在宗族内，或者置于宗族所形成的乡族之中，但另一方面，治理的结构仍是从暴力保障、到地方情理、再到公共教化的普遍形式，只是这个结构与宗族紧密结合。也即是说，清代地方基层治理在不同的地域可能表现为不同的形态，但同时又具有着普遍性的结构。

本章在巴县看到的是"巡检—团约—士绅—知县"相互作用，共同构成了各个层面的内容，而各个层面又在具体的行动之中、在确立各自行动范围时，构成了基层治理的整体。当然，任何一个社会过程，都不会毫无差错，因此这才出现了在案件中看到的诸多诉讼案件。同时，也正是通过这些诉讼案件，才使得这一社会过程不断得以调整。其实，本章探讨的咸丰时期，正是清代地方基层治理开始发生重大转变的时期，即所谓的"地方军事化"与"国家权力下移"的开始。如果从本章所揭示的地方基层治理结构来看，则可以理解为原本应该在结构中主要负责公共教化的士绅等人，在日渐紧张的反乱氛围中，通过组建新军事组织等手段，逐渐地将权力扩展到原本由其他主体负责的地方情理、暴力保障等多方面，形成对基层的整体控制，进而与知县等地方官员形成复杂关联。可以说，清末的政治格局的变动与地方基层治理结构的变化有着密切关联。对于这一问题，有待未来的更加具体的研究。

---

① 科大卫：《皇帝和祖宗：华南的国家与宗族》，卜永坚译，江苏人民出版社 2009 年版，第 245—257 页。

第八章　租佃、社会与治理

一、问题的推进

　　本书的前七章，最初是作为各篇独立的论文而写作的，但各章之间又有着内在的关联。因此，结论部分将先概述本书各章的内容，讨论各章之间的关联，同时在关联中尝试进一步推进对问题的探讨。因本书的序言与第一章是问题的引入与基本背景介绍，故在此略过。

　　第二章是《清代巴县农村的租佃实态——"抗租"、"骗租"与"主客关系"》。本章利用清代巴县地方的衙门档案，对围绕着地主、佃户之间的租谷诉讼案件进行分析。据此揭示在同治期的巴县农村，真正被看作是"抗租"的案件为数极少，相反，记载为欠租、揹租、骗租的案件则大量存在。其次，基于具体的案件，本章揭示了抗租、欠租、揹租、骗租这四种租谷关系诉讼的特质。抗租是指完全无视"纳租"道理的行为，而欠租、揹租、骗租则都是在认可"纳租"道理的基础上所做出的不同类型的抗争行为。而在这些事件的背后，通过对当时人们的"租佃观念"进行探究，发现不管是地主、佃户、团邻,还是地方官,虽然有不同的立场,但是都会用"主客"这一概念来理解租佃关系,并在此基础上来理解和处理纠纷。

"主客关系"这种概念,并不是宋代身份法上的"主户"和"客户"之间的关系,而是基于个人身份的自由的关系。即是说,佃户因为要向田主借地,所以以"主客关系"来理解的租佃关系才能够成立。而在退佃之后,"主客关系"则消失了。在同治朝的巴县地方,正是这个"主客关系",构成了"租佃关系"的基本模式。

"主客关系"是在个人层面上成立的关系,正因此,"主客关系"对于田主、佃户关系各个侧面都产生诸多影响。其中,"纳租"行为就不仅仅是单纯的经济契约与交换,更是带有"对田主表示敬意"的意涵。同时,田主"许可减免"的行为,也不仅表示要遵从契约上规定的义务,而且也表示了田主对佃户的人情。结果,田主与佃户之间的所有行为,都带上了浓厚的"主客关系"色彩。他们是以"主客关系"为基础来理解租佃关系的。不过,这个个人层面上成立的"主客关系"所带来的结果,并不仅是减少了诉讼,也可能是增加诉讼。从纯粹经济视角上来看,诉讼也许是因为小额的纠纷,如果从"主客关系"的视角来看,则很可能是因为严重冒犯对方的行为。不管是佃户还是田主,如果遇到这种情况,就有可能不管诉讼成本,顽固地按照自己的意志推进诉讼。

在第二章中,本研究还用"拟似的伦理关系"理解"主客关系"。此处所说的"拟似的伦理关系",是指将"伦理关系"适用于原本并非基于"伦理"的经济与社会关系,对田主、佃户的关系进行规定。正因为有了"拟似的伦理关系",即使是原本单纯的经济行为,也可以以伦理性的关系来进行理解。在此,正是"主客关系",成为了清代巴县地方的人们在理解"租佃关系"的基础。不过,也正因为是"拟似的"伦理关系,佃户和田主都必须理解和支持这一"主客关系"才能维持"主客关系"。其中也有人不愿意接受"主客关系"的道理,实施与此相反的行为,因此还需要有一种社会力量,来要求不服从和不遵守的人接受这一种"拟似的伦理关系",这便与本书的第三章中对于"减免习俗"和"团邻"的研究密切相关。

第三章是《"照市纳租"——清代巴县租佃关系中的"减免"习俗》。这一章发现在嘉庆朝以后的巴县地方的租佃契约中,"如年欠丰,照市纳租"这一规定频繁出现,并很快就成为了巴县地方的"习惯"。"照市纳租"所说的"市",其范围与巴县农村地区的"团"的范围相重合。而且,在根据"市"来确定租佃减免额度的场合,还需要团邻、团首等与团相关人物的参与。

在巴县地方,"照市纳租"这一减免习俗,实际上是在嘉庆初期以后才开始出现的。在此之前,并没有以地域为范围的减免习俗,只有个人层面以"主客关系"为基础的个体性减免行为。因此,一方面是"团"这种组织的出现,另一方面是新的习俗的出现。这两方面,都直接给巴县地方的租佃关系与农村社会带来了重要的影响。团的出现,不仅再生产了减免习俗,其实也进一步从社会层面维持地主与佃户之间的基础性"主客关系"。

"减免习俗"的形成过程,与"团邻"在调停事件时候所担当的角色密切相关。所谓"团邻",不是指特定的人物,而是指"团"中的一般成员。因此,团的成员全体都可成为"团邻",团中的任何人都可能作为团邻对他人的纠纷进行调停。"减免习俗"的实施过程,是当事人等通过"团邻"的调解,对减免的方法和数量进行商讨和确定的过程。而且这一次的当事人，也可能是下一次的"调停者"。调停的工作并不一定要限于特定的人物，也有可能是向所有的人敞开。

换言之，"团"与其说是一种组织，毋宁可以说接近一种社会的"场域"。在这个社会的"场域"之中，人们抱有的是"在团之中"这样一种氛围的感受。从这些感觉中，"减免"习俗才慢慢形成。由此来看，巴县的"团"，很难直接理解成是西方式的"公共团体"和"公共领域"。正是"团"在支撑着"减免习俗"，这一行为与关心"公共领域"并不相同。团邻对个别的，具体的"减免"事件进行调停，通过这些减免行为的积累，"减免习俗"才得以出现和维持。

在此基础上来进一步探讨团与租佃关系的关联。在"租佃关系"中，"主客关系"是由"团"这一个基层社会来支撑的，而在其下作为基础的，则是"团邻"的"氛围"和"共识"。由这一点重新回顾第二章，可以知道到了同治时期的巴县，"主客关系"这一个基本概念，已经不仅是个人层面的，更是通过"团"和"团邻"成为了一个带有地域性的理解，并由"团"和"团邻"等来维持。在此，根据团邻的调和而出现的"减免习俗"，又反过来显著地强化了清代巴县地方的人们对于"租佃关系"所抱有的印象。

本书的第六章《清代中后期巴县地区"团"之社会性特征——以咸丰朝巴县档案相关案件为史料》，其实是接续着第三章的内容，进一步对团的形态、组织等进行研究。因此，提前放到这里论述。不过，由于资料的限制，该章所使用的不是同治朝的巴县档案资料，而是咸丰朝巴县档案资料。基于咸丰朝与同治朝巴县地区社会的近似性，在对"团"的探讨中，这两个时期是可以相互补充的。

"团"是中国近代史研究中的一个重要课题。在此前的研究中,学界多注重团的军事组织的性格,特别是研究太平天国时期各地的团练组织。但在四川地区,团练最早起缘于乾嘉时期的白莲教起义。开始时虽具有军事性,但随着时间推移,团逐渐演变为当地的基层社会组织,承担了众多社会职责。通过追溯团的演变,可以分析巴县地区团的人口状况和地理环境,找出其得以成立的社会性必要条件,探讨团与官、团与团、团与民的不同关系,以研究其社会性的特征以及具有何种重要的社会学意义。

团并不是由政府直接组织的,而是在政府的命令下,由地方团众等自主结成。团的大小和规模,正需要适合团众们相互集会与交流。团首虽然是负责团中的事务,但是并没有类似族长的宗族权威,也无乡约的政治权力。一般而言,团首必须召集团众公议才能发挥作用,而且影响的范围涉及生活各方面。简言之,团并非由于会处理一些社会相关的事务就具有社会性,而是团本身在其一开始成立的过程中,以及在处理各种事件的过程中,既通过首唱和唱和的过程,更通过"凭团理剖"的过程,在士绅、监正,以及原本各自分散居住的团内人户之间真正建立起社会联系,形成了团的"社会性"含义。

不过,"团"这一组织,仅仅只是覆盖了基层社会这一个狭小的范围,而清代的租佃关系,则已经远远超出了自给自足的小范围社会领域,通过货币经济与市场经济的广大范围联系了起来。由此出发,就必须专门对传统市场经济与货币经济给"租佃关系"所带来的影响进行探讨。

　　第四章是《租佃关系、商品经济与农村社会——清代巴县农村
"押佃"的问题》。明清以来,"押佃"便成为中国租佃关系中的重要
组成要素。不过,历来的研究由于受到资料约束,很少能做到基于
具体的地域社会和经济的背景,对"押租"进行详细检讨。本章利
用同治朝巴县档案的关联史料,将清代巴县地方的"押租"问题放
置于具体的社会经济背景中,对租佃关系与商品经济、地方社会之
间的关系进行探讨。

　　本章首先对租佃契约中的"押佃"规定进行分析,对巴县地方
"押佃"习惯的特点进行解明。其次,为了详细分析"押佃",对于巴
县地方与租佃关系相关的基本经济数据,如土地产量、土地价格、
谷物价格、借贷利息等进行推算。基于这些经济数据,本章对"押
佃"与"租谷"之间的具体数量变动的关系,进行细致地分析。随
后,在考察重庆地方的流通经济、都市与农村关系的基础上,围绕
着巴县地方"重押轻租"与"轻押重租"的现象,探讨清末的商品经
济对于巴县地方的租佃关系、农村社会所产生的具体影响。

　　在历来的研究中,对于传统市场经济与租佃关系之间的关系,
一般认为是市场经济影响了封建式的"租佃关系",使其逐渐走向
近世资本主义的"租佃关系",同时,佃租的类型也从中世的"实物
地租"向近世的"货币地租"演变。不过,从同治朝巴县地区的"租
佃关系"来看,"市场经济"与"货币经济"对租佃关系所造成的影
响,并不是这么单纯。例如,押佃虽然要求的都是"银",但是大部
分佃租所要求的仍然是实物。这一情况产生的原因,是地主需要
利用租谷给仍然居住于农村的家族进行生活保障,以及需要以押
租银为资本,参与商业。一方面,在佃户这边,如果有充足的资金,

那么就能够给出较多的押佃银,相应地能够以较少的租谷佃入田地("重押轻租")。如果佃户的资金不够,则给出较少的押佃银,而以较高的租谷佃入田地("轻押重租")。正是通过"重押轻租"和"轻押重租"的组合,各种转租形式才得以出现。

这一情况的结果,是"押租银"的额度急剧增加,"重押轻租""轻押重租"等异常现象的大量出现。对于个人层面与团层面的"主客关系""减免习俗"来说,这是一个难以应对的问题。不管押佃和租谷的数量何者多何者少,这一情况都会增加田主返还押佃或者增加佃户缴纳租谷时所遇到的困难,损害减免习俗发生时的伦理效果。在"市场经济"和"货币经济"的影响下,巴县的"租佃关系"呈现出多种多样的奇异形态。同时,"主客关系"和"减免习俗"的维持也面临危机和困难。于是,在"主客关系"、"减免习俗"与"市场原则"之间经常出现了冲突,产生了众多诉讼案件,并且这些诉讼案件还被提交到知县、知府,甚至道员和布政使处。由此,便引出了下一章对"租佃关系"与政府之间的关系进行探索,并据此来探讨诉讼特别是诬告背后的情理结构问题。

第五章是《情理的"单一维度"与"综合维度"——从租佃诬告案件看中国传统社会中的多层情理结构》。在明清时代的中国社会,诉讼已经是日常生活的一部分了,很多人都以各种形式与诉讼产生了常态化的关系。夫马进将这一情况称为"诉讼社会"。在这一"诉讼社会"中,"诬告"的情况也占了诉讼中的极大比重,即所谓"十状九诬""十词九谎"。因此,诬告问题其实超过了法制史的范围,成为理解中国传统社会的重要线索。本章恰恰是要从与"租佃关系"相关的"诬告"问题入手,一方面探讨"租佃关系"与政府裁断间的关系，另一方面以此为例子，探索中国传统社会中的"情理"等重要的"实质理性"问题。

首先要注意的是，地方官在处理诬告案件时，有一种对于"有心诬告"和"非有心诬告"的区分。不过，这一区分中"有心"和"非有心"的含义，与通常的"故意""非故意"区分不同。可以说，此处的"非有心诬告"，其实是在中国传统的诉讼过程中普遍存在的"诬告"行为，指非主观恶意、有着另外某个情理的诬告行为。围绕着巴县地方的租佃关系，通过具体分析"诬告"案件所发生的过程，就可以理解"诬告"（特别是"非有心诬告"）所发生的理由、背景等。诉讼当事人为了强调自己主张的"道理"的正确性，在写作诉讼状的时候会对事件的特定部分，或进行夸张，或进行隐瞒，或进行诬捏。在此所说的道理，正是在此前三章中所论及的"主客关系""减免习俗""市场原则"。即是说，所谓中国传统的诉讼，是指伴随对事实进行加工的不同层次"情理"之间的竞争和论战，其与西方式的基于事实而围绕着法律的适用和解释所产生的诉讼，有着较大的差异。

不管是地主还是佃户，在诉讼状提出之际，当事人会对自己所主张的特定的"情理"进行强调，如第一章所说的"主客关系"、第二章的"减免习俗"、第三章的"市场原则"等，同时会遮蔽掉其他道理的存在。由此，在诉讼过程中，"诬"便成为一个近乎不可避免的情况。只是这里的"诬"，是中国社会中情理逻辑的必然生成现象，而与现在法律上的"诬告"含义不同。即是说，在同治朝巴县的"租佃关系"中，各种"情理"在相互关联相互冲突，由此而出现了大量的诉讼事件。

如果关注知县对于"租佃关系"案件的裁断过程,那么可以注意到历来的研究所强调的"赋自租出"(即将租佃与赋税直接关联起来)的观点,在同治朝的巴县地方却并没有得到设想中的重视。地主虽然在诉讼时列举了该点理由,但反而招来了知县的反感。对于知县来说,在"租佃关系"中,由于存在着原告、被告双方的情理与是非,所以裁判的本质是对于构成"租佃关系"的各层情理之间矛盾与张力的理顺与调节。在"租佃关系"诉讼中,理想的判决是在"主客关系""减免习俗""市场原则"这三重情理之间达成一种平衡。在此,可以将诉讼当事人在诉讼时所强调的某个情理,称为情理的"单一维度",而将知县所要在各层情理之间达成的平衡,称之为情理的"综合维度"。裁断的过程,正是由情理的单一维度,经由审断而达到情理的"综合维度"。这一裁判过程,也可以称之为"情理裁判"。通过审判,可以让诉讼当事人超越自己主张的情理"单一维度"而达到情理的"综合维度",这也正是政府通过裁判对"庶民"进行教化的过程。可以说,中国人深层行为逻辑的核心部分,正是围绕着具体事件的"情理结构"而展开的过程。在静态上,可以称之为"多层的情理结构",而在动态上,则可以称之为"从单一到综合的情理教化"。

如果说第五章主要是讨论面对具体"租佃关系"事件时,知县的裁断以及背后的情理问题,那么本书第七章则从另一个角度,探讨知县及以下基层治理的整体性问题。第七章《巴县木洞镇及附近的巡检、团约、士绅与知县——兼论清代地方基层治理的结构与精神》,利用咸丰朝(1851—1861)的巴县司法档案,选取其中木洞镇及附近的仁里九甲区域,通过全面整理与该区域相关的诉讼档案,探索在实际的社会生活中,知县、巡检、团约、士绅这数个层次在地方基层治理中形成的复杂机制。

简单而言,治理不仅仅是"控制"的含义,更包括从控制到教化的一整套体系和机能,它有着由表至里的自然演进的过程,是在上下的相互关联与互动的过程中,所形成一个"治—理"(即由治而理)过程。这一个"理",不仅仅是由官府的行政之"治"带来的,更是在治的背景之下,地方社会经由自身的努力而形成的"理"的秩序。因此,从"治理"的角度来看,就不能仅仅区分为不同的控制功能,而是要研究整个治理的具体过程。

至少在咸丰年间的巴县木洞镇及其周边地方,基层治理并不是一个简单的自上而下的管理体系,而是区分为四个方面。(1)巡检司——负责钱债细故、凶酒打降,处理比较直观简单的钱债与暴力事件(比如外来匪徒)。(2)团约——有地方之责,负责处理各种内部治安事件(比如团内的痞棍等),以及处理与地方内部相关的的各种民风、民情事件(比如租佃减免、家庭纠纷等)。(3)士绅——处理文教问题,还往往负责和关心地方民众的教化。此外,地方社会中的义学、书院、义渡等事业,也由他们来承担。而在他们之上,有着起统合作用的作为"父母官"的知县。(4)知县——真正的"父母官"。他一方面与团约等类似,有着对于人情事理的处理能力与最高权威,另一方面,则有高于巡检司的暴力裁断以及负责民众教化的士绅的最高权威。地方官不仅有着三层权威,而且又能将三者统合在"治理"的整体中。第七章通过对于众多案件的分析,最终发现这三层治理主体与知县共同构成了一个由"暴力保障"、"地方情理"、"公共教化"和"教化治理"共同形成的清代基层治理体系，而其根本精神则在于多层治理带来的对人心的"教化"。

在这一基础上，将第五章与第七章结合起来，才能理解租佃与治理之间的关系。在租佃关系中，直接违背"租佃"这一经济性质的情况，例如蛮横地拒绝缴纳租谷或者拒绝返还押佃银，往往可以由巡检等官衙处理，因为这一层面的问题，是属于较为简单的"凶酒打降"案件。但是在此之上涉及较为复杂的"拟伦理关系"以及"习俗"等的问题，例如"主客关系"和"减免习俗"等，则需要团和团邻所等进行调解，因为他们致力于维护地方情理。再往上，租佃关系面临的问题乃是发达的市场经济和货币经济对于租佃所产生的影响。这一影响，通过"轻押重租"和"重押轻租"的作用，给巴县的农村社会带来了诸多的问题与压力。

不过在治理方面，由于中国传统社会并没有处理与市场和货币相关事务的专门机构与人群，因此没有与之对应的特有的专门理论。真正能够处理这一问题，只有知县等政府官员。同时重要的是，在治理的结构中，有另外一个层次即士绅。他们在治理中的职能，是维护与市场完全不同的文化与教育事业。这也与中国传统思想中的"义利之辩"问题密切相关，面对"市场原则"可能带来的对于人际关系与社会秩序的威胁，最根本的应对，便是通过文化与教育提升人们的道德伦理意识。

最终，这两方面都回到了进行综合处理的知县那里。在对于"租佃关系"的理解中，知县起到的作用是重建在诉讼中遭到损害的"租佃关系"的复杂情理结构，而在治理的具体体系中，知县则是一系列治理过程的最终裁定者和安排者。

二、治理结构与情理结构

由前可知,同治朝的"租佃关系",不止是单纯的"经济关系",更是关系到从个人层面到政府、国家层面的多个领域。此处将此前的讨论进行整理,可以获得如下的几点:

第一,"租佃"作为一种在基础上是"经济交换"的行为,这一点无法否认的。即是说,田主将自己所有的土地佃与他人耕种,由此而从他人那里获得缴纳的佃租。这一点,不管是在中国还是在西欧,或者是在世界上其他地域,都是一种普遍存在的共通的现象。

第二,由于"租佃"这一"经济行为"是由人们的各种经济欲求而来,在维持的时候,总是伴随着各种的不安定性。因此,如何给"租佃关系"设立一种规范,以保障其顺利的运营和维持,便成为各个社会与文明面临的重大问题。在西方世界中,主要是发展出了一种以法律概念来理解"租佃关系",以此来解决其不安定的问题、维持和保障其运行的方式。例如在罗马法中,就已经存在着对于租佃关系、永佃等内容的具体规定。这些不仅仅是对于行为规范与罚则等的条文,更是确定了以"物权""债权"等法律概念来理解租佃关系的理解方式。在这些法律理解及其后世的各种变体的基础上,实现了社会经济的变动和发展,这是西方的租佃关系的历史过程。

中国历史的情况与此不同,中国并没有发展出类似于罗马法中的法律概念。在中国,"租佃关系"是以其他的方式进行理解和维持的。本书最大的关心便在于,中国传统租佃关系,其规范是如何确立的,对于租佃关系的理解,是由哪些方面所构成的? 因此,本书利用清代的巴县档案的史料,探讨了在清末巴县地区的"租佃关系",虽然其研究的时间与地域有所限定,但是希望能够据此展示出中国传统"租佃关系"的一部分复杂状态。

第三,在同治时期的巴县,"租佃关系"虽然在基础上是一种经济关系,但在社会中是由"主客关系"这一"拟似的伦理关系"来支撑的。在利用这一"主客关系"进行维持时,意味着田主与佃户间的纳租、减免等多种行为,都被赋予了伦理的意味。由个人层面的伦理意识,对"租佃关系"这一种经济行为,进行维持。

不过,"租佃关系"并不仅仅是个人层面的行为,特别是在实施"减免习俗"的时候,"团""团邻"等人在其中承担了核心的角色。"租佃关系"不仅是个人与个人之间结成的关系,更是在地域社会层面上才能成立的关系。除此之外,在清末的重庆地方,"租佃关系"也早已从"自给自足"的经济状态中脱离了出来,受到市场经济、货币经济的巨大的影响。其结果是,围绕着"租佃关系"的纠纷,在很多时候便只能由知县等地方官进行处理。而知县(政府)在裁断租佃纠纷时,其基本原则是基于一直以来对个人层面、基层社会层面以及市场经济层面各种"情理"的尊重与综合,通过调节的方式再建起新的平衡,并且以此来教育当事人从情理的综合维度上看待"租佃关系"。

第四,如果总结同治朝巴县"租佃关系"的总体情况,那么作为底色的,自然是"租佃关系"的经济性质。不过,这一基础,仅仅只是底色而已,这里所说的经济,不是当代经济学所默认的市场经济的含义,而是有关人类最基础的生存需求与交换。真正进入社会生活时,其最重要的理解便是"主客关系"这一"拟似的伦理关系"。在这

"主客关系"之上则一层一层地关联着基层社会、市场经济、国家政府等。这些层级，共同构成了中国传统"租佃关系"的整个理解结构。"租佃关系"自身无法维持稳定的秩序，从个人性的"拟伦理"到基层社会的"习惯"，从基层社会的"习惯"到市场的"影响"，从市场的"影响"再到知县与政府的"裁断"，这一个过程本身，便是对情理结构"秩序"的不断追寻。

简言之，同治朝巴县地方的"租佃关系"，是由五个层次的内容构成：底色是经济，基础层次是主客关系，强化机制是减免习俗，作用条件是市场原则，秩序的重建机制则是情理裁断。而与此相应的，在基层治理的过程中，则呈现出巡检司、团约、士绅、知县的四重结构。若将这两个结构图结合到一起，则构成下面的理解结构图。

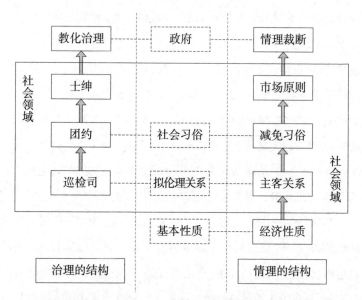

图21　中国传统治理结构与情理结构对应图

在图的右方，是清代巴县地方的"租佃关系"的多层情理结构。这些层级彼此之间并不是相互独立的，而是相互间存在着密切关系。可以说，这一追求秩序的运动本身，便是通过"构造—危机—再建"这一过程，构成了与租佃关系相关的社会与历史。

与此并行的另一个维度，则是该图左方展示的基层的具体治理方式与治理结构。由"租佃关系"这一切入点，可以从具体的事件类型出发，了解具体事情背后的情理。而从治理的结构，则可以看出与这一事情背后的情理相关联，甚至是与之相匹配的治理结构。通过这两个方面的结合，我们才能真正地理解租佃、社会与治理之间的关系。

即使在传统中国，治理也需要纳入社会的这个层面，而且在这个层面中，不仅有团邻，也有市场，还有士绅等，三者各自有着不同的行为目的，其持有的情理也各不相同。知县所能做的，是利用各个不同层面的治理层级，以处理事情中各个不同层面的情理逻辑。如此，知县才有可能将各层的逻辑协调好。这一点，也可以理解为传统社会与传统政治之间相互恰切的适应关系。正由于有这样一种适应关系，中国传统的政治与社会才能构成一个统一体。这一点，对于当代中国的政治与社会关系，也具有重要的启示意义。

参考文献

一、史料

《大清高宗纯皇帝实录》,中华书局2008年版。

《大清圣祖仁皇帝实录》,中华书局2008年版。

《江苏自治公报类编》,载于《近代中国史料丛刊》第三编522册,文海出版社1989年版。

《渠县志》(民国),载于《中国地方志集成·重庆府县志辑》(新编)卷8,第166页。

《苏轼文集》第30卷,中华书局1986年版。

班固:《汉书》,中华书局1964年版。

不著撰者:《寰宇通衢》,载于《四库全书存目丛书》史部册166,齐鲁书社1996年版。

不著撰者:《江苏省例续编、三编、四编、不分卷》(藩例),同治八年至光绪十二年江苏书局版。

蔡毓荣修,龚懋熙纂:《四川总志》(康熙),清康熙年间刻本。

陈弘谋:《培远堂偶存稿》,光绪二十二年鄂藩署排印本。

董仲舒著,苏舆义证:《春秋繁露义证》,中华书局2015年版。

官箴书集成纂委员编:《官箴书集成》(第6册、第8册、第9册),黄山书社1997年版。

郭成伟主编:《大清律例根原》,上海辞书出版社2012年版。

霍为棻、熊家彦等:《巴县志》(同治),同治六年刊本,载于《中国地方志集成·重庆府县志》(三),巴蜀书社 2016 年版。

清华大学科技史暨古文献研究所编:《清代缙绅录集成》,大象出版社 2008 年版。

沈之奇:《大清律辑注》卷二十二,法律出版社 2000 年版。

田涛、郑秦点校:《大清律例》,法律出版社 1998 年版。

汪辉祖:《为政忠告 为政善报事类 佐治药言 学治臆说》,辽宁教育出版社 1998
　　年版。

王尔鉴等:《巴县志》(乾隆),清嘉庆二十五年刊本,载于《中国地方志集成:重庆府
　　县志辑》(二),巴蜀书社 2016 年。

向楚等:《巴县志》(民国),台湾学生书局 1967 年版。

许梿:《刑部比照加减成案续编》道光二十三年刻本,载于《续修四库全书》0866 册,
　　上海古籍出版社 2002 年版。

应槚:《大明律释义 30 卷》卷二十二,明嘉靖三十一年广东布政使司刻本,载于《续
　　修四库全书》第 0863 册,上海古籍出版社 2002 年版。

元稹:《元氏长庆集》卷三十八,上海古籍出版社 1994 年版。

赵尔巽等撰,启功等点校:《清史稿》,中华书局 1977 年版。

赵歧注,孙奭疏:《孟子注疏》,北京大学出版社 1999 年版。

郑玄注,贾公彦疏:《仪礼注疏》,彭林整理,北京大学出版社 1999 年版。

郑玄注,孔颖达疏:《礼记正义》,龚抗云整理,北京大学出版社 1999 年版。

中华书局编:《清实录》60 册,中华书局 2008 年版。

祝庆祺等编:《刑案汇览三编》(三),北京古籍出版社 2004 年版。

二、中文文章

阿风:《明清徽州诉讼文书的分类》,载于《徽学》第 5 卷,安徽大学出版社 2008 年版。

卞利:《明清徽州民俗健讼初探》,《江淮论坛》1993 年第 5 期。

卜凯、乔启明:《佃农纳租平议》,《金陵大学农林科农林丛刊》1928 年第 46、47 号。

陈代荣:《巴县档案今昔》,《档案工作》1984 年第 4 期。

陈翰笙、王寅生:《黑龙江流域的农民与地主》,《国立中央研究院社会科学研究所专刊》1929 年第 1 期。

陈业新:《明清时期皖北地区健讼风习探析》,《安徽史学》2008 年第 3 期;

杜军强:《法律原则、修辞论证与情理:对清代司法判决中"情理"的一种解释》,《华东政法大学学报》2014 年第 6 期。

樊树志:《农佃押租惯例的历史考察》,《学术月刊》1984 年第 4 期。

方行:《清代佃农的中农化》,《中国学术》2000 年第 2 期。

方行:《地主制经济容纳商品经济问题》,《中国经济史研究》2008 年第 3 期。

冯尔康:《清代的押租制与租佃关系的局部变化》,载于《顾真斋文丛》,中华书局 2003 年版。

冯宁、魏小波:《清代巴县档案微缩工作回顾》,《四川档案》2006 年第 4 期。

冯天瑜:《中国社会史论战中的两种"封建"观》,《学习与实践》2006 年第 2 期。

夫马进:《中国诉讼社会史概论》,范愉译,《中国古代法律文献研究》第 6 辑,社会科学文献出版社 2012 年版。

夫马进:《清末巴县"健讼棍徒"何辉山与裁判式调解"凭团理剖"》,瞿艳丹译,《中国古代法律文献研究》第 10 辑,社会科学文献出版社 2016 年版。

高峰雁:《清代地方社会中的官、民与法:清代地方官判读中的"诬告"案》,华中师范大学博士论文,2007 年。

何勤华:《清代法律渊源考》,《中国社会科学》2001 年第 2 期。

胡旭升:《二〇世纪前期中国之民商事习惯调查及其意义》,《湘潭大学学报》(哲学社会科学版)1999 年第 2 期。

胡震:《清代京控中当事人的诉讼策略和官方的结案技术:以光绪朝为例的一个分析》,《法学》2008 年第 1 期。

黄鸿山:《晚清稻谷出米率与加工费用小考:以苏州丰备义仓为中心》,《古今农业》2012 年第 3 期。

黄志繁:《地域社会变革与租佃关系:以 16—18 世纪赣南山区为中心》,《中国社会科学》2003 年第 6 期。

霍存福:《中国传统法文化的文化性状与文化追寻:情理法的发生、发展与命运》,《法制与社会发展》2001 年第 3 期。

霍存福:《唆讼、吓财、挠法:清代官府眼中的讼师》,《吉林大学社会科学学报》2005 年第 6 期。

江太新:《清代前期租佃制的发展》,《历史研究》1980 年第 3 期。

经君健:《论清代蠲免政策中减租规定的变化:清代民田主佃关系政策的探讨之二》,《中国经济史研究》1986 年第 1 期。

经君健:《试论地主制经济与商品经济的本质联系》,《中国经济史研究》1987 年第 2 期。

堀敏一:《唐代田地的租赁和抵押的关系:从租佃契约到典地契的诸形态》,韩升译,《中国社会经济史研究》,1983 年第 4 期。

蓝勇:《老四川区域的文化特征及其形成原因》,《成都大学学报》(社会科学版)1999 年第 2 期。

李德英:《民国时期成都平原的押租和押扣:兼与刘克祥先生商榷》,《近代史研究》2007 年第 1 期。

李华:《试论宋代诬告罪的犯罪构成及量刑原则》,载于《宋史研究论丛》(第 13 辑),河北大学出版社 2012 年版。

李荣忠:《历史的瑰珍:清代四川巴县档案》,《历史档案》1986 年第 2 期。

李荣忠:《四川清代档案工作研究》,《档案学通讯》1989 年第 1 期。

梁漱溟:《中国旧社会组织构造及其所谓治道者》,载于《梁漱溟全集》第二卷,山东人民出版社 1989 年版。

梁漱溟:《中国是伦理本位的社会》,载于《梁漱溟全集》第三卷,山东人民出版社 1989 年版。

梁勇:《清代重庆八省会馆初探》,《重庆社会科学》2006 年版第 10 期。

梁勇:《清代中期的团练与乡村社会:以巴县为例》,《中国农史》2010 年第 1 期。

廖晖、游江:《清代巴县档案的命运》,《重庆与世界》2004 年第 5 期。

林成西:《清代乾嘉之际四川商业重心的东移》,《清史研究》1994 年第 3 期。

林端:《中西法律文化的对比:韦伯与滋贺秀三的比较》,《法制与社会发展》,2004 年第 6 期。

林乾:《讼师对法秩序的冲击与清朝严治讼师立法》,《清史研究》2005 年第 3 期。

凌鹏:《近世日本社会中的义理与超越兼论与中国"情理"的对比》,《社会》2021 年第 6 期。

刘君:《中国县级地方历史档案之最》,《档案》2000 年第 3 期。

刘克祥:《近代四川的押租制与地租剥削》,《中国经济史研究》2005 年第 1 期。

刘永华:《十七至十八世纪闽西佃农的抗租、农村社会与乡民文化》,《中国经济史研究》1998 年第 3 期。

柳正权:《"原心定罪"与"原情定罪"之异同分析》,《中国政法大学学报》2012 年第 2 期。

鲁子健:《近代四川的土药经营》,《社会科学研究》1987,第 2 期。

马小彬:《清代巴县衙门司法档案评介》,载于《四川清代档案研究》,西南交通大学出版社 2004 年版。

马寅初:《中国租佃制度之研究》,《经济学季刊》第 1 卷第 1 期,商务印书馆 1930 年版。

彭波:《国家、制度、要素市场与发展:中国近世租佃制度研究》,《中国经济史研究》2011 第 4 期。

彭波:《国家、制度、要素市场与发展:中国近世租佃制度研究》,清华大学历史系博士论文,2011 年。

谯珊:《专制下的自治:清代城市管理中的民间自治:以重庆八省会馆为研究中心》,《史林》2012 年第 1 期。

秦晖、彭波:《中国近世佃农的独立性研究》,《文史哲》2011 年第 2 期。

宋桂英:《清代团练问题研究述评》,《文史哲》2003 年第 5 期。

孙明:《乡场与晚清四川团练运行机制》,《近代史研究》2020 年第 3 期。

唐春生、丁双胜:《清代重庆地区的桐油业》,《重庆师范大学学报》2013 年第 3 期。

陶希圣:《中国之商人资本及地主与农民》,《新生命》1930 年第 3 卷第 2 期。

陶希圣:《中国社会形式发达过程的新估定》,载于《中国社会史的论战》第三辑,神州国光社 1932 年版。

汪雄涛:《"情法两尽"抑或是"利益平衡"》,《法制与社会发展》2011 年第 1 期。

王笛:《清代重庆城市人口与社会组织》,载于《重庆城市研究》四川大学出版社 1989 年版。

王嘉丽:《巴县历史上的五大陆路古道》,载于《巴南文史》(第 19 辑),政协重庆市巴南区委员会、重庆市巴南区交通局 2009 年版。

王思斌:《多元嵌套结构下的情理行动:中国人社会行动模式研究》,《学海》2009 年第 1 期。

王文君:《清代长江三峡地区陆路交通网络研究》,西南大学硕士论文,2010 年。

王妍:《从异态到常态:清中期巴县团练的角色转变与乡村社会》,《天府新论》2012 年第 1 期。

魏金玉:《清代押租制度新探》,《中国经济史研究》1993 年第 3 期。

伍仕迁:《一座内容丰富的文献宝库:巴县档案》,《文献》1979 年第 1 期。

伍跃:《官告民:雍正年间的一件维权案:〈青浦县正堂黄李二任老爷讯审销案等呈词抄白〉跋》,《中国史研究》2009 年第 3 期。

向楚:《重修巴县志叙》,载于《向楚集》,中华书局 2015 年版。

小野达哉:《清代巴县农村地区的赋税包揽与诉讼之关系:以"抬垫"为例进行探讨》,凌鹏译,《法律史译评》第 5 卷,中西书局 2017 年版。

徐忠明:《明清诉讼:官方的态度与民间的策略》,《社会科学论坛》2004 年第 10 期。

徐忠明:《关于明清时期司法档案中的虚构与真实:以〈天启崇祯年间潘氏不平鸣稿〉为中心的考察》,《法学家》2005 年第 5 期。

徐忠明:《诉诸情感:明清中国司法的心态模式》,《学术研究》2009 年第 1 期。

徐宗阳:《资本下乡的社会基础:基于华北地区一个公司型农场的经验研究》,《社会学研究》2016 年第 5 期。

许檀:《乾隆至道光年间的重庆商业》,《清史研究》1998 年第 3 期。

杨德才、陆蕾:《论中国历史上的押租制:新制度经济学的视角》,《福建师范大学学报》(哲学社会科学版)2014 年第 5 期。

姚旸：《清代刑案审理的法源探究》，《南京大学法律评论》（春季卷），北京：法律出版社 2010 年版。

姚志伟：《十告九诬：清代诬告盛行之原因剖析》，《北方法学》2014 年第 1 期。

佚名：《我国之租佃制度》（正、续），《经济半月刊》1928 年第二卷第 11、12 期。

应星：《"气"与中国乡村集体行动的再生产》，《开放时代》2007 年第 6 期。

应星：《"气"与中国乡土本色的社会行动：一项基于民间谚语与传统戏曲的社会学探索》，《社会学研究》2010 年第 5 期。

尤陈俊：《厌讼幻象之下的健讼实相？：重思明清中国的诉讼与社会》，《中外法学》2012 年第 4 期。

尤陈俊：《清代讼师贪利形象的多重建构》，《法学研究》2015 年第 5 期。

张生：《清末民事习惯调查与〈大清民律草案〉的编撰》，《法学研究》2007 年第 1 期。

张晓霞、黄存勋：《清代巴县档案整理研究的回顾与思考》，《档案学通讯》2013 年第 2 期。

张永海：《巴县衙门的文书档案工作》，《档案学通讯》1983 年第 2、3 期。

赵冈：《从制度学派的角度看租佃制》，《中国农史》1997 年第 2 期。

赵冈：《从另一个角度看明清时期的土地租佃》，《中国农史》2000 年第 2 期。

周邦君：《清代四川粮食亩产与劳动生产率研究》，《中国农史》2005 年第 3 期。

周飞舟：《论社会学究的历史维度：以政府行为研究为例》，《江海学刊》2016 年第 1 期。

滋贺秀三：《诉讼案件所再现的文书类型：以"淡新档案"为中心》，林乾译，《松辽学刊》（人文社会科学版）2001 年第 1 期。

三、中文著作

阿里夫·德里克：《革命与历史：中国马克思主义历史学的起源 1919—1937》，翁贺凯译，江苏人民出版社 2008 年版。

安徽省博物馆编：《明清徽州社会经济资料丛编》（一），中国社会科学出版社 1988

年版。

岸本美绪:《清代中国的物价与经济波动》,刘迪瑞译,社会科学文献出版社2010年版。

陈峰:《民国史学的转折:中国社会史论战研究(1927—1937)》,山东大学出版社2010年版。

陈太先:《成都平原租佃制度之研究》,载于《民国二十年代中国大陆土地问题资料》,成文出版社1977年版。

陈正谟:《中国各省的地租》,商务印书馆1936年版。

读书杂志社编:《读书杂志》(中国社会史论战专号)第一辑、第二辑、第三辑,神州国光社1932年版。

杜赞奇:《文化、权力与国家:1900—1942年的华北农村》,王福明译,江苏人民出版社1996年版。

费孝通:《江村经济:中国农民的生活》,江苏人民出版社1986年版。

费孝通:《乡土中国 生育制度》,北京大学出版社1998年版。

费孝通:《江村经济》,载于《费孝通文集》(第二卷),群言出版社1999年版。

费孝通:《乡土重建》,载于《费孝通文集》(第四卷),群言出版社1999年版。

费孝通:《中国士绅》,生活·读书·新知三联书店2009年版。

费孝通:《乡土中国 生育制度 乡土重建》,商务印书馆2011年版。

费孝通、吴晗:《皇权与绅权》,天津人民出版社1988年版。

冯尔康:《顾真斋文丛》,中华书局2003年版。

冯天瑜:《"封建"论考》(第二版),中国社会科学出版社2010年版。

冯友兰:《新世训》,载于《三松堂全集》第4卷,河南人民出版社2001年版。

高桥芳郎:《宋至清代身分法研究》,李冰逆译,上海古籍出版社2015年版。

高王凌:《租佃关系新论》,上海书店2005年版。

郭沫若:《中国古代社会研究》,人民出版社1954年版。

何干之:《中国社会史问题论战》,生活书店1937年版。

胡恒:《皇权不下县?:清代县辖政区与基层社会治理》,北京师范大学出版社2015年版。

黄光国:《人情与面子:中国人的权力游戏》,中国人民大学出版社 2010 年版。

科大卫:《皇帝和祖宗:华南的国家与宗族》,卜永坚译,江苏人民出版社 2009 年版。

孔飞力:《中华帝国晚期的叛乱及其敌人:1796—1864 年的军事化与社会结构》,谢
　　亮生等译,中国社会科学出版社 1990 年版。

李德英:《国家法令与民间习惯:民国时期成都平原租佃制度新探》,中国社会科学
　　出版社 2006 年版。

李禹阶:《重庆移民史》,中国社会科学出版社 2013 年版。

梁方仲:《中国历代户口、田地、田赋统计》,上海人民出版社 1980 年版。

梁勇:《移民、国家与地方权势:以清代巴县为例》,中华书局 2014 年版。

林端:《韦伯论中国传统法律:韦伯比较社会学的批判》,中国政法大学出版社 2014
　　年版。

林语堂:《吾国与吾民》,黄嘉德译,湖南文艺出版社 2016 年版。

刘大钧:《我国佃农经济状况》,太平洋书店 1929 年版。

刘志伟:《在国家与社会之间:明清广东地区里甲赋役制度研究》,中山大学出版社
　　1997 年版。

马克斯·韦伯:《中国的宗教:儒教与道教》,康乐、简惠美译,广西师范大学出版社
　　2010 年版。

潘鸿声编:《中国农民银行四川省经济调查报告》,中国国民党中央委员会党史史料
　　委员会 1976 年版。

前南京国民政府司法行政部编:《民商事习惯调查报告录》,中国政法大学出版社
　　2000 年版。

瞿同祖:《清代地方政府》,法律出版社 2003 年版。

乔志强主编:《近代华北农村社会变迁》,人民出版社年 1998 版。

山田贤:《移民的秩序:清代四川地域社会史研究》,曲建文译,中央编译出版社 2011
　　年版。

沈之奇:《大清律辑注》,法律出版社 2000 年版。

施坚雅:《中国农村的市场与社会结构》,史建云等译,中国社会科学出版社 1998 年版。

施沛生、鲍荫轩等编:《中国民事习惯大全》,广益书局 1924 年版。

四川省档案馆、四川大学历史系编:《清代乾嘉道巴县档案选编》上,四川大学出版社 1989 年版。

四川省档案馆、四川大学历史系编:《清代乾嘉道巴县档案选编》下,四川大学出版社 1996 年版。

寺田浩明:《权利与冤抑:寺田浩明中国法史论集》,王亚新译,清华大学出版社,2012 年版。

眭红明:《清末民初民商事习惯调查之研究》,法律出版社 2005 年版。

陶希圣:《中国社会之史的分析》,新生命书局 1929 年版。

陶希圣:《中国社会之史的分析》(外一种:婚姻与家庭),商务印书馆 2015 年版。

王笛:《跨出封闭的世界:长江上游区域社会研究(1644—1911)》,中华书局 1993 版。

王国栋:《巴县农村经济之研究》,载于《民国二十年代中国大陆土地问题资料》,成文出版社 1977 年版。

王宏斌:《清代价值尺度:货币比价研究》,生活·读书·新知三联书店 2015 年版。

隗瀛涛编:《近代重庆城市史》,四川大学出版社 1991 年版。

温乐群、黄冬娅:《二三十年代中国社会性质和社会史论战》,百花洲文艺出版社 2004 年版。

闻钧天、江士杰:《中国保甲制度、里甲制度考略》,上海书店,1992 年版。

伍跃:《中国的捐纳制度与社会》,江苏人民出版社 2021 年版。

向楚:《重修巴县志叙》,载于《向楚集》,中华书局 2015 年版。

萧公权:《中国乡村:论 19 世纪的帝国控制》,张皓、张升译,联经出版事业公司 2014 年版。

杨国枢主编:《中国人的心理》,江苏教育出版社 2006 年版。

杨开道:《中国乡约制度》,商务印书馆 2015 年版。

应星:《"气"与抗争政治》,社会科学文献出版社 2016 年版。

翟学伟:《中国人的日常呈现:面子与人情的社会学研究》,南京大学出版社 2016 年版。

张伯芹:《江巴两县租佃制度之研究》,载于《民国二十年代中国大陆土地问题资料》,成文出版社 1977 年版。

张传玺主编:《中国历代契约会编考释》,北京大学出版社 1995 年版。

张肖梅编:《四川经济参考资料》,中国国民经济研究所 1939 年版。

张研:《清代县级政权控制乡村的具体考察:以同治年间广宁知县杜凤治日记为中心》,大象出版社 2011 年版。

张仲礼:《中国绅士研究》,上海人民出版社 2008 年版。

郑振满:《明清福建家族组织与社会变迁》,湖南教育出版社 1992 年版。

中国第一历史档案馆、中国社会科学院历史研究所合编:《清代土地占有关系与佃农抗租斗争》,中华书局 1988 年版。

中国国民党中央委员会党史史料委员会编:《中国农民银行四川省经济调查报告》一,中国国民党中央委员会党史史料委员会 1976 年版。

中国戏剧研究院编:《京剧丛刊》(第十九集),新文艺出版社 1954 年版。

周勇主编:《重庆通史》,重庆出版社 2014 年版。

周远廉、谢肇华:《清代租佃制研究》,辽宁人民出版社 1986 年版。

祝庆祺编:《刑案汇览三编》(三),北京古籍出版社 2004 年版。

滋贺秀三等:《明清时期的民事审判与民间契约》,王亚新等编译,法律出版社 1998 年版。

四、外文文章

八木芳之助『北支の小作制度—特に河北・山東・河南省の分益小作制度』,『東亜経済論叢』第 2 卷第 3 号,1942 年。

八木芳之助『北支の金納小作制度—特に河北・山東・河南省の金制小作制度』,『経済論叢』第 55 卷第 3 号,1942 年。

八木芳之助『北支の物納小作制度—特に河北・山東・河南省の金制小作制度』,

『経済論叢』第 56 巻第 1 号,1943 年。

白石博男『清末湖南の農村社会─押租慣行と抗租傾向』,載于東京教育大学文学
　　部東洋史学研究室アジア史研究会・中国近代史部会編『中国近代化の社会
　　構造─辛亥革命の史的位置』,大安出版社,1960 年。

濱島敦俊『「主佃之分」小考』,載于中村治兵衛先生古稀記念東洋史論叢編集委員
　　会編『中村治兵衛先生古稀紀念論文集』,刀水書房,1986 年。

濱岡福松編譯『支那民事慣習問題答案:清末支那民事慣行調査資料』,『満鐵調査
　　月報』別冊第 42 号,1941。

草野靖『旧中国の押租慣行』,『社会経済史学』第 43 巻第 4 号,1977 年。

川胜守『明末清初の訟師について:旧中国社会における無頼知识人の一形态』,
　　『九州大学東洋史論集』第 9 号,1981 年。

川野重任『小作関係より見たる北支農村の特質:河北省順義県沙井村の事例につ
　　いて』,『支那農村慣行調査報告書』第 1 輯,東亞研究所,1943 年。

夫馬進『訟師秘本の世界』,載于小野和子編『明末清初の社会と文化』,京都大学人
　　文科学研究所,1996 年。

宮崎市定『宋代以後の土地所有形態』,『東洋史研究』第 12 巻第 2 号,1952 年。

宮崎市定『部曲から佃戸へ─唐宋間社会変革の一面』,載于『宮崎市定全集巻 11:
　　宋元』,岩波書店,1992 年。

宮崎市定『宋代以後の土地所有形体』,載于『宮崎市定全集巻 11:宋元』,岩波書店,
　　1992 年。

宮崎市定『中国近世の農民暴動─特に鄧茂七の乱について』,載于『宮崎市定全集
　　巻 13:明清』,岩波書店,1992 年。

磯田進『北支の小作:その性格とその法律』,『法学協会雑誌』第 60 巻第 7、12 号,
　　第 61 巻第 3、5、7 号,1942—1943 年。

磯田進『北支における小作の法律関係』,載于『支那農村慣行調査報告書』三,東亜
　　研究所刊,1944 年。

戒能通孝『北支農村に於ける慣行概説』,載于『支那農村慣行調査報告書』,東亜研

究所』,1944 年。

久保田文次『清末四川の大佃戸:中国寄生地主制展開の一面』,載于東京教育大学
　　文学部東洋史学研究室アジア史研究会・中国近代史部会編『近代中国農村
　　社会史研究』,大安出版社,1967 年。

末弘厳太郎『末弘博士の調査方針』,載于『中国農村慣行調査』第一巻,岩波書店,
　　1952 年。

仁井田陞『中国法制史研究:奴隷農奴法・家族村落法』,東京大学東洋文化研究
　　所,1962 年。

仁井田陞『中国の農奴解放過程と契約意識—地主の支配権力をめぐって』,『法制
　　史研究』第 14 号,1964 年。

森正夫『抗租』,載于『中国民衆反乱史四:明末〜清Ⅱ』,平凡社,1983 年。

森正夫『十七世紀の福建寧化県における黄通の抗租反乱』(1、2、3),載于『森正夫
　　明清史論集第二巻:民衆反乱・学術交流』,汲古書院,2006 年。

寺田浩明『田面田底慣行の法的性格:概念的検討を中心にして』,『東洋文化研究
　　所紀要』第 93 号,1983 年。

寺田浩明『清代土地法秩序における「慣行」の構造』,『東洋史研究』第 48 巻第 2
　　号,1989 年。

寺田浩明『権利と冤抑:清代聴訟世界の全体像』,『法学』第 61 巻第 5 号,1997 年。

天野元之助『支那小作制度の研究—支那農業経済とその崩潰過程』,『東亜』第 8
　　巻第 4、5、6、8 号,1935 年。

五味知子『誣姦の意味するもの:明清時代の判牘・官箴書の記述から』,『東洋史
　　研究』第 70 巻第 4 号,2012 年。

西英昭『「民商事調査報告録」成立過程の再考察:基礎情報の整理と紹介』,『中国:
　　社会と文化』2001 年第 16 号。

小川快之『宋代饒州の農業・陶瓷器業と〈健訟〉問題』,『上智史学』第 46 号,2001 年。

小川快之『宋代信州の鉱業と〈健訟〉問題』,『史學雑誌』第 110 巻第 10 号,2001 年。

小林一美『抗租・抗糧闘争の彼方:下層生活者の想いと政治的・宗教的自立の

途』,『思想』第 2 号,1973 年。

熊远报『清代徽州地域社会史研究:境界・集団・ネットワークと社会秩序』,汲古
書院,2003 年。

中村茂夫『清代の判語に見られる法の適用:特に誣告,威逼人致死をめぐって』,
『法政理論』第 9 巻第 1 号,1976 年。

滋賀秀三『民事的法源の概括的検討―情・理・法』,載于『清代中国の法と裁判』,
創文社, 1983 年。

滋賀秀三『清代の民事裁判について』,収入『続清代中国の法と裁判』,創文社,
2009 年。

C. B. Malone, J. B. Taylor: "The Study of Chinese Rural Economy", China Inter-
national Relief Commission Publication, 1924.

Madeleine Zelin: "The Rights of Tenants in Mid-Qing Sichuan: A Study of Land-Re-
lated Lawsuits in the Baxian Archives", *The Journal of Asian Studies*, Vol-
ume 45, 1986.

五、外文著作

濱島敦俊『明代江南農村社会の研究』,東京大学出版会,1982 年。

草野靖『中国の地主経済:分種制』,汲古書院,1985 年。

草野靖『中国近世の寄生地主制:田面慣行』,汲古書院,1989 年。

村松祐次『中国経済の社会態制』(复刊),東洋経済新報社,1975 年。

東亜同文会編『支那省別全志:四川省』,東亜同文会,1917 年。

東洋文庫明代史研究室編『中国土地契約文書集:金―清』,東洋文庫,1975 年。

宮崎市定『現代語訳論語』,岩波書店,2000 年。

谷川道雄編著『戦後日本の中国史論争』,河合文化教育研究所,1993 年。

臨時臺灣旧慣調査会編『第三回調査報告書:台湾私法』,臨時臺灣旧慣調査会,

1911 年。

満洲国実業部臨時産業調査局編『農家経済収支編』,満州国実業部臨時産業調査局,1937 年。

満洲国実業部臨時産業調査局編『小作関係並に慣行篇』『農村実態調査報告書』二,満州国実業部臨時産業調査局,1937 年。

南満州鉄道株式会社調査課『満州旧慣調査報告書』第一分冊、第二分冊、第三分冊,御茶の水書房,1985 年。

旗田巍『中国村落と共同体理論』,岩波書店,1973 年。

三木聰『明清福建農村社会の研究』,北海道大学出版会,2002 年。

森正夫『森正夫明清史論集:第二巻』,汲古書院,2006 年。

山田賢『移住民の秩序―清代四川地域社会史研究』,名古屋大学出版会,1995 年。

天野元之助『支那農業経済論』上,改造社,1940 年。

西英昭『〈臺灣私法〉の成立過程』,九州大学出版会,2009 年。

中国農村慣行調査刊行会編『中国農村慣行調査』第一巻,岩波書店,1952 年。

周藤吉之『清代東アジア史研究』,日本学術振興会,1972 年。

周藤吉之『中国土地制度史研究』,東京大学東洋文化研究所,1954 年。

滋賀秀三編『中国法制史:基本資料の研究』,東京大学出版会,1993 年。

后　记

本书是基于我的博士论文，又添加上了后来写的几篇文章而成。面对这本薄薄的小书，我的感情异常复杂，既沉重又轻松，既惭愧又激动，既想分享于众亲友，又知道其中错漏甚多。既希望它能多承载了一些回忆和希望，却又明明白白知道它无法承载太多。纠结到最后，只能把本书赤裸地呈现在读者面前，以待批评。

感谢在博士学习期间给予我无私指导的夫马进先生。无数次在先生书斋接受批评、吃到先生亲手所做素面的场景，都历历在目。感谢在博士后期为我担任指导的高岛航先生。从他那儿，我得到了大量的关怀和鼓励。感谢岩井茂树、寺田浩明、石川祯浩、木田知生、中砂明德、村上卫等先生的课堂与读书会，带给我无数的收获和回忆。感谢京都大学文学研究科和人文科学研究所的诸多先生们和朋友们，正是在大家的鼓励与督促下，我才能顺利地完成博士阶段的学习。此外，还要感谢博士期间在国内的诸多师友以及四川省档案馆的工作人员，正是在你们支持与帮助下，我才能度过留学期间的各种艰难与挫折，回到国内，继续完成这一阶段性的研究工作。

　　最后,感谢一直都在我背后默默支持我的亲爱的父母、姐姐以及妻子。你们的支持,是我最为宝贵的财富。

凌鹏　于燕北园

2022 年 9 月 1 日

图书在版编目(CIP)数据

中国传统租佃的情理结构：清代后期巴县衙门档案
研究/凌鹏著. —北京：商务印书馆，2022
（历史社会学文库）
ISBN 978-7-100-21797-2

Ⅰ.①中⋯ Ⅱ.①凌⋯ Ⅲ.①租佃关系—研究—
巴南区—清后期 Ⅳ.①F329.052

中国版本图书馆 CIP 数据核字（2022）第 195740 号

历史社会学文库

中国传统租佃的情理结构

清代后期巴县衙门档案研究

凌鹏 著

商 务 印 书 馆 出 版
（北京王府井大街36号　邮政编码100710）
商 务 印 书 馆 发 行
北京新华印刷有限公司印刷
ISBN　978-7-100-21797-2

2022年12月第1版　　　　开本 880×1230　1/32
2022年12月北京第1次印刷　印张 11¾

定价：59.00 元